Colaboração Criativa

A interação de talento e diversidade para obter resultados positivos

Robert Hargrove

Colaboração Criativa

A interação de talento e diversidade
para obter resultados positivos

Tradução
AFONSO TEIXEIRA FILHO

EDITORA CULTRIX
São Paulo

Título do original: *Mastering the Art of Creative Collaboration*

Copyright © 1998 The McGraw-Hill Companies, Inc.

Todos os direitos reservados. Nenhuma parte deste livro pode ser reproduzida ou usada de qualquer forma ou por qualquer meio, eletrônico ou mecânico, inclusive fotocópias, gravações ou sistema de armazenamento em banco de dados, sem permissão por escrito, exceto nos casos de trechos curtos citados em resenhas críticas ou artigos de revistas.

O primeiro número à esquerda indica a edição, ou reedição, desta obra. A primeira dezena à direita indica o ano em que esta edição, ou reedição, foi publicada.

Edição	Ano
1-2-3-4-5-6-7-8-9-10	01-02-03-04-05-06

Direitos de tradução para o Brasil
adquiridos com exclusividade pela
EDITORA PENSAMENTO-CULTRIX LTDA.
Rua Dr. Mário Vicente, 368 — 04270-000 — São Paulo, SP
Fone: 272-1399 — Fax: 272-4770
E-mail: pensamento@cultrix.com.br
http://www.pensamento-cultrix.com.br
que se reserva a propriedade literária desta tradução.

Impresso em nossas oficinas gráficas.

Quero dedicar este livro a todas as pessoas cujo propósito seja o de deixar a sua marca neste mundo. Minha contribuição para isso é a de oferecer-lhes a assistência para realizar esse propósito, por meio de histórias de colaborações empreendedoras, criativas e de longo alcance, por meio de uma profunda compreensão humana e compaixão.

Sumário

Prefácio 9
Agradecimentos 15
Introdução 17
Capítulo 1: Colaboração Criativa: Uma Idéia que Chegou para Ficar 23
Interlúdio: A Missão Pathfinder para Marte 57
Capítulo 2: Como Tornar-se uma Pessoa que Colabora ... 67
Interlúdio: Diplomacia Apaixonada no Oriente Médio 89
Capítulo 3: Os Pilares da Colaboração Criativa 105
Interlúdio: O Futuro da Firma 123
Capítulo 4: Contatos Imediatos do Grau de Criação: Como Dar Início à sua Colaboração 139
Interlúdio: Joan Holmes e o Projeto Fome 159
Capítulo 5: O que Acontece nas Discussões: Uma Introdução 169
Capítulo 6: As Cinco Fases de uma Conversação Colaborativa 175
Capítulo 7: Treinamento, Aplicações Práticas e Instrumentos para a Colaboração Criativa 207
Epílogo: Como Dar o Tom 235
Posfácio: O Século XXI — *Quando os Gênios Colidem* 237
Notas 238

Prefácio

Em 1776, a pauta da humanidade refletia valores humanos profundos

Se eu e você tivéssemos vivido há duzentos anos, por volta da época de Thomas Jefferson, as pessoas poderiam dizer que estávamos saindo de um período de monarquia e despotismo, no qual o rei poderia mandar cortar a sua língua pelo simples fato de você expressar o seu ponto de vista, decretar impostos sem aprovação do parlamento ou ainda transformar as igrejas em cavalariças, para ingressar numa era de democracia e de direitos iguais.

A nova pauta da humanidade, naquele tempo, não apenas nos Estados Unidos, mas também em outras partes do mundo, baseava-se numa discussão acalorada e altamente criativa acerca dos direitos humanos.

Mesmo hoje, quando ouvimos as palavras: "Sustentamos que estas verdades são evidentes por si mesmas; que todos os homens são criados iguais, dotados pelo Criador de certos direitos inalienáveis..." nosso espírito em geral é estimulado muito mais do que quando ouvimos falar dos últimos indicadores de crescimento econômico ou quando ouvimos a administração do governo Clinton dizer que estamos vivendo numa era de paz e prosperidade ou, mesmo, quando discamos para o serviço de ajuda à lista telefônica apenas para ouvir James Earl Jones falando como Darth Vader, no seu melhor sotaque cibernético, dizer: "Bem-vindos à Bel Atlantikk!"

A maneira como a pauta humana dos Fundadores foi organizada relacionava-se com uma luta revolucionária: como redigir uma Constituição — à qual a historiadora Pauline Maier refere-se como as, de certa maneira sagradas, "escrituras americanas" — e assentar os caminhos para o Oeste com a construção das ferrovias. Tudo isso continuou sendo a trilha da pauta humana, e a pauta humana começou a mudar.

Quando eu era criança, na cidade de Boston, no Estado de Massachusetts, ia à escola e lia a respeito de Thomas Jefferson e de John Quincy Adams; naquela época, a pauta humana tinha mudado de maneira dramática. Parece que as três maiores questões, aquelas que conseguiram chegar ao topo da lista da pauta humana (ou nacional) eram: (1) Ganhar a batalha das superpotências entre os EUA e a União Soviética na guerra fria; (2) Conseguir inovações no campo da ciência e da tecnologia; (3) Estimular o crescimento econômico, dentro de um período que alguns consideram como o do maior consumo de bens econômicos que o mundo conheceu até hoje.

Posso lembrar-me exatamente onde eu estava quando era garoto ao ouvir que os russos haviam colocado o Sputnik, o primeiro satélite artificial no espaço. Foi um fato muito deprimente para toda a minha vizinhança, tão deprimente quanto o dia em que, na era Kennedy, nos anos 60, meu pai chegou em casa e apontou para a manchete do jornal que dizia: "Kruchov abandona a conferência de cúpula", e disse: "Vai haver guerra!", o que para nós significava guerra nuclear. Lembro-me também de que, nos subúrbios onde eu cresci, para ser respeitada na vizinhança, uma família precisava trocar de carro a cada dois anos, de preferência por um modelo que estivesse pelo menos entre um Chevrolet BelAir e um Impala. Um pouco desse consumo proeminente combinava com uma casa e sua pequena cerca de madeira branca e com a nossa idéia do que significava ser gente. "Você é aquilo que você possui. Quanto mais você possui, mais você é", era o mantra da época.

Mais tarde, entrei para a faculdade, onde me graduei em direção a ambições mais sofisticadas. Passei os anos da universidade como historiador da cultura. Para mim, memorizar fatos e datas era uma chateação, mas a história da cultura era extremamente interessante. Ela me permitia ver o que havia acontecido durante um determinado período do tempo pelo exame das tendências latentes e pelos padrões que são invisíveis para a maioria das pessoas. Estudei os escritos de muitos historiadores culturais, desde a *Democracia na América*, de Alexis de Tocqueville, e o *Decline of the West* de Oswald Spengler, até textos mais contemporâneos como *The Human Prospect*, de Lewis Mumford. Depois de formado, trabalhando como editor e jornalista, comecei a ouvir a respeito da "aldeia global" de Marshall McLuhan e da "sociedade pós-industrial" de Daniel Bell, da "terceira onda" de Alvin Toffler e, mais tarde, do livro de um amigo, Paul Hawken, intitulado *The Next Economy*.

Esses livros sempre começavam pelo exame de uma profunda reviravolta na evolução cultural humana. Essa reviravolta, devido à sua natureza, era diferente, no entanto, daquela do direito divino dos reis para a democracia e refletia o quanto a pauta humana havia mudado. A frase de abertura era sempre algo assim: "Estamos atravessando um período de transição global tão profundo quanto a mudança do período de caça e coleta para o da revolução industrial. Estamos mudando para uma nova era da informação destinada a transformar cada um dos aspectos de nossa vida."

Minha restrição quanto a interpretar a evolução cultural do homem dessa maneira é que ela vê o significado de o ser humano ser uma questão de recursos tecnológicos e econômicos, e não o inverso. Em vez de serem as nossas qualidades humanas mais profundas as que abrangem e determinam os nossos desejos em relação à economia e às tecnologias, do modo como William Irwin Thompson assinalou em seu livro de 1997, *Passages About Earth*, segundo essa interpretação nossos desejos em relação à economia e as nossas tecnologias são vistos como cercando e moldando a nós mesmos. Ainda que certamente haja provas abundantes para sustentar essa interpretação, ela tem talvez levado as pessoas a perseguirem objetivos econômicos sem os correspondentes objetivos humanos. Isso deu lugar não apenas à desenfreada produção de bens de consumo, mas também a guerras, à poluição e a um modo de vida que não dará à humanidade um futuro sustentável neste planeta.

Seria uma bobagem dizer que a trilha do crescimento econômico e tecnológico, na qual estivemos aproximadamente pelos últimos cinqüenta anos, seria uma coisa ruim para o mundo, como muita gente o disse nos anos 70 quando patrocinaram um novo evangelho de misticismo planetário e voltaram às florestas para ler *O Catálogo de toda a Terra*, em reação à noção de Marshall McLuhan de uma aldeia eletrônica global.

Como está escrito no *Livro do Eclesiastes*: "Para tudo há uma estação e um tempo para cada propósito sob o céu." Houve uma época para a nova pauta humana das superpotências sobre o "Império do Mal"; uma época para o desenfreado crescimento econômico e para o impulso tecnológico; uma época para a intensificação do sistema fabril depois da 2ª Grande Guerra (o que quase provocou o fim do sistema fabril); uma época para a mudança do equipamento de informação para os programas de informação; do carvão e do ferro para o óleo e o plástico; da contabilidade manual para a eletrônica. E agora chegou a época para uma nova pauta e novos meios para alcançá-la.

Estou me referindo a uma nova e eficiente interpretação da perspectiva humana num momento em que estamos parados no limite da História a apenas alguns anos do novo milênio, que está mais assentado em valores humanos. É hora de traçar uma nova trilha. Estou falando a respeito de uma nova era na qual esses valores humanos abrangem e determinam os meios econômicos e a tecnologia, e não o contrário. Não apenas para construir uma sociedade mais justa, mais decente e civilizada, mas porque todo o crescimento tecnológico e econômico que tivemos até agora têm pouco ou nenhum impacto sobre os complexos problemas humanos — tais como os bombardeios suicidas em Jerusalém, os tiroteios realizados pelos trabalhadores dos correios dos EUA, a taxa de divórcio e a distorção dos valores familiares, bem como a ausência de uma educação adequada para assegurar que os nossos jovens tenham as habilidades necessárias para o ano 2020, e o corte e a queima das floresta tropicais, além dos empreendimentos de negócios que significam mais uma profunda resignação do que uma possibilidade.

Talvez agora que o muro de Berlim caiu, a guerra fria acabou e vivemos num período de prosperidade sejamos suficientemente fortes, suficientemente seguros e suficientemente prósperos para reconhecer com honestidade essas falências e a necessidade de nos dirigirmos a elas por meios diferentes. Talvez agora estejamos dispostos a dizer que é hora de proclamar uma nova era, uma nova pauta humana, que seja criativa e audaciosa, e extraí-las de nós mesmos com a coragem e o compromisso que os fundadores da Nação tiveram 250 anos atrás. Talvez por volta do ano 2020, os historiadores da cultura possam, com direito, proclamar: "Estamos no meio de uma mudança tão profunda quanto a mudança da época do nascimento da democracia para a era industrial e da informação; uma mudança para uma era de criatividade e de colaboração; uma mudança para uma era de reconciliação; uma era de compaixão que ajudará a resolver alguns dos piores problemas do mundo."

De uma coisa podemos estar certos: como quer que venham a ser chamadas as novas aberturas do século XXI, virão de um conceito expandido do que é ser humano; algo a que nos referimos como ser uma pessoa que colabora e não o simples desejo pelo crescimento econômico e tecnológico. Como John Seely Brown, principal cientista do centro de pesquisa de Palo Alto da Xerox (um homem muito familiarizado com negócios de tecnologia), diz: "O conhecimento é uma atividade social."

Problemas complexos não podem ser resolvidos por especialistas que pensam e trabalham isolados, mas reunindo-se por meio de um processo de diálogo, profundamente condicionado por valores humanos enraizados em problemas práticos. "Isso não se aplica apenas a questões sociais e de ambiente", enfatiza Brown, "mas a todas as empresas que queiram competir no mundo de hoje."

Acredito que, se continuarmos na mesma trilha por onde estivemos caminhando, nunca conseguiremos encontrar uma solução para os complexos problemas que enfrentamos hoje, não importa a intensidade ou a inteligência do nosso esforço. Vem-me à lembrança aquela anedota de um estudante que perguntou certa vez a Jay Forester do MIT — o fundador da dinâmica de sistema e também o inventor do primeiro computador IBM por volta dos anos 60 — por que ele havia se retirado tão cedo da área de computadores numa época em que essa indústria estava prestes a explodir. Forester respondeu: "Filho, a maior parte da tecnologia, e particularmente os computadores, será sempre usada para fazer as mesmas coisas que as pessoas sempre fizeram, apenas mais rapidamente, mas não para criar coisas que nunca existiram antes."

Se essa história não deixa claro, talvez outro exemplo o faça. Hoje, pessoas de todo o mundo têm a capacidade de se comunicar por correio eletrônico e participar de reuniões organizadas eletronicamente usando uma coisa chamada teleconferência. Peter e Trudy Johnson-Lenz, no entanto, que cunharam o termo em inglês, *groupware*, assinalaram não obstante que "a tecnologia, na maioria dos casos, aumenta a quantidade de interações das pessoas, não a qualidade dessas mesmas interações". Fazê-lo necessitaria de uma guinada no pensamento e nas atitudes em relação a ser mais criativo e mais colaborativo.

Qual será a nova pauta humana para o ano 2020? Eu acredito que será representada por um pensamento lateral, e não apenas por pensar nas mesmas linhas de uma mesma trilha. Talvez algumas propostas possam servir como um bom ponto de partida: (1) ver cada pessoa como um criador e como um autor, com oportunidades educacionais que permitam que elas atinjam as suas mais altas aspirações e supram suas necessidades humanas elementares; (2) promover em todos os setores organizações de empreendimentos que possuam a visão, as atitudes colaborativas e a habilidade para criar conhecimentos necessários a fim de fazer face tanto às necessidades econômicas como às necessidades sociais; (3) encontrar modos melhores que a coerção, a subserviência ou mesmo a guerra para lidar com conversações difíceis, com disputas e conflitos regionais; 4) criar uma sociedade mais justa, decente e civilizada e um meio ambiente suportável para o futuro.

A criação desse tipo de nova pauta humana requererá líderes que tenham a ousadia de assumir uma posição diante de algo difícil, ou que possam reunir uma combinação criativa e audaciosa de pessoas de diferentes especialidades para lançar-se em conversações verdadeiramente combativas, nas quais eles possam "cozinhar um problema" por meio da reflexão e do trabalho conjuntos sobre esse mesmo problema, destrinçando-o e resolvendo-o completamente.

*****

A nova pauta humana tem sido a moldura que, ao longo do tempo, definiu de modo geral quem eu sou e o tipo de trabalho que tenho feito desde a década de 1970. Era isso que eu, no fundo, pensava e que representava aquilo que era realmente importante para mim, mesmo quando eu ainda lutava para articular essa idéia ou para viver de uma maneira que fosse consistente com essa nova pauta. Como eu disse antes, fui inspirado e tive o meu interesse despertado por pensadores e escritores que tiveram uma ampla visão panorâmica do mundo e da evolução cultural humana, mas eu queria fazer algo mais com a minha vida, além de simplesmente descrever ou explicar uma determinada coisa, qualquer que fosse ela.

Eu tinha uma vontade apaixonada de ser alguém importante, de provocar um impacto na sociedade, e não apenas de relatar para as pessoas idéias que abrissem novas possibilidades, mas idéias que pudessem tocá-las. Passei uma boa parte dos anos 70 estudando as idéias de transformação pessoal orientais e ocidentais, antigas e modernas, práticas e esotéricas. Em 1976, fundei uma organização que promovia seminários de transformação pessoal, uma corporação educativa. Esses seminários causaram impacto na vida de milhares de pessoas.

Mesmo assim, num determinado momento, dei-me conta de que havia chegado a hora de mudar minha maneira de pensar em termos da transformação de indivíduos para a transformação de pessoas em grupos ou organizações. Durante os anos 80, eu tinha noções românticas para usar o que eu havia aprendido para fazer um projeto com a NASA, ou ir para o Oriente Médio e dar uma contribuição qualitativa para a crise árabe-israelense, ou ainda, talvez, fazer alguma coisa a respeito do meio ambiente. Esses sonhos ambiciosos nunca foram materializados, pois eu tinha uma família e uma organização para sustentar e também porque, embora eu tivesse certa maestria na transformação de indivíduos, eu não conhecia o suficiente a respeito da transformação de pessoas em grupos ou de sistemas humanos complexos.

Portanto, com esses objetivos em mente, passei quase quinze anos como treinador executivo e consultor no trabalho de capacitar as organizações para colaborarem mais eficazmente. No entanto, na maior parte desse tempo, fui-me dando conta de que muitas das qualidades que transformavam um indivíduo não tinham necessariamente impacto sobre o grupo e vice-versa. Dessa forma, continuei a investigar nesse sentido, mas de um modo mais amplo e mais profundo. No decorrer desse processo, defrontei-me com idéias que acreditei que poderiam oferecer algum tipo de ajuda individual que representasse algo mais no mundo dessas pessoas.

Em discussões com líderes de negócios, encontrei algumas das peças que estavam faltando. Mesmo assim, foram as muitas discussões com pessoas da linha de frente de assuntos internacionais, ciência, governo, empreendimentos, educação e defesa da lei que me ajudaram a formular e a articular as três ou quatro idéias centrais que apresento neste livro, tais como liderança lateral, colaboração criativa e discussões profundamente vigorosas e produtivas.

Este livro, portanto, é para mim a culminação de uma longa viagem e foi escrito com os seguintes propósitos: em primeiro lugar, o de declarar e expressar claramente para mim mesmo e para os outros essa nova pauta humana de modo que possa ser ouvida e, tendo algum valor, adotada; em segundo lugar, o de compartilhar o que aprendi a respeito de liderança lateral, criatividade e colaboração na medida em que servirem para atingir objetivos comuns, uma vez compreendidos, e resolver os problemas complexos em praticamente todos os domínios do interesse humano. E, finalmente, criar uma plataforma para uma organização que eu e meus colegas fundamos, chamada Instituto para Colaboração Criativa.

Eu gostaria de encerrar este prefácio com uma citação de Mikhail Gorbachev, extraída do seu livro *A Busca de um Novo Começo — Como Desenvolver uma Nova Civilização*: "Para resolver problemas pertinentes, não há outro caminho que o de buscar e implementar novas fórmulas de relacionamento e interação. Somente a interação criativa de grupos divergentes que constituem a nossa sociedade fará com que possam emergir as respostas que todos nós procuramos... e guiar-nos enquanto moldamos a nova etapa do desenvolvimento humano."

AGRADECIMENTOS

Mesmo sendo o autor principal deste livro, tive muitos co-autores que colaboraram num certo sentido, uma vez que este livro é o resultado de discussões, ou de uma rede de discussões com muitos. No entanto, qualquer crédito meu pela redação deste livro devo principalmente a duas pessoas.

A primeira é a minha companheira, Susan Youngquist, que foi a minha inspiração neste projeto, especialmente ao tornar possível para mim falar com tantas pessoas extraordinárias, ao mesmo tempo em que fornecia um apoio prático em todos os aspectos concebíveis deste livro.

Em seguida, um crédito enorme deve ser dado a Leslie Whitaker, pela assistência que nos forneceu como ouvinte, ajudando a esclarecer idéias, esboçando os seus primeiros rascunhos, incentivando os meus novos rascunhos e editando os trechos definitivos.

Tanto Leslie como Susan foram colaboradoras excelentes, simplesmente as melhores com os quais eu já estive envolvido. O tempo todo elas permaneceram envolvidas com a redação do livro, no que vinha depois ou no que estava faltando, onde alguma coisa de valor poderia ser acrescentada, e nunca no que estava errado ou no problema. Cada uma delas estava sempre à disposição para fazer o que era necessário até o último detalhe.

Eu gostaria de agradecer ao meu querido amigo e colega, Carl Kaestner, pelo seu apoio incansável em todos os momentos, em todas as circunstâncias e condições. Carl representou um fator de eficiência para que eu pudesse conceber este livro, especialmente pelo fato de conseguir marcar reuniões com homens e mulheres extraordinários, como Michael Schrage e Maggie Herzig, no projeto de discussões públicas, que nos ajudou a mapear o território da colaboração criativa e das discussões colaborativas.

Um agradecimento especial vai para o meu agente, Robin Davis. Robin tinha uma visão de quem eu era e do que poderia ser realizado por meio deste livro e tornou para mim possível mudar para um nível mais amplo, em parte ao me ajudar a criar um relacionamento com a minha editora, Susan Barry, da McGraw-Hill.

Sou muito agradecido ao fato de Susan ter-me apoiado completamente ao adotar uma abordagem global de múltipla perspectiva e interdisciplinar, que me permitiu plantar idéias sobre a colaboração criativa no governo, nos negócios, na lei, na educação e nas artes. Eu acredito que esse fato deu asas ao livro e teve como resultado uma obra muito mais dinâmica e interessante do que poderia ter sido numa situação diferente.

As pessoas às quais agradeci aqui são os principais incentivadores do livro. Eu gostaria também de agradecer a outros que contribuíram com muitas discussões, que não somente conduziram ao nível mais alto de compreensão mas também para a co-construção de novas idéias sobre este tópico. A eles expresso o meu reconhecimento de várias maneiras em outras partes do livro.

Finalmente, eu gostaria de agradecer a meus filhos, Vanessa, Adam, Morgan e Roc, pelo entusiasmo, estímulo e apoio que me deram durante o tempo que estive escrevendo este livro.

Introdução

Qual é o objetivo deste livro?

A colaboração criativa é uma idéia nova, grandiosa e emocionante. Pense neste livro como uma banana de dinamite. Ele está baseado numa grande idéia que tem o poder de liberar o espírito humano para a ação e criar novas aberturas e possibilidades em cada domínio da preocupação humana. Também tem o poder de destruir alguns dos mitos predominantes que moldaram instituições, como o governo, as empresas e a universidade, bem como a maneira pela qual você e eu tendemos a pensar e a atuar um sobre o outro. Entre esses mitos estão o desejo ou a necessidade de poder e controle, e a divisão do trabalho.

Como acontece com toda idéia que está na ordem do dia, simplesmente mencione as palavras "colaboração criativa" e você verá os olhos das pessoas se iluminarem, indicando um momento de reconhecimento. Subitamente, você se dará conta de que elas lhe deram a dádiva da sua presença, ouvindo-o com uma alta qualidade de atenção à qual você pode não estar acostumado. "Conte-me um pouco mais a respeito dessa idéia," elas pedirão. Quando você responder com as palavras, "Essa idéia não se refere apenas ao que as pessoas extraordinárias podem criar por si sós, mas ao que combinações de pessoas extraordinárias e criativas podem criar juntas", será como se você ouvisse o estalo da mente delas se ligando.

Em seguida, a partir de apenas algumas coisas que elas disserem, você poderá concluir que elas já começam a conjecturar sobre a possibilidade de que, bem em frente a elas, poderá estar uma maneira de lidar com alguns dos desafios realmente grandes que a humanidade enfrenta, à medida que se aproxima do terceiro milênio. Podemos também inferir, pela expressão do rosto delas, que elas estão pensando que poderia ser possível encontrar uma nova maneira de pensar em conjunto e trabalhar unidas nas questões problemáticas que enfrentam na vida; uma maneira que pode resultar em soluções surpreendentes, emocionantes, criativas, empreendedoras e que abram novos caminhos.

Podemos perceber, pelas curiosas perguntas que as pessoas fazem, que elas têm um sentimento vago e intuitivo que mal conseguem expressar. Elas pensam que talvez pudesse haver um conjunto de idéias, métodos ou instrumentos, diretrizes de aplicação prática e viável para ajudá-las a atingir objetivos, solucionar problemas e resolver conflitos.

O propósito e o objetivo deste livro

John Mack, um amigo, é psiquiatra famoso, autor da biografia de Lawrence da Arábia e ganhador do prêmio Pulitzer. Certa vez, ele perguntou a seu filho: "Como deixar a sua marca neste mundo?" E seu filho respondeu: "Agindo!" Mack replicou: "Não, você pode deixar a sua marca com idéias... e, só então, agir!"

O propósito deste livro é oferecer-lhe idéias como liderança lateral e colaboração criativa, que dará a você inspiração para deixar a sua marca neste mundo, bem como oferecer-lhe os princípios, as diretrizes e os métodos que irão auxiliá-lo a demonstrar o poder da ação colaborativa.

Em certo ponto, no processo inicial de escrever este livro, meus colegas e eu atingimos uma encruzilhada no caminho. Um dos caminhos tinha uma placa que dizia: "Visão Panorâmica." Esse caminho levaria a um mirante onde poderíamos ter uma visão bastante ampla e profunda de como a colaboração criativa estava sendo aplicada em muitos campos, tais como a ciência, os negócios, o governo, a educação e as artes. A outra estrada, de fato, dizia: "Fechada." Essa estrada daria uma visão em profundidade de como a colaboração criativa estava sendo aplicada num campo determinado, como governo e negócios, por exemplo.

Escolhemos a primeira estrada, a da "Visão Panorâmica", para começar. Desde o início, tínhamos a idéia de que a colaboração criativa era uma grande idéia que estava na ordem do dia. No entanto, quando começamos a pesquisar, era verdadeiramente fascinante ver como a colaboração criativa continuava em ascensão em cada campo e, mais ainda, como as pessoas se empolgavam ao discutir a respeito dela e como ficavam orgulhosas dos resultados que haviam conseguido com ela.

Estou me referindo a chefes de Estado como Shimon Peres, a cientistas brilhantes e a engenheiros como Rob Manning do Projeto Marte; executivos como Roger Ackerman da Corning Incorporated, uma empresa que cresce rapidamente; policiais como o Sargento Rick Murphy, de Ottawa.

A historiadora Pauline Maier, que escreveu o livro *American Scriptures* no qual reinterpretou o texto da Declaração de Independência como um esforço de colaboração, e não como um esforço individual, disse-nos: "É assim que se faz!" De acordo com John Seely Brown, da Xerox, "Esta é a maneira pela qual *tudo* está sendo feito". Isso era muito estimulante.

Ao mesmo tempo, enquanto entrávamos pela "Visão Panorâmica", demos meia-volta para apreciar a paisagem e ver como a colaboração criativa estava sendo aplicada em campos específicos, ilustrados com perfis do Projeto Marte, do conflito israelense-palestino, nas corporações Xerox e Corning, no Projeto Fome e em muito mais. Optamos por fazer assim por diversas razões.

A primeira foi a de sedimentar a idéia de colaboração criativa em alguns trabalhos específicos, situando os leitores no mesmo campo ou num campo relacionado em que poderiam aprender. A segunda era a de, ao criar casos de estudo mais convincentes de colaboração bem-sucedida, poderíamos extrair muitas lições sobre o que fazer quando confrontados com uma meta impossível, um problema difícil ou um conflito aparentemente insolúvel.

Em terceiro lugar, queríamos tornar possível para qualquer funcionário ou homem de negócios ver projetos colaborativos de uma variedade de perspectivas que eles então poderiam "triangular", justapondo as várias abordagens para chegar a uma que poderia ser aplicada à sua própria situação. Acreditamos que essa abordagem tornará a leitura mais rica e mais agradável.

Há uma certa estrutura neste livro que sentimos ser criativa, eficiente e, sem dúvida nenhuma, eclética. Os capítulos principais foram, em grande medida, projetados para fornecer idéias e diretrizes, instrumentos e métodos. Essas páginas estão intercaladas com interlúdios baseados em conversas que tivemos com pessoas que colaboram em diferentes gêneros nos quais contaram suas histórias. A intenção dos interlúdios é inspirar o leitor para ter certeza de que ele não terá nenhum problema com o "excesso de informações". Vamos dar uma olhada de perto nos vários capítulos e interlúdios.

Capítulo 1: *Colaboração criativa: Uma idéia que chegou para ficar.* O livro começa com um capítulo grande e espiralado, que mostra como uma era de especialização está colidindo com uma era de complexidade, tornando a colaboração uma idéia que está na ordem do dia. O capítulo mostra como a colaboração criativa está causando impacto nas diferentes profissões. Uma "receita" no final do capítulo pode ser aplicada de maneira prática e imediata.

Interlúdio: *A missão Pathfinder para Marte.* Esta instigante história, extraída de conversas com pessoas do Laboratório de Propulsão a Jato da NASA em La Cañada, na Califórnia, mostra como a primeira fase do programa de exploração de Marte, que era a de enviar equipamento e um carro de controle remoto para Marte, não era apenas uma missão pioneira em termos de ciência e tecnologia, mas também em termos de pessoas que pensam e trabalham juntas.

Capítulo 2: *Como tornar-se uma pessoa que colabora.* A idéia neste capítulo é a de que a colaboração não é apenas uma questão de técnica, e sim de atitude. É preciso aprender a ser uma pessoa que colabora, que tenha o pensamento e as atitudes necessárias para que as colaborações aconteçam. Freqüentemente, as pessoas que mais se beneficiariam com a colaboração, e que pensam que são competentes para isso, de fato, não são nada competentes. O capítulo oferece uma visão de como aprender a ser uma pessoa que colabora, tanto quanto "desaprender" os velhos padrões de pensamento e comportamento que são contraprodutivos.

Interlúdio: *Diplomacia apaixonada no Oriente Médio.* Esta é uma história inspiradora de como uma pessoa comum pode deixar sua marca neste mundo ao juntar uma extraordinária combinação de pessoas. A história mostra como Terje Larsen, um cidadão norueguês, percebeu que as conversações em Washington entre israelenses e palestinos (o canal de frente) estavam destinadas ao fracasso e criou em Oslo, na Noruega, um canal de fundo, secreto, que levou a uma abertura histórica. A história fornece uma rara visão dos bastidores do que acontece, em termos humanos, numa negociação internacional de alta tensão.

Capítulo 3: *Os pilares da colaboração criativa.* Como afirma meu amigo Bob Fritz, autor de *Creating*: "A estrutura influencia o comportamento." Este capítulo delineia os fundamentos básicos — tais como liderança lateral, objetivos definidos mutuamente e tempo suficiente para o diálogo — necessários para assegurar o sucesso dos projetos de colaboração.

Interlúdio: *O futuro da firma.* Este interlúdio me faz lembrar uma citação que li de Oliver Wendell Holmes: "Uma mente aberta por uma idéia nova não consegue achar uma forma de voltar para o seu recipiente anterior." Essa história oferece pontos de vista de como construir uma corporação colaborativa e criativa. É baseada em conversas com Roger Ackerman, presidente da Corning Incorporated, uma empresa em acelerado crescimento, e com John Seely Brown, cientista-chefe do Centro de Pesquisas da Xerox em Palo Alto, amplamente responsável pela revolução do PC. Enquanto Ackerman tem idéias simples e eficazes que são ao mesmo tempo facilmente implementadas, Brown nos deslumbra com as suas idéias inovadoras fundamentadas em resultados práticos.

Capítulo 4: *Contatos imediatos do grau de criação: como dar início. à sua colaboração.* Enquanto os capítulos II e III mostram o básico da colaboração, isto é, como ser uma pessoa que colabora e os fundamentos disso, este outro capítulo mostra como deslanchar a sua própria colaboração criativa. Ele oferece a você uma assistência adequada para ajudá-lo a decidir onde você quer colaborar; para ajudá-lo a projetar uma combinação extraordinária de pessoas que lhe trarão diferentes perspectivas e uma criatividade instantânea; bem como para prepará-lo para a primeira reunião do seu projeto de colaboração.

Interlúdio: *Joan Holmes e o projeto fome.* Nas corporações atuais (ou em outras instituições), questões tais como erradicar a fome e a pobreza no mundo ou criar um ambiente sustentável, normalmente não aparecem na pauta das prioridades. Ainda assim, aqueles de nós que trabalham nessas corporações também são seres humanos, que, em algum nível, se preocupam profundamente com essas questões, mesmo quando temos a tendência de ignorar o fato. Essa história sobre Joan Holmes, diretora do Projeto Fome, ajudará a descobrir o fato que o preocupa, seja em relação a questões como a fome, ou a sua vizinhança, ou ainda a escola de seus filhos. Também lhe dará um bom exemplo de uma abordagem única para criar colaboração, chamada "Planejamento Estratégico em Ação", que pode ser aplicado em qualquer questão social ou em problemas complexos de administração.

Capítulo 5: *O que acontece nas discussões: uma introdução.* O dr. Louis Koster, físico destacado e consultor de organizações internacionais, estima que 50% da comunicação, na maioria dos grupos, consiste em opiniões arbitrárias, mexericos ou reclamações que não contribuem para a criatividade, colaboração de equipe ou resultados produtivos. Este capítulo mostra como a discussão colaborativa é diferente das discussões nas quais a maioria das pessoas normalmente gosta de se envolver. Ele também dará uma introdução para as cinco fases de discussão colaborativa, apresentadas no capítulo seguinte.

Capítulo 6: *As cinco fases de uma conversação colaborativa.* Este capítulo mostra como esclarecer ou enquadrar o propósito de uma discussão colaborativa, de modo que produza o resultado desejado. Mostra também como reunir diferentes pontos de vista e perspectivas, definir objetivos comuns e lidar com pontos de vista aparentemente incompatíveis de uma maneira criativa, em vez de destrutiva. Este capítulo, e o primeiro, são provavelmente os dois mais instrutivos do livro, o que você pode decidir por si mesmo à medida que coloca essas informações em prática.

Capítulo 7: *Treinamento, aplicações práticas e instrumentos para a colaboração criativa.* Este capítulo fornecerá algumas estratégias para o líder lateral, simplificadoras na medida em que podem ser aplicadas a várias questões. "Receitas" específicas de discussão (diferentes das cinco fases) serão apresentadas e o ajudarão na tarefa de assistência aos grupos para que esses atinjam metas mais difíceis, resolvam problemas ou solucionem conflitos. O capítulo também intercala exemplos de pessoas com profundas experiências de negociação, mediação e assistência, tais como Roger Fisher e Bill Ury, de *Getting to Yes*, e Robert Bush e Joe Folger, de *The Promise of Mediation*.

Nota: *Por que o livro é narrado tanto na primeira pessoa do singular — "eu" — como na primeira pessoa do plural — "nós" —?* É importante esclarecer que, embora eu seja o criador e autor do livro, e isso se reflete claramente no meu texto e sobre o meu processo de pensamento, o livro foi, num outro sentido, criado e realizado por um relacionamento criativo e de colaboração, que inclui Susan Youngquist, minha companheira, e Leslie Whitaker, assessora editorial e escritora. Uso a palavra "nós" nos capítulos principais, para expressar o espírito da nossa colaboração, e a palavra "eu" nos interlúdios, para expressar a relação pessoal e as idéias que foram desenvolvidas diretamente com as pessoas com as quais falei.

CAPÍTULO 1

Colaboração criativa: uma idéia que chegou para ficar

Imagine a possibilidade de realizar os sonhos e aspirações que nunca estiveram ao seu alcance em bases individuais.

Imagine pensar e trabalhar junto de pessoas que enxergam e reagem ao mundo diferentemente de você, mas que são pessoas que você achará extremamente curiosas, intrigantes e estimulantes.

Imagine participar de discussões produtivas, profundamente vigorosas, que resultem em novos entendimentos e na criação de algo que nunca existiu antes.

Imagine o que significaria ser parte de uma comunidade de compromisso, onde aprender e questionar fossem mais importantes do que saber e do que ter certeza.

Para entrar no futuro, temos de apoiar nosso peso na outra perna

Pessoas extraordinárias sempre foram encaradas como a fonte de realizações humanas significativas e duradouras. Para adentrar o futuro, você tem de apoiar seu peso na outra perna e olhar as coisas de uma nova perspectiva. No futuro, a fonte das realizações humanas não serão as pessoas extraordinárias, mas *combinações* extraordinárias de pessoas, seja nos negócios, seja na ciência, na política, ou nas artes. Uma combinação extraordinária de pessoas pode ser composta de pessoas que já são extraordinárias em diferentes profissões ou disciplinas, mas que ainda enxergam novas e estimulantes possibilidades e têm o desejo de torná-las realidade, talvez sem mesmo saber que elas próprias e suas ocupações podem ser transformadas por ela para sempre. Ou ainda esta combinação pode vir de pessoas comuns que descubram sua capacidade de serem extraordinárias no processo de colaboração com outras que reconheçam seus talentos e dons.

Sem dúvida alguma, a colaboração criativa é uma idéia que está nos lábios de todos hoje em dia. Em alguns casos, as pessoas estão falando da colaboração como aquilo que está acontecendo (ou precisa acontecer). Em outros casos, esse conceito articula o que tem sido uma noção vaga do que está faltando na vida do pessoa que deixará a sua marca neste mundo. Assim, quando você menciona a colaboração criativa, essa idéia traduz volumes. O que descobrimos discutindo com cientistas, homens de negócio, educadores e outros, durante o trabalho de pesquisa para este livro, foi que se nós simplesmente mencionássemos a palavra "colaboração" uma vez que fosse numa discussão, ela seria, no discurso do diálogo subseqüente, repetida duas, três ou mais vezes. As pessoas apresentariam suas histórias pessoais de colaboração com zelo e compaixão. "Colaboração é um termo incrivelmente útil para descrever o que acontece na física das partículas", disse o professor Peter Galison, de Harvard, ganhador do prêmio MacArthur ou "prêmio do gênio" em ciência. "A colaboração é a chave para reinventar um governo", disse o senador John McCain do Arizona. E mais: "A colaboração é grande, grande, grande", disse Bill Gates da Microsoft. "Adoro a idéia de colaboração, seja o que for que ela signifique", foi a piada de Howard Stern.

Foi interessante perceber que, quando as pessoas falavam a respeito de suas próprias experiências de colaboração, qualquer que fosse a definição que davam a ela, tornavam-se muito inspiradas, animadas e motivadas. Todos com quem conversamos enquanto escrevíamos este livro nos disseram que encontraram na colaboração criativa uma qualidade "estética", "enobrecedora" e "alquímica" que lhes permitia transcender o aspecto mundano dos assuntos do dia-a-dia. "Houve momentos de reconhecimento nos quais eu vi, pela primeira vez, quem eu era e do que eu era magnificamente capaz de fazer como pessoa", disse um colaborador. Outros referiram-se a "quando eu vi que eu era parte de uma comunidade viva ou de um sistema" e "quando eu fui capaz de me levantar e de tocar a rede".

O QUE É A COLABORAÇÃO CRIATIVA?

> *É um fato provado que um bando de aves, voando junto numa formação em V, tem o poder de percorrer duas vezes a distância de um pássaro que voa sozinho.*

Como descobrir os elementos da colaboração criativa

Seja você um cientista, um representante eleito, um líder de negócios ou um artista, ser criativo (ou produtivo) significa declarar possível algo que você nunca acreditou que pudesse acontecer e, então, trabalhar no sentido de torná-lo uma realidade. E isso poderia levar a uma nova teoria científica, uma ação legislativa pioneira, um produto inovador ou mesmo uma forma de arte original. "Colaboração" implica fazer alguma coisa junto com outro e esse é exatamente o seu significado. É o desejo ou a necessidade de criar ou de descobrir algo novo, enquanto pensamos ou trabalhamos com outros, que distingue a ação. Os irmãos Wright aspiravam a ser os primeiros a voar; Watson e Crick procuravam pelo segredo da vida; Picasso e Braque faziam experiências com uma nova forma de arte chamada cubismo. Quando Jobs e Wozniak colaboravam para criar o primeiro computador pessoal Apple numa garagem, eles ingressaram nessa lista de exemplos clássicos. Colaboração criativa envolve: (1) diferentes visões e perspectivas, (2) objetivos comuns, (3) definir novas metas em conjunto e (4) criação de novos valores. Isso pode ser aplicado para atingir objetivos, resolver problemas ou resolver conflitos aparentemente impossíveis.

Colaboração significa uma combinação extraordinária de pessoas. A colaboração é o ato (o processo) de "criação conjunta" ou descobrimento. Pessoas que colaboram são aquelas que identificam uma possibilidade e reconhecem que o seu próprio ponto de vista, perspectiva ou talento não é o bastante para torná-la uma realidade. Elas necessitam dos pontos de vista, das perspectivas e do talento de outros. As pessoas que colaboram vêem as outras não como criaturas que as forçam ao compromisso, mas como colegas que podem ajudá-las a desenvolver seus talentos e habilidades. Na Segunda Grande Guerra, por exemplo, físicos e cientistas que mal compreendiam o trabalho uns dos outros chegaram à idéia do radar. O ex-presidente Jimmy Carter reuniu Menachem Begin e Anwar Sadat e conduziu os acordos de Camp David. Walt Disney gastou centenas de horas, nos anos 50, conversando com pessoas que projetavam cenários de cinema e parques de diversões e chegou à idéia da Disneylândia, a Terra do Amanhã, os Piratas do Caribe e a Difícil Montaria do Sr. Sapo.

Colaboração significa alcançar objetivos "comuns". A colaboração criativa não apenas envolve reunir pessoas mas também capacitá-las a trabalhar juntas em torno de um propósito maior do que elas mesmas. Michael Schrage, autor de *No More Teams!*, escreve que uma das tarefas básicas da administração para os próximos anos é ser capaz de enquadrar objetivos e problemas de um modo que inspire as pessoas a colaborar, em oposição a cada um fazer o seu negócio particular e defender o seu próprio terreno.[2] A tentativa de alcançar objetivos comuns faz com que as pessoas inteligentes e vaidosas sujeitem a sua vaidade para contribuir com algo significativo e duradouro. Também cria um esclarecimento que possibilita que as pessoas se movimentem através de diferentes campos profissionais, fazendo com que criem uma linguagem comum; referimo-nos a isso como "zona de comércio". Para que as pessoas colaborem, elas devem ver o objetivo como significativo e como algo que não pode ser conseguido separadamente por cada uma delas. Os Beatles tinham o objetivo comum de escrever e tocar música de grande qualidade. Carter, Begin e Sadat tinham o objetivo da paz no Oriente Médio.

Colaboração significa definir novos objetivos em comum que conduzam a algo de novo. Os diferentes pontos de vista e perspectivas numa colaboração são essenciais para ajudar as pessoas a compreender melhor umas às outras e acender a centelha da criatividade. Cada um de nós percebe, a partir da sua própria visão do mundo, como atingir um objetivo e resolver um problema ou solucionar um conflito. Muitas vezes, não temos nenhuma consciência de como nosso modo de pensar e nosso entendimento podem ser arbitrários. Desse modo, em cada colaboração, há uma necessidade de diálogo aberto e honesto para que seja possível definir objetivos comuns (1) sobre o problema, (2) as suas raízes, (3) a solução e (4) as atitudes a serem tomadas. Essa compreensão comum pode levar a novas idéias, abordagens diferentes e soluções inovadoras.

Um exemplo primordial são os acordos de Camp David. Em 1976, o Presidente Carter queria fazer algo para promover a paz no Oriente Médio. Convidou Menachem Begin e Anwar Sadat para participarem de uma reunião em Camp David. Conforme diz a história, Carter perguntou a Sadat: "Por que essa terra é tão importante para você?" Sadat respondeu: "Ela tem sido parte do Egito por milhares de anos!" Carter, então, perguntou a Begin: "Por que essa terra é tão importante para você?" "Porque nós não queremos tanques a dez quilômetros ao sul da nossa fronteira!", Begin respondeu.

Essa compreensão comum conduziu a algo de novo: a terra seria devolvida ao Egito, mas uma nova "zona desmilitarizada" seria criada ao longo da fronteira.

Colaboração significa um ato de criação conjunta. Arthur Koestler escreveu em sua obra épica, A Arte da Criação, que a maioria das pessoas freqüentemente pensa e trabalha com um único marco de referência.[1] A criatividade se dá quando as pessoas são capazes de conectar diferentes marcos de referência de modo que resultem em criar ou descobrir algo de novo. Pense em Gandhi, que combinou protesto e pacifismo para criar o seu conceito de "não-violência militante ou não-violência combativa". Pense na Internet, uma combinação de computador e telefone. Pense no ferro de passar roupa não-aderente que combina a tecnologia do ferro convencional com aquela da frigideira anti-aderente. Koestler pensou em criatividade como uma questão de pessoas extraordinárias dotadas de grande inteligência, como Gandhi e Bell, que tiveram uma experiência de heureca! Pense ainda em como existe uma possibilidade bem maior para idéias criativas catalíticas e de alta intensidade quando muitas mentes, ou uma combinação extraordinária de pessoas, são reunidas pelo contexto comum de um diálogo que gira em torno de um objetivo ou problema comum.

A colaboração pode assumir uma miríade de formas. Freqüentemente perguntam-nos qual é a diferença entre colaboração criativa e trabalho de equipe. A resposta é a seguinte: enquanto todas as colaborações implicam trabalho de equipe, nem todas as equipes são colaborativas. Colaboração implica a criação de um novo valor ao fazer alguma coisa radicalmente nova ou diferente, como nas descobertas científicas, na jurisprudência e nos novos produtos. A maior parte das equipes se concentra num trabalho de rotina e em fazer a mesma coisa melhor, tal como estabelecer uma ligação e uma coordenação mais eficiente de tarefas. Nesse mesmo sentido, grupos colaboradores bem-sucedidos são feitos de estranhas misturas, de novas combinações de pessoas. A maioria das equipes, mesmo as equipes multidisciplinares, tende a ser bastante homogênea.

Uma colaboração pode assumir a forma de uma rede semipermanente de 25 ou 30 pesquisadores médicos que buscam a cura para a síndrome causada pelo HIV; uma equipe multidisciplinar de dez chefes de departamentos (controladores de processos) — que trabalham para uma companhia incluída na lista das 500 da revista Fortune — encarregada de reinventar uma organização por meio da mudança da ênfase habitual nas tarefas isoladas para processos integrados, de modo a fornecer produtos e serviços de maior qualidade; uma coalizão de cinco ou seis pessoas composta de representantes eleitos que consigam fazer aprovar uma legislação inovadora; ou uma equipe temporária de dois ou três professores da escola primária que planejem um estudo interdisciplinar sobre a Roma antiga.

Colaboração criativa: uma idéia que chegou para ficar

Idéias têm o poder de mudar a face das coisas.
— Machiavelli

Uma visão ampliada do que significa ser humano

Quando olhamos para o céu à noite, o espaço se torna tempo, pois as estrelas que estamos procurando não mostram a luz do momento presente, mas a luz do passado: radiações do presente celestial que estão à distância de anos-luz da Terra não nos alcançarão senão no futuro. De modo semelhante, quando a maioria das pessoas olha ao que parece estar acontecendo no mundo hoje em volta dela, ela não vê o presente, mas o passado. Em outras palavras, vemos o que se acomoda à nossa concepção do mundo. Nós admiramos o golfista Tiger Woods caminhando para o décimo oitavo buraco em Augusta, no Torneio de *Masters*, porque vemos nele imagens da nossa própria mente que reflete o mundo das histórias em quadrinhos da DC*, dos anos de 1930: heróis de ação, como o Super-Homem e a Mulher Maravilha, que sozinhos realizam feitos que a maioria de nós considera difícil ou impossível.

Se pudéssemos apertar um interruptor *gestalt* e ver as coisas de uma perspectiva diferente, veríamos algo a anos-luz de distância de Tiger Woods: um apóstolo da nossa religião do super-herói. Veríamos que, sempre que algo de significativo é realizado no mundo hoje, está sendo realizado por pessoas que colaboram através das fronteiras profissionais e culturais.

Veríamos que o futuro pertence não apenas às estrelas, aos heróis ou mágicos da técnica que pensam e trabalham isoladamente, mas às pessoas que colaboram, que pensam e trabalham juntas. Não é apenas sobre o indivíduo ou sobre a tecnologia que o futuro do mundo repousa, mas sobre um conceito ampliado do que é ser humano.

---

* *Detective Comics.*

Uma era de hierarquia e de especialização está colidindo com uma era de complexidade

Para tratar dos problemas complexos que enfrentamos, elegemos um presidente a cada quatro anos, procuramos diretores carismáticos e outros líderes fortes para a nossa universidade, ou mesmo para nossa orquestra sinfônica. Isso ocorre porque ainda vemos imagens do homem forte no topo da organização piramidal — o faraó ou o rei no topo, com diferentes níveis de departamentos especializados — mesmo quando nos sentamos entre as ruínas e os escombros e procuramos pensar no que fazer. Novamente, se fôssemos apertar um interruptor *gestalt* e ver as coisas de modo novo, veríamos que uma era de hierarquia e de especialização está em colisão com uma era de complexidade. Muito freqüentemente, as questões que nos perturbam e os problemas que enfrentamos infiltram-se pelas rachaduras do organograma das organizações.

Por exemplo, os canos de escapamento dos carros em Los Angeles emitem poluentes na atmosfera em tão grande concentração, que estão entrando na cadeia alimentar dos esquimós. Um diretor de uma empresa em Nova York imagina o que pode ser feito, se é que algo pode ser feito, para que as pessoas inteligentes que ela contratou, por salários de seis dígitos, possam aprender e se relacionar melhor com colegas ou clientes. Cientistas de física quântica não realizam mais experiências de câmara de vácuo num laboratório no meio da floresta, mas em laboratórios que ocupam meio quarteirão e contêm centenas (se não milhares) de pessoas de diferentes ocupações e culturas, entre físicos, engenheiros, programadores de computadores e administradores.

Liderança de cima a baixo e especialização estreita foram, e ainda são, estratégias sólidas para problemas e épocas relativamente simples. Ainda assim, um novo modelo de liderança lateral está surgindo, baseado no estímulo à colaboração criativa entre especialistas que vêem e reagem ao mundo de maneira diferente. Esses especialistas podem ser pessoas que estão a quilômetros de distância e se comunicam por telefone, fax, *modem* e inventam um novo *pidgin* ou um novo dialeto crioulo para se comunicar através das fronteiras das diversas ocupações.

Da civilização à planetização

Vemos também imagens do passado quando tentamos chegar a soluções criativas para problemas que existem nos assuntos mundiais. Vemos a resolução do acordo palestino-israelense resultando numa nação para os israelenses e numa nação para os palestinos. Isso porque em nossa mente vemos o mundo por meio de imagens do passado: nações e Estados, exércitos e diferenças religiosas. Ao fazê-lo, não percebemos a mudança da civilização para aquilo que Teilhard de Chardin chamou de "planetização da humanidade", ou as muitas forças que estão nos reunindo de modo cada vez mais estreito.

Essa nova planetização está revolucionando o mundo como o conhecemos. Exemplos de novas idéias que hoje aceitamos como dominantes: (1) a economia global; (2) a mudança das hierarquias para as redes; (3) a democratização da tecnologia e (4) a sociedade do conhecimento. A realidade é que, apesar de tudo o que ambos os interessados no conflito do Oriente Médio fazem para se afastar um do outro — guerra dos seis dias, explosão de bombas terroristas e prisões — eles, cada vez mais, permeiam-se no dia-a-dia. O historiador William Irwin Thompson sugeriu que Jerusalém poderia se transformar numa Cidade-Estado, análoga ao Vaticano — não o Estado militar de Benjamin Netanyahu ou de Yasser Arafat, mas uma zona cultural governada por um conselho ecumênico que se tornaria a primeira cidade "planetizada" da Terra — um santuário cultural para as três "religiões de Abraão".[3] O mundo já teve Estados, nações e exércitos em número suficiente. Agora, ele precisa de espaço para sentir-se como o mundo.

Hoje, enquanto o processo de paz no Oriente Médio se arrasta e os contatos entre os governos se tornam mais escassos, uma rede dispersa, porém cada vez mais ampla, de contatos entre as pessoas está se materializando. Alguns vêem esse processo como uma paz sombria. De acordo com um artigo recente no *Boston Globe*, estudos conjuntos entre especialistas palestinos e israelenses sobre o meio ambiente estão ocorrendo com base no princípio de que "a natureza não tem fronteiras". Médicos palestinos e israelenses da Faixa de Gaza vivem juntos durante meses, recebendo treinamento das instituições médicas israelenses, tratando pacientes de ambos os lados durante o dia e indo juntos aos bares à noite. Contatos entre advogados, especialistas em tributos e oficiais aduaneiros ocorrem todos os dias. Artistas palestinos e israelenses viajam e se apresentam juntos. Adolescentes de ambos os lados aprendem mais uns sobre os outros por meio de programas escolares e desportivos.

Recentemente, quando um homem de negócios israelense e um engenheiro palestino tentaram atravessar a fronteira do Cairo juntos, o israelense teve sua passagem permitida mas o palestino, com o visto válido, foi maltratado pelos guardas egípcios que disseram que o mandariam de volta no próximo avião. Malki, o israelense, disse: "Deixe-o passar ou eu também voltarei!" Os guardas deixaram que ambos passassem. Kinche, o palestino, disse: "Ele arriscou-se por mim. Naquele momento, eu esqueci a sua história e vi a sua humanidade." "Existem fanáticos em ambos os lados", disse Malki; "todos nós temos de ceder um pouco para aprender a viver juntos."[4]

A teoria da história do grande homem está chegando ao fim

A História não é feita apenas de fatos e acontecimentos, mas baseia-se principalmente em interpretações. Escolhemos a nossa interpretação do que nos acontece, com base em nossas próprias crenças e nossos preconceitos, que em geral são arbitrários. Para nós, tudo isso se transforma na história "dele" ou "dela". Durante séculos, nossa história se apoiou na teoria do Grande Homem, ou seja, no modelo individualista. Nosso modelo mental funciona como um filtro. Filtra da informação o que é conveniente e despreza o que não é. Em muitos casos, o nosso modelo individualista nos deixou cegos para a verdadeira origem da criatividade e eficiência. Hoje, está havendo uma profunda mudança do modelo individualista para o colaborativo, devido a muitos fatores, tais como mudança e complexidade. Assim, as pessoas estão começando a reinterpretar muito do que ocorreu sob uma nova luz.

Por exemplo: é comum pensar que a Declaração de Independência foi escrita por Thomas Jefferson antes dos 33 anos de idade. Esse seria um feito estupendo para qualquer um, mas só recentemente os historiadores começaram a olhar para a elaboração do documento de um modo novo. A historiadora do Massachusetts Institute of Technology (MIT), Pauline Maier, realizou uma importante pesquisa que revela que a declaração não é apenas produto de uma mente extraordinária mas, acima de tudo, da inteligência coletiva de pessoas comuns das Treze Colônias.

Na verdade, houve mais de noventa "declarações públicas" de independência, que foram adotadas por várias cidades, vários condados e vários Estados, entre abril e julho de 1776. Estas não apenas explicavam as razões que os cidadãos haviam apresentado em favor da independência, mas foram essenciais no sentido de promover o voto a favor da Independência. Quanto à Declaração de Independência em si, um comitê de redação de cinco pessoas escreveu as linhas gerais dos artigos a serem incluídos. Desse grupo, Thomas Jefferson foi escolhido para ser o redator final, conforme a conclusão de John Adams: "Você escreve dez vezes melhor do que eu."[5]

De acordo com Maier, o comitê de redação teve um papel importante na sua criação, bem mais do que Jefferson viria a lembrar-se por volta de 1820 (ainda que seus relatos daquele tempo sejam freqüentemente citados e em geral aceitos sem objeções). A edição do documento pelo Congresso, durante dois dias, melhorou muito a versão do Comitê e refletiu de forma mais precisa a convicção dos eleitores dos membros do Congresso, como foi revelado nas "outras" declarações.

A música é outro campo onde as grandes obras são encaradas como o triunfo de um mestre individual. Estudos recentes, no entanto, mostram que

Mozart colaborou freqüentemente em muitas peças durante o período em que escreveu A *Flauta Mágica*. Os estudiosos acreditam que ele esteve envolvido em muitas colaborações ao estilo da Broadway ou de Hollywood. Recentemente, foram encontradas duas óperas com essas características. A *Pedra Filosofal*, escrita em 1790, inclui os nomes daqueles que contribuíram em vários trechos da ópera. O nome do compositor estava escrito acima de cada trecho, numa caligrafia desconhecida. O nome de Mozart aparece em cima de um dueto, e também em partes importantes do *finale*. O mesmo ocorre com outra ópera, *O Magnífico Dervixe*, e os estudiosos acreditam que isso se aplique também a diversas outras peças.

Está claro que a colaboração requer competência e saber com quem não trabalhar. Mozart certa vez foi criticado pelo seu patrono, o Imperador da Áustria, por ter notas demais na sua música. O Imperador sugeriu que certas notas poderiam ser cortadas. Mozart respondeu: "Quais certas Vossa Majestade tem em mente?"

Na ciência, existem muitos exemplos históricos de colaborações criativas, que em geral são desconhecidas. Por exemplo, quando Charles Darwin leu *Um Ensaio sobre a População*, de Thomas Malthus, em 1838, ficou estupefato com a idéia de Malthus de que a população se multiplica mais rápido do que a produção de alimentos. Se isso fosse verdade, concordou Darwin, então animais e plantas deveriam competir entre si para sobreviver, formando novas espécies a partir dos sobreviventes. Foi a combinação criativa das idéias do naturalista Darwin e do economista Malthus que levou à teoria da sobrevivência do mais apto, denominada "seleção natural". Mais recentemente, Albert Eisntein, conhecido como o grande gênio que trabalhava só, uma vez disse a uma jovem que lhe perguntou sobre suas experiências que ele nunca havia realizado nenhuma. Ele disse que o seu trabalho se apoiava principalmente nas experiências de outras pessoas.

A colaboração está aqui e agora

Quando autoridades em campos básicos, como História, ciências, negócios, artes, política e economia, começam a ver o mundo de um modo fundamentalmente novo e a agir conforme essa nova visão, é um sinal de uma transformação cultural.

Transformações culturais não são acontecimentos novos que possam ser vistos, como a explosão de uma bomba atômica em Hiroshima ou tanques esmagando manifestantes na Praça de Tiananmen, ou uma pacífica fotografia da Terra enviada da Lua pelos astronautas da Apolo. No meio de uma transformação cultural, a maioria de nós não consegue ver o que realmente está acontecendo. Transformações culturais são, na verdade, como correntes ocultas rápidas e profundas que afetam a nossa passagem sobre a Terra, ou como uma maré que nos leva de uma praia a outra sem nos darmos conta disso. Não obstante, quando uma transformação cultural ocorre, há muitos sinais de uma guinada no clima dos tempos.

A Exposição do Palácio de Cristal, realizada em 1895 na Feira Mundial de Londres, foi não apenas o símbolo acabado da Revolução Industrial, mas também da administração que cercava a cultura e a natureza humanas. Thomas Watson, fundador da IBM, acreditava que não haveria mercado para mais do que mil computadores aproximadamente em todo o mundo, e que estes seriam vendidos para as maiores empresas que existiam. A seguir, poderíamos dizer que a aurora da Era da Informática ocorreu quando a IBM lançou o seu PC, no começo dos anos 80, com uma peça publicitária, durante a transmissão do *Super Bowl*, que mostrava Charles Chaplin dirigindo uma fábrica convencional, como ocorre no seu clássico *Tempos Modernos*, com um PC da IBM — a imagem de um operador de máquinas sendo transformado num programador de máquinas.

A era seguinte, chamada de Era da Biologia, deve estar marcando a sua presença de maneira vaga, com algo que somente poderia ser o resultado de uma colaboração: as drogas elaboradas por intermédio da engenharia genética.

Todavia, se olharmos mais atentamente, a próxima era poderá ser caracterizada não tanto por uma nova ruptura na tecnologia, mas por uma abertura na maneira pela qual pensamos e trabalhamos.

Muitos sinais pequenos indicam uma mudança no vento

Muitas vezes, surgem sinais de mudanças culturais à nossa volta, ainda que não estejamos conscientes deles quando ocorrem. Como uma formiga andando sobre *Guernica* de Picasso, a relação entre figura e terreno é tal que estamos, em grande medida, cegos para a distorção cultural em larga escala que está ocorrendo. Ainda assim, ela afeta a maneira pela qual vemos e reagimos ao mundo, a maneira pela qual trabalhamos e pensamos e a maneira pela qual lutamos pelo pão nosso de cada dia. Ao escrever este livro, vimos muitos pequenos sinais que indicavam uma profunda transformação cultural que deveria alterar a maneira pela qual cada um de nós vê e reage ao mundo. Esses sinais nos levaram a concluir que a colaboração é uma idéia que está na ordem do dia.

Encontramos centenas de exemplos de colaboração ao passar os olhos pelos jornais diários e pelas revistas profissionais e nas discussões com amigos e colegas. Seus artigos cobrem um amplo espectro de atividades: do governo à biologia molecular, da educação à administração hospitalar, dos esportes profissionais às artes. Eles apresentam uma profunda guinada na maneira como as pessoas pensam e agem na vida profissional, deixando de ser pessoas que perguntam, individualmente: "O que eu posso criar?" para tornar-se pessoas colaboradoras que perguntam: "O que podemos criar juntos?" Deixar de pensar e trabalhar isoladamente para pensar e trabalhar conjuntamente; a primazia das partes passa a ser a primazia do todo.

A mesma tendência, evidente na nossa vida profissional, está afetando a nossa vida pessoal. À medida que ambos os pais dividem o papel do ganha-pão familiar e os filhos participam de mais atividades fora do lar, a vida familiar pode representar um planejamento complexo e um dilema logístico. Eis aqui uma anedota sobre o quanto a colaboração criativa está atuante:

Antes que os líderes do Congresso e do Senado exigissem agendas que fossem favoráveis à família, muitos filhos dos legisladores raramente viam seus pais. Quando Dan Quayle era senador pelo Estado de Indiana, sua filha Corrine estava decidida a fazê-lo ir à sua escola para assistir a uma peça teatral na qual ela atuava. Com 7 anos de idade, Corrine já havia aprendido onde residia o poder no Senado. Ela escreveu uma nota para Bob Dole, então líder da maioria, pedindo-lhe para não agendar nenhuma votação na noite da peça. E ele concordou.

As boas novas

Onde quer que olhemos, há exemplos engraçados que assinalam a chegada de uma era de colaboração. Eis alguns dos nossos favoritos:

- *A administração Clinton decretou um diálogo nacional para eliminar o preconceito racial. O diálogo foi estruturado para erradicar não apenas o preconceito entre brancos e negros mas também preconceitos que os negros e outras minorias tivessem acerca deles mesmos. "É difícil ver a si mesmo como uma pessoa de valor quando nos identificamos com ancestrais que foram escravos ou temos irmãos e irmãs na cadeia."*

- *O guru da administração, Peter Drucker, escreveu que a mudança individual mais importante na maneira pela qual os negócios e trabalhos são feitos hoje, seria da "propriedade" para "parceria" e das "tarefas individuais" para a "colaboração". Em 1996, havia mais de dez mil alianças estratégicas, joint-ventures e fusões ocorrendo. Isso quer dizer: uma por hora, o dia todo, todos os dias.*

- *O judiciário do Estado da Flórida, sofrendo de um excesso de casos e cansado dos advogados adversários, tomou a decisão de enviar todos os casos civis para conciliação ou para uma disputa alternativa, antes que o caso fosse ouvido no tribunal. Os resultados foram extraordinários.*

- Um garoto camponês quebrou a bacia enquanto brincava numa escola em Istambul, na Turquia. Os médicos locais, suspeitando que ele estivesse sofrendo de mais do que uma bacia quebrada, enviaram as chapas de raios X aos médicos do Hospital Geral de Massachusetts, em Boston, pela Internet; nas chapas eles diagnosticaram um tumor benigno. O uso da Internet para transmitir imagens de raios X é uma inovação clínica. A criança foi enviada para o hospital de Massachusetts para uma cirurgia e está passando bem.

As más notícias

Quando uma nova era está surgindo, muitas vezes há sinais de que a velha era, cujos dias estão contados, ainda detém o controle. Isso é o que os historiadores culturais chamam de "efeito crepúsculo". Enquanto uma era se prepara para brilhar no céu, outra desaparece na luminosidade da glória. Assim, enquanto já existem sinais de liderança lateral, colaboração criativa e aprendizado interdisciplinar, ainda há muitos sinais do contrário. Esses sinais incluem os indícios de uma busca por líderes carismáticos, de comunicação oposicionista e da fragmentação e da especialização do conhecimento, a tal ponto que pessoas de diferentes departamentos da ciência, como a biologia e a antropologia, mal conseguem entender-se.

Por exemplo, a cada três anos e meio, envolvemo-nos emocionalmente na eleição de um novo presidente — embora as pessoas não acreditem que esse fato faça muita diferença — pois nós ainda acreditamos na teoria histórica do Grande Homem. Membros do governo ainda debatem em lados opostos do saguão, cada um defendendo a sua posição e agarrando-se a ela como se fosse uma questão de vida ou morte, mesmo que isso leve a um impasse governamental. Ou, então, agarram-se à sua própria especialidade ou posição e ignoram a sutileza das questões. Por exemplo, os democratas acreditam no Direito ao Aborto, mas raramente debatem o que acontece à alma de uma criança abortada ou ao espírito da mãe, ou outras questões delicadas. Os republicanos acreditam no Direito à Vida, mas não prestam muita atenção ao problema de como a criança será alimentada, vestida e abrigada depois que nascer. Esse é outro departamento.

É fácil ficar firme na sua velha visão de mundo, protegendo as suas nobres certezas e a sua maneira de fazer as coisas, enquanto ainda existe uma grande quantidade de provas para sustentá-las e não há muitos sinais de mudança. Todavia, quando uma nova idéia nasce e o clima dos tempos muda, as pessoas são levadas ao limite das suas velhas visões e práticas e começam a sentir-se inquietas. Quando isso acontece, sempre há aqueles que resistem a uma nova idéia, em vez de cultivá-la. Há também muitos sinais de resistência aos que a propõem e de rejeição pela cultura existente.

Por exemplo:

- Um dia depois de os jornais publicarem a história do diálogo de Clinton sobre a questão racial, as autoridades citadas em artigos de jornal de todo o país afirmaram: "Isso não pode ser feito!", ou seja, que o pedido de desculpas proposto por Clinton em relação à escravidão nunca seria um ato significativo, mas apenas um mero gesto. Duas semanas depois, outro artigo foi publicado dizendo que o debate estava fadado ao fracasso, porque negros, brancos e outros não possuíam uma linguagem comum que lhes permitisse compreender uns aos outros.

- Apesar de as pessoas serem colocadas em equipes, processos e joint-ventures, as verdadeiras barreiras à colaboração e à comunicação permanecem na cabeça das pessoas, diz Peter Senge, autor de The Fifth Discipline.

- Um avião da United Airlines circulava sobre um aeroporto enquanto três membros da tripulação lutavam para resolver um problema no trem de aterrissagem. A caixa preta da cabine mostrou que tanto o piloto quanto o engenheiro de vôo sabiam que a escassez de combustível estava se tornando premente, mas não o relataram diretamente ao capitão, cuja preocupação estava voltada para o equipamento de aterrissagem. O avião ficou sem combustível, o trem de aterrissagem permaneceu fechado e o resultado foi um acidente.

É preciso saber que, onde há escuridão, a luz está dispersa. Há muitos outros exemplos, que encontramos na pesquisa para este livro, que nos incentivaram em vez de nos desanimar.

A COLABORAÇÃO CRIATIVA ESTÁ SE ESPALHANDO EM TODOS OS CAMPOS INDEPENDENTEMENTE

Há uma história a respeito de macacos nas ilhas do sul do Pacífico. Ocorre que, desde priscas eras, os macacos daquela região desenterravam batatas no mato, esfregavam-nas algumas vezes na mão e as comiam imediatamente. Um dia observou-se que um dos macacos levou as suas batatas para a praia e começou a lavá-las no mar. Os outros macacos da ilha apenas o observavam. Depois de mais ou menos uma semana, eles também começaram a lavar as suas batatas no mar. A história mostra como uma boa idéia se espalha. Mas a história fica ainda mais interessante. Ocorreu que, de acordo com os antropólogos, depois de seis semanas, os macacos de todas as ilhas num raio de cem quilômetros, também começaram a lavar as batatas, sem que tenha havido qualquer contato aparente com os macacos da ilha original.

Ao realizar pesquisas sobre a colaboração criativa em vários campos, notamos um fenômeno semelhante. Existem alguns líderes que se afastaram da hierarquia e da especialização e estão usando uma abordagem colaborativa em vários domínios, como resultado de ver outros "lavando as suas batatas". Todos nós ouvimos os mesmos gurus e lemos os mesmos artigos, que são parte de um conjunto de informações conjuntas que incluem termos como "habilitação", "equipes" e "processos integrados". Ao mesmo tempo, um dos mais interessantes aspectos da pesquisa deste livro é que encontramos pessoas dizendo coisas muito semelhantes a respeito da colaboração, em campos muito diferentes, com pouco ou nenhum contato entre si.

Por exemplo, A. M. C. Thorndike, famoso físico quântico escreveu: "Quem é 'o experimentador'? Raramente é, se é que alguma vez chegou a ser, um indivíduo isolado." O "experimentador" pode ser um grupo de astrônomos reunidos para levar adiante o trabalho sem nenhuma hierarquia interna clara. Ou pode ser um grupo de jovens físicos ou engenheiros que trabalham no telescópio Hubble ou numa viagem tripulada para Marte. Eles podem ser um grupo de físicos e biólogos que estejam trabalhando numa nova droga maravilhosa. Mas uma coisa o "experimentador" certamente não é: a imagem tradicional do cientista enclausurado, que trabalha isolado na mesa do laboratório.

Voltemos nossa atenção para os negócios e pensemos a respeito das palavras de David Kelly, da David Kelly Designs, uma companhia de projetistas, vencedora de vários prêmios, em Palo Alto, na Califórnia. "A era do projeto genial acabou há muito tempo. Todos nós somos pessoas muito inteligentes. Mas hoje, dada a complexidade do processo de projeto, o gênio criativo vem das mentes de vários projetistas inteligentes que trabalham juntos e não apenas de um deles", diz Kelly, cuja empresa criou o *mouse* da Apple, o tubo de pasta de dente da Crest e o desenho para o telefone da Motorola que abre e fecha. "Um verdadeiro gênio não seria feliz aqui. Nem sei se ele existe."[6]

E quanto às artes? Lemos um artigo sobre *jazz* intitulado: "Aquilo que nunca fizemos antes", que afirmava que a maioria dos grandes nomes do *jazz* são "gatos que andam sozinhos", embora eles saibam que nenhuma música é mais fraternal do que o *jazz*. A grandeza não provém de um homem, mas de todas as idéias trocadas num espírito de apoio mútuo ou de competição amigável, que muitas vezes foram unificadas num esforço de cooperação para elevar o nível da sua arte.

Na educação, no cumprimento da lei e na saúde percebemos que a mesma tendência emerge vez por outra, convencendo-nos de que, hoje e no futuro, realizações significativas e duradouras não virão de pessoas extraordinárias mas de extraordinárias combinações de pessoas que aprendem a pensar e a trabalhar juntas.

A seguir, pretendemos oferecer uma compreensão de como a colaboração criativa está surgindo nas diversas profissões e campos disciplinares.

A COLABORAÇÃO CRIATIVA ESTÁ TRANSFORMANDO A CIÊNCIA, A MEDICINA E A TECNOLOGIA

Parado no solo firme de Marte, a atmosfera é cor de salmão e a Terra parece uma esfera azul iridescente no céu noturno. Quando a aeronave Pathfinder desceu no velho planeta, com seus colchões antichoque octogonais protegendo o veículo que passearia pela superfície marciana, o fato pode ter marcado o começo de uma nova era, tanto na ciência como na administração. De acordo com o geólogo Bob Anderson: "A Pathfinder está abrindo novas trilhas na tecnologia, mas é também um desbravador na forma como pessoas de diferentes campos pensam e trabalham juntas."[7] De acordo com a administradora do projeto, Donna Shirley, "Nem uma única peça do veículo foi produto de uma mente individual, mas de uma equipe de trabalho criativa formada por cientistas, engenheiros e burocratas como eu". Shirley diz, também, que: "O segredo é dar espaço suficiente a pessoas brilhantes para que um projeto como esse possa ser criativo, ao mesmo tempo que objetiva o trabalho de equipe, para assegurar que o projeto seja realizado em tempo e dentro do orçamento."[8]

No Instituto de Genética de Cambridge, Massachusetts, biólogos moleculares, físicos, fabricantes e especialistas em testes da FDA (Food and Drug Administration, dos Estados Unidos) estão criando drogas, por meio da engenharia genética, para curar determinados tipos de câncer, doenças do coração, artrite e outras enfermidades. Diferentes pessoas vêm de campos que podem parecer muito semelhantes, mas estão, na verdade, freqüentemente trabalhando em mundos separados e, conforme afirma o vice-presidente Ed Fritsch, a discussão colaborativa desempenha um papel importante para superar as diferenças. O processo, geralmente difícil, de procurar compreender, pela discussão, com que os diferentes campos de especialidade podem contribuir para um projeto, em última análise é compensador, pois aumenta a qualidade, a velocidade e os resultados.

Quando descemos na superfície da Lua, foi um desbravamento tecnológico, mas perdemos a tecnologia administrativa que tornou isso possível. Um dos grupos que tenta garantir que isso não aconteça de novo envolve uma ampla colaboração entre os cientistas que pesquisam a atmosfera superior da Terra. Robert Claur, cientista espacial da Universidade de Michigan, juntamente com outros, está testando idéias sobre a relação do vento solar com os campos magnéticos da Terra por meio de um sistema de conferência por computadores, denominado "co-laboratório". Isso faz parte de um projeto multidisciplinar que conta com cientistas espaciais, engenheiros e especialistas de computador, além de pesquisadores comportamentais. Os psicólogos têm permissão para espiar o que está ocorrendo, com o objetivo de compreender melhor como os cientistas aprendem a colaborar entre si.

"Os dias do cientista individual estão contados", afirmou Claur. "Nós posicionamos cinco instrumentos fixos em lugares remotos, como o Círculo Polar Ártico, para gravar acontecimentos complexos. Antes, o cientista era especialista em apenas um instrumento, o que o limitava. Agora, por intermédio de uma instrumentação cruzada, podemos ver as coisas de novos ângulos. Antes, com um instrumento, olhávamos para o universo através de um pequeno buraquinho. Com cinco, é como se estivéssemos olhando através da abertura de uma caixa de correio." Os dados surgem ao vivo no lado esquerdo do teclado branco de um grande computador. Do lado direito, há um espaço (tela de conversação) para os cientistas discutirem como interpretar os dados. Segundo Claur, "Quanto mais olhos estiverem sobre os dados, mais provável se torna que venhamos a gritar *heureca!*".[9]

Eis outros exemplos:

- *Ao combinar as observações feitas pelo poderoso telescópio Keck, no Havaí, com as do telescópio espacial Hubble, astrônomos descobriram o objeto mais distante jamais observado: uma galáxia a cerca de treze bilhões de anos-luz da Terra.*

- *Um estudo da Kellogg School of Management revela que nas UTIs uma comunicação mais aberta e uma resolução colaborativa de problemas entre médicos, enfermeiras e técnicos, facilita uma contribuição individual superior, o desempenho do grupo em tarefas complexas e um nível mais alto de cuidados com o paciente e de sobrevivência.*

- *Uma publicação que apontava um gene como forte candidato à suscetibilidade genética ao câncer da mama e do ovário, tinha nada menos que 45 co-autores, vindos de uma firma de biotecnologia, de uma faculdade de medicina dos EUA e de uma outra do Canadá, de um conhecido laboratório farmacêutico e de um laboratório de pesquisas do governo.*

ATITUDES COLABORATIVAS ESTÃO TRANSFORMANDO O CONTROLE GOVERNAMENTAL EM COOPERAÇÃO BIPARTITE

Era um frio domingo de janeiro, e a fumaça negra da balsa subia em grandes rolos. Inadvertidamente, os passageiros haviam tomado o barco para ver a Estátua da Liberdade. Quando chegaram à Ilha da Liberdade, depararam com uma placa: "Fechado." No mesmo dia, os visitantes dominicais que haviam feito uma peregrinação ao Capitólio, em Washington, não tiveram permissão para entrar nos museus Smithsonianos. No dia seguinte, funcionários públicos descobriram que não iriam receber seu pagamento, por terem sido classificados como "prescindíveis". Com certeza não carecíamos de líderes valorosos e inteligentes em Washington: Clinton, Dole, Gingrich. O que parecia estar faltando eram líderes que pudessem colaborar o suficiente para aprovar o orçamento e manter o governo funcionando.

Depois desse fiasco e das eleições de 1994, quando os eleitores expressaram seu desagrado tanto contra os democratas como contra os republicanos, respectivamente, nossos líderes nacionais superaram esse clima de acrimônia política e aprovaram um projeto bipartidário para equilibrar o orçamento nacional até o ano 2002. Outros esforços bipartidários também começaram a surgir. No Congresso, uma dúzia de vezes por dia, um presidente deixa uma sessão de algum comitê e passa o bastão para outro membro do partido. Mas, numa manhã de maio de 1997, o senador John McCain, republicano do Estado do Arizona e presidente da Comissão de Finanças do Senado, fez algo diferente: passou o bastão para Ernest Hollings, um democrata.

De acordo com um artigo do *New York Times*, escrito por Michael Lewis: "Uma expressão de alarme passou pelo rosto de Hollings. Ele e McCain trocaram algumas palavras. Então McCain saiu rapidamente e sumiu antes que Hollings pudesse se acostumar com a idéia." Mais tarde, o senador McCain chamou um dos menos conhecidos senadores democratas, Russell Feingold, de Nova York, e pediu-lhe que colaborasse numa campanha para um projeto de reforma financeira. "Quais são as possibilidades de que um senador republicano (os republicanos dependem da verba do PAC*) compreenda o meu ponto de vista: 'financiamento público para as eleições'? Por que razão ele colocaria em risco a sua autoridade?", perguntou Feingold. McCain respondeu: "Você é um democrata e nós discordamos a respeito de muitas coisas, mas existem outras áreas nas quais vemos o mundo da mesma forma. Vamos dar o primeiro passo!"

Era como se um homem dissesse a outro que política de partido é algo muito bom, mas ela só age realmente na periferia dos nossos compromissos reais. A partir desse momento, eles deram vários passos juntos, entre eles a Lei McCain-Feingold para a reforma do financiamento de campanhas.[10]

Há mais incidentes como esse sendo divulgados todos os dias, não somente em Washington, como também nas assembléias legislativas estaduais. Donna Sytek, porta-voz da Assembléia Legislativa de Nova York, afirma: "A colaboração é uma abordagem melhor do que o conflito para aprovar legislações pionei-

---

* *Political Action Committee.*

ras. Preferimos ver um relatório de comitê aprovando esse tipo de legislação antes que um conflito. Preferimos ver o relatório de um comitê ser aprovado quase por unanimidade. Por exemplo, uma votação de dezessete contra três, numa lei controversa, é bom, pois significa que temos dezessete pessoas, com experiências *diferentes*, concordando — pessoas de vários lugares do Estado, de diferentes organizações, de sexos diferentes, de partidos diferentes e sei lá mais o quê —, a menos que o comitê seja formado por pessoas que tenham a mesma mentalidade. Mas tentamos obter uma diversidade de opiniões. Quanto maior o grupo, maior a probabilidade de obter opiniões cruzadas. Se você conseguir uma votação de nove contra oito, quer dizer que a questão é particularmente problemática ou que as pessoas não trabalharam o bastante em cima dela. Eu não gosto de nove contra oito votos num comitê."

Os produtos legislativos mais bem-sucedidos resultaram de processos nos quais todos os pontos de vista estavam representados. Isso significa reunir todos os diferentes acionistas e conseguir que todos os aspectos do problema, bem como os processos de pensamento que estão por detrás deles, sejam apreciados. Finalmente, significa apresentar uma solução construtiva e criativa.[11]

- *Um artigo do* Wall Street Journal *de 31 de julho de 1997 dizia: "O Presidente e o Congresso estão sendo abençoados pelo público americano devido à colaboração entre ambos." 58% do eleitorado reelegeria o democrata Clinton, pelo modo com que trabalhou junto com o Congresso nas questões de economia e orçamento; 48% reelegeria o Congresso republicano.*

- *Na Índia, Kocheril Narayanan foi o primeiro pária a ser nomeado presidente. O fato de ter nascido na classe dos intocáveis deu-lhe as habilidades necessárias para "construir coalizões, isto é, diplomacia, ter tolerância e vontade de ouvir as preocupações do homem comum".*

- *Compelidos pelo dramático apelo da falecida princesa Diana, representantes de cerca de cem nações de todos continentes estão se reunindo para trabalhar juntos no sentido de acabar com o flagelo mortal do uso de minas terrestres, que mataram e mutilaram centenas de milhares de inocentes.*

Nos negócios, o aspecto competitivo será o resultado da vantagem da colaboração

"Apenas poucos executivos, das 500 maiores companhias citadas pela *Fortune*, diriam que têm o controle total de organizações tão complexas e com tantas variantes", afirmou um executivo numa conferência: "Eu não quero criar uma organização com degraus e funções mecânicas", diz Juan Rada, ex-chefe de planejamento da Digital Equipment Corporation (DEC), "eu quero criar uma tribo." "Por que não pensar numa organização como uma rede de empreendimentos de diferentes especialistas e companhias para atender às necessidades dos consumidores?", afirma o ex-ministro do trabalho dos EUA, Robert Reich. "Minha visão é a de uma organização radicalmente descentralizada, na qual a tolerância com o caos gera a ordem, como na natureza", diz Dee Hoch, antigo presidente da Visa International. "Por que não pensar numa organização como se fosse um ser vivo?", pergunta Arie DeGuess, antigo chefe de planejamento da Royal Dutch Shell. O que todas essas vozes e metáforas estão nos dizendo é que a corporação tradicional, baseada numa liderança de cima para baixo, com funções separadas, está no fim.

A *corporação colaborativa*. Uma nova era de organizações colaborativas, caracterizadas pela liderança lateral e por equipes virtuais, está emergindo. Essas companhias estarão mais preocupadas em criar pessoas criativas, com a visão voltada para recursos de criação que não existiam antes, do que em contar com um pequeno número de cabeças ou vincular e coordenar tarefas de modo a cortar gastos. Seu foco estará no esforço de envolver os clientes num diálogo a respeito dos seus objetivos e problemas. A questão principal será: "O que está faltando, do ponto de vista de produtos e serviços inovadores?" E não: "Como melhorar o que já estamos oferecendo com os produtos e serviços já existentes?" Em vez de perguntar: "Como desmembrar esse complexo em partes pequenas e as delegarmos?" — os administradores perguntarão: "Que novos padrões de relacionamento e interação precisamos criar para resolver este problema de consumidores complexos?"

Como criar um ambiente para apoiar pessoas criativas. "Nosso objetivo era construir produtos que ajudassem a aprimorar o uso que as pessoas fazem do PC", diz Andy Grove, da Intel. "Todavia, propositadamente, deixamos que ele fosse amplo e flexível, para estimular a criatividade pessoal e a colaboração de grupo." Nos últimos dez anos, muitas grandes companhias tentaram libertar o espírito humano, mas a maioria não foi tão bem-sucedida como a Intel. Nos próximos anos, as pessoas da *geração empreendedora*, ou geração "E", descartarão a grande corporação, com seus controles restritivos e os seus limites, para perseguir suas paixões e as oportunidades emergentes de mercado. Elas seguirão modelos como Steven Jobs ou Bill Gates, que deram atenção ao que estava faltando e o construíram em colaboração com outras firmas e maravilharam seus clientes.

Interconectividade. Há dez anos, Michael Porter escreveu que o sucesso estratégico baseava-se na "competência essencial". Hoje, porém, ser bom em uma ou duas coisas pode não ser o suficiente. As companhias estão descobrindo, cada vez mais, que precisam desenvolver também uma "vantagem da colaboração", que implique na capacidade de integrar a cultura da companhia, sua competência e seus processos, com os de outras empresas para criar um produto ou um serviço superior para os seus clientes. Pergunta o analista Michael Schrage: "Você acha que Bill Gates poderia ter desenvolvido o *Windows* da Microsoft sem a colaboração da Intel? Não. Você acha que Andy Grove, da Intel, poderia ter desenvolvido o Pentium sem colaborar com a Microsoft? Novamente, não." A vantagem da colaboração muitas vezes significa criar novas maneiras de pensar e trabalhar em conjunto, maneiras que no momento não existem, e não simplesmente combinar duas tecnologias como os ingredientes de uma omelete.

Como demonstrar o poder da ação colaborativa em projetos. Grandes e pequenas companhias estão igualmente descartando o modelo tradicional de organização e substituindo-o por um projeto-modelo. Eles se afastam dos seus hábitos para inventar um ambiente criativo, produtivo, amigável e informal, onde trabalho é divertimento. "Tento estimular uma atitude de colaboração", diz David Kelly, da premiada David Kelly Designs, "pela justaposição de idéias e talentos múltiplos num ambiente meio zoológico, meio carnavalesco. As pessoas estão constantemente fazendo coisas, conversando a respeito de coisas, colaborando a respeito de coisas, e o segredo é colocar todo o projeto numa sala. Como há muitos projetos acontecendo simultaneamente, o lugar, o local parece um circo com três picadeiros, com uma grande quantidade de coisas espalhadas em volta, apenas esperando para serem colocadas juntas de alguma maneira surpreendente. Há diversos projetos pessoais esquisitos: uma lâmpada maluca que pode enxergar em volta dos cantos pode estar jogada perto de um modelo inacabado de analisador de sangue e de um projeto avançado de vara de pesca."[12]

- *A General Motors tem cerca de 560 mil empregados e uma capitalização de mercado de 47 bilhões de dólares. A Microsoft tem apenas vinte mil e quinhentos empregados e uma capitalização de 168 bilhões e meio de dólares.*
- *As três grandes montadoras de automóveis colaboram para conseguir uma inovação na tecnologia de baterias e construir o primeiro carro elétrico com a autonomia e a velocidade com que os motoristas estão acostumados.*
- *A National Bike de Kokubu, Japão, fabrica bicicletas sob encomenda numa linha de montagem. As bicicletas são feitas de acordo com as medidas de cada cliente e são entregues duas semanas depois do pedido.*

Globalização, tecnologia e abordagens interdisciplinares a problemas complexos conduzem ao aprendizado colaborativo

Vivemos numa cultura de um mundo único, diz o chefe de Estado polonês e filósofo, Victor Klavel. Estamos envolvidos por uma consciência planetária que Teilhard de Chardin chamou de "Noosfera" ou "conjunto de informações conjuntas". Quando a CNN lança uma rede de satélites de comunicação que cerca a Terra com tecnologia, todos começamos extraindo nossa identidade das mesmas imagens — a mesma história instantânea na qual alguém como Benjamin Netanyahu pode ser um comentarista da CNN por um dia durante a guerra do Iraque e o primeiro-ministro de Israel no seguinte; a mesma cultura internacional de negócios na qual todas as tribos tradicionais foram descobertas, fotografadas e incluídas numa economia de mercado; os mesmos mitos por meio de livros como o de Thomas Moore: *Care of the Soul*. Enquanto a CNN ensina pessoas em todo o mundo a falar com sotaque americano, os americanos estão sendo expostos a "idéias estrangeiras", que dissolve a identidade das pequenas cidades e as barreiras culturais. Quando o Dalai Lama vai a Washington e conversa com o Presidente Clinton a respeito do Tibete, não é apenas uma história local sobre a liberdade budista; é uma fábula moral da qual pessoas de todo o planeta participam juntas.

Quando nos tornamos parte da "aldeia global" de Marshall McLuhan, aprendemos com as nossas diferenças, à medida que cada um de nós se torna mais educado e mais especializado, com acesso a um fundo comum de informações conjuntas. A Internet e a Netscape transformaram a imensidão em miniatura, possibilitando que um grande número de especialistas, de diferentes campos, em lugares remotos, pensasse, agisse e aprendesse uns com os outros, a respeito de qualquer questão ou de qualquer problema complexo. Na semana em que o Pathfinder desceu em Marte, o cientista Bob Anderson gravou diariamente dezenas de milhares de mensagens da Internet, transmitidas por cientistas e leigos de todo o mundo que queriam participar da experiência. Do mesmo modo como médicos dos EUA aprendem a usar o programa de raios X da Internet para consertar a bacia quebrada de um menino, crianças de todas as partes do mundo estão fazendo sua lição de casa de biologia ou matemática juntos, por meio do sistema.

Estamos aprendendo colaborativamente, não apenas por intermédio da tecnologia, mas de um crescente contato pessoal, em inúmeras conferências profissionais, todos os anos, que se tornaram mais acessíveis e mais baratas devido ao avião a jato. Ande no aeroporto de Zurique e você verá políticos, empresários e gurus correndo para assistir à Conferência de Economia Mundial em Davos, na qual diferentes idéias se entrecruzam e novas idéias são criadas

— tais como: "Um partido, dois sistemas", da China ou "O novo voluntariado" de Colin Powell. No mesmo aeroporto, você verá médicos de Boston, de Madri ou de Estocolmo a caminho de uma conferência médica sobre a teoria dos genes, ou uma velhinha de cabelos tingidos de azul indo de Iowa, nos EUA, para uma excursão educacional pela Polônia. As pessoas relatam que nesses encontros elas aprendem mais com a formação de novos relacionamentos e conversas informais sobre problemas comuns do que com seus famosos palestrantes.

Assim, a idéia de um debate colaborativo, no qual diferentes especialistas pensam e trabalham juntos num problema, torna-se uma tendência. O MIT estabeleceu um aprendizado colaborativo baseado nas idéias de Peter Senge de "organização de aprendizado". Cerca de trinta grupos, entre eles corporações como a Ford, o Departamento de Polícia de Peel, no Canadá e escolas locais, estão aprendendo uns com os outros.

Uma das áreas na qual o aprendizado da colaboração está se ampliando são as escolas secundárias. Score, uma organização dedicada a ajudar os estudantes a lidar com a transição da escola para o trabalho, por meio da colaboração de adolescentes, professores e diretores, está revolucionando a educação em muitas comunidades. Essa abordagem, que foi usada em milhares de estudantes, em mais de trezentas escolas, é um sucesso porque começa por ajudá-los a expor suas metas e aspirações e lhes mostra como fazer um projeto de mudança, do ponto de vista acadêmico, de onde eles estão para onde eles gostariam de estar profissionalmente. Em vez de encarar o aprendizado como uma atividade solitária, os estudantes muitas vezes trabalham em conjunto em projetos comuns. Outros exemplos do sucesso da colaboração são:

- *Na Indonésia, "globalucionários", ou seja, grupos ativistas formados por artistas, empresários e defensores dos direitos humanos, estão fazendo o possível para conectar seu país repressivo ao sistema global, na esperança de que, se mais pessoas tiverem acesso a notícias não censuradas, a empresas multinacionais e aos movimentos de mulheres, será criada uma pressão maior sobre os líderes que transformarão o país.*

- *"Os Estados Unidos enfrentarão futuramente, uma economia de apartheid, a qual consistirá numa camada superior de funções técnicas, enquanto o resto da nação será de trabalhadores desqualificados, a menos que reformulemos nosso sistema educacional em parceria com a indústria, para criarmos pensamento criativo e habilidades competitivas." (Extraído de um discurso de Amar Bose, fundador da Bose Corporation.)*

- *A Union City, escolas de New Jersey, e a Bell Atlantic descobriram que poderiam melhorar dramaticamente as notas em exames dos estudantes pobres ao vincular professores, pais e estudantes num sistema de monitoração por meio do correio eletrônico. Muitos estudantes pobres ascenderam até o nível das medalhas de honra.*

Como preferir a colaboração e a comunicação ao confronto e ao conflito

Ruini Guinier, professor da Escola de Direito Penn State, afirmou que quase todos os advogados são treinados para serem gladiadores, ou seja, mais para combater nos tribunais do que para resolver problemas. Parece que o público, o judiciário e, agora, finalmente, os próprios advogados estão se dando conta de que odeiam a tradicional abordagem socrática de esperteza e de querer levar vantagem para resolver as disputas. Muitos estão se voltando para soluções alternativas nas disputas. Já mencionamos de que forma o Judiciário do Estado da Flórida está enviando todos os casos civis para mediação antes de permitir que sejam ouvidos no tribunal. Massachusetts, Nova York e Connecticut estão começando a seguir esse exemplo. Centenas de advogados estão participando de cursos de mediação em todo o país, para encontrar formas mais colaborativas e menos contenciosas para lidar com divórcios, disputas imobiliárias e questões de negócios.

Essa novíssima escola de conciliação é chamada de "mediação transformadora". De acordo com Robert Bush e Joe Folger, autores de *The Promise of Mediation*, a maioria das pessoas tem intenções honestas e sinceras, mas, quando são envolvidas num conflito, muitas vezes ficam presas ao papel de vítima ou de opressor, que não é o modo pelo qual elas gostariam de ver a si mesmas. "Devolvemos às pessoas a sua verdadeira personalidade", afirmam Bush e Folger, "ao promover momentos de *reconhecimento* e *potencialização*." Isso ajuda as pessoas a transformar seu relacionamento consigo mesmas e com os outros, em vez de encontrar uma maneira melhor de dividir o bolo. Isso fortalece as pessoas, ao ajudá-las a perceber que têm escolhas e que podem aprender a ter compaixão pelos outros. Uma vez que essa transição ocorra, as pessoas se sentirão melhores acerca de si mesmas e dos outros e será mais fácil encontrar uma solução criativa.[13]

Em outros casos, as pessoas verão que não existe uma solução de ganho total. Em vez de *chegar ao sim*, à moda de Roger Fisher e Bill Ury, as pessoas têm de *conviver com o não*. Bush e Folger ajudam as pessoas a mudar do modelo *individualista* para um modelo *relacional* ao ajudá-las a ver que, ainda que elas nem sempre possam conseguir o que querem, há algo na relação que vale a pena preservar. "São esses momentos de potencialização e de reconhecimento, quando uma pessoa ousa exigir aquilo que quer, ou quando alguém que 'simplesmente não consegue compreender' mostra que finalmente entendeu, que fazem a diferença", diz Sharon Press do Dispute Resolution Center, na Flórida. Dos milhares de casos mediados na Flórida e em outros lugares, mais de 80% são solucionados em reunião. Em alguns casos de divórcio, as pessoas até mesmo decidem voltar a ficar juntas. Em questões imobiliárias, o processo de resolução de conflitos e de obtenção de acordos foi agilizado consideravelmente.[14]

No direito criminal, a colaboração está no centro de uma nova e eficiente abordagem ao trabalho policial, chamada de "policiamento com base na comunidade". Em Ottawa, a polícia canadense está sendo treinada para liderar equipes de vizinhos que podem envolver a comunidade num diálogo e chegar às causas fundamentais e soluções de problemas, em vez de simplesmente reagir ao crime saindo à noite no carro de polícia, com um cassetete e uma lanterna. De acordo com o sargento Rich Murphy: "Tínhamos uma vizinhança na qual todas as noites as pessoas reclamavam do barulho. Nós patrulhávamos a área e ocasionalmente prendíamos alguns bêbados e desordeiros, mas éramos chamados novamente na noite seguinte. Assim, em vez disso, promovemos uma reunião da comunidade e pedimos aos vizinhos que nos relatassem qual a origem do problema e de que forma eles acreditavam que poderia ser resolvido. Descobriu-se que a maior parte do barulho vinha de um bar que, depois do expediente, deixava suas portas abertas. Os clientes acabavam se reunindo perto da porta e batucavam numa caixa de correio que ficava do lado de fora e em umas máquinas automáticas de venda de jornais. Promovemos uma reunião com o grupo, o que levou a encontrar uma solução viável, que foi simplesmente pedir ao dono do bar para fechar a porta de trás cinco minutos depois do expediente e remover a caixa de correio e as máquinas de venda de jornais."

Muitos outros exemplos revelam o mesmo tipo de aprendizado com base na comunidade e o mesmo modelo de ação. Murphy acrescenta: "Hintonburg era um arrabalde que havia se transformado em ponto de prostituição. Os vizinhos nos chamavam repetidamente para reclamar das prostitutas, dos carros que passavam e das seringas e agulhas jogadas no chão. Nós aumentamos as patrulhas e as prisões, mas era como chover no molhado. Convocamos outra reunião da vizinhança para analisar conjuntamente o que poderia ser feito; convidamos os vizinhos, a polícia, as agências de serviço social, o departamento de saúde e até mesmo professores da escola local. A idéia que surgiu foi ministrar aconselhamento às prostitutas. Outra idéia envolvia a aprovação de legislação que obrigava os 'clientes' detidos a freqüentar cursos de 'clientes' durante uma semana, na qual eles aprenderiam as conseqüências de suas ações a longo prazo. A prostituição diminuiu significativamente. A mesma abordagem foi usada para reduzir drasticamente a delinqüência juvenil, bem como maus-tratos familiares nessa área."[15] Eis aqui mais alguns exemplos de colaborações bem-sucedidas:

- Em 1997, a Promotora Janet Reno orientou todos os advogados do Departamento de Justiça para colocar a colaboração acima do conflito. Ela destinou um milhão de dólares do orçamento da instituição para mediadores externos solucionarem casos federais difíceis.

- Em Boston, as taxas de mortes de adolescentes por armas de fogo caíram para zero, depois de um alto índice registrado nos dois anos anteriores. O vereador Paul Evans atribui esse fato a uma palavra: colaboração (entre a polícia, as escolas, grupos de moradores e cidadãos).

- As autoridades de Zurique, na Suíça, enfrentavam uma crescente crise de dependentes de drogas e traficantes nas ruas. Então, passaram a colaborar com a polícia, com centros de reabilitação de viciados e com grupos de cidadãos para reduzir o uso generalizado de drogas e o crime relacionado com elas. Eles desenvolveram uma abordagem abrangente, que visava conseguir que os infratores primários e os reincidentes recebessem tratamento, definir melhor as leis e os procedimentos dos tribunais e introduzir a consciência educacional nas escolas.

A colaboração criativa dá oportunidade às pessoas de deixar sua marca neste mundo

Em maio de 1997, Diane White, de 25 anos, moradora da cidade de Everett, Massachusetts, não atendeu ao chamado de Collin Powell para o voluntariado no Berço da Liberdade, na Filadélfia. Ela estava muito empenhada em ser uma *voluntária*. Ela comanda uma linha de atendimento no maior abrigo da Nova Inglaterra para mulheres espancadas. Em White, representante do serviço ao consumidor do Citizens Bank, não faltava o desejo de doar alguma coisa; o que faltava era tempo e oportunidade. O que fez a diferença foi ouvir falar acerca dos serviços comunitários sabáticos oferecidos pelo seu empregador. O executivo Laurence Fish deu início a um programa em parceria com líderes do governo local e organizações de serviço social não-lucrativas e o apelidou de *filantropia estratégica*, para enfatizar a parceria entre o público e o privado. Para concretizá-la, Fish ofereceu aos empregados da Citizen a oportunidade de realizar um serviço comunitário sabático durante três meses e receber o seu pagamento e os benefícios integrais, com a garantia de que seus empregos estariam esperando por eles na volta. "Não o fiz para ser altruísta", disse Fish. "Os serviços comunitários tornam os empregados melhores." Esse programa inovador mostra que as pessoas querem deixar sua marca e, quando lhes é dada a oportunidade, elas o fazem.

Há outros sinais de uma abordagem mais colaborativa entre organizações que tratam com questões ambientais, como o uso da terra. Em Gunnerston, no

Wyoming, fazendeiros e grupos ambientais voluntários têm estado em conflito e os estereótipos andaram prevalecendo. Os ambientalistas tendem a acusar os fazendeiros com a condescendente expressão: "Vocês só se preocupam com o lucro." Os fazendeiros tendem a olhar para os ambientalistas como "comunas vindos do lado de lá do morro". Então, empresários imobiliários entraram no viçoso e verde vale e começaram a ocupar a área com condomínios, e ambos os lados se deram conta de que eles tinham algo a perder que era mais importante que os seus estereótipos. Foram promovidas algumas conversações e conselhos entre os três grupos. Por meio do contato direto, surgiu um relacionamento, a partir do qual todos eles concordaram sobre o modo pelo qual poderiam salvar a área. Surgiu a idéia de colocar a terra sob custódia, de modo que ela jamais pudesse ser vendida. Os empreendedores imobiliários concordaram em usar apenas parte das terras e dedicar os lucros de seus empreendimentos aos grupos ambientalistas sem fins lucrativos.

A mesma mudança na abordagem está ocorrendo no cenário internacional em questões como a fome, a pobreza e as doenças. Na província de Kivu, no Congo, um Land Rover branco que leva o logotipo vermelho dos "Médicos sem Fronteiras", anda pelo lodaçal, que na estação chuvosa imita uma estrada, com as marchas rangendo, com os pneus girando em falso, enquanto buscam agarrar-se em algo sólido. A instituição foi formada há poucos anos, quando alguns médicos franceses ficaram furiosos com a recusa da Cruz Vermelha de permitir que médicos trabalhassem no Estado de Biafra, na Nigéria, controlada por rebeldes. Esses médicos também estavam fartos das agências de socorro excessivamente especializadas: uma faria cirurgias, outra forneceria a alimentação e a água, outra atenderia aos refugiados das enchentes. Essa abordagem tornava difícil tratar problemas que eram interdependentes.

A organização "Médicos sem Fronteira" regularmente recruta médicos de primeira linha, enfermeiras e outros voluntários em todo o mundo. O objetivo não é provar como cada um deles é grande na sua especialidade, mas eliminar o sofrimento, seja na forma de um lábio leporino ou de um céu da boca que necessita de cirurgia, de uma criança faminta ou de uma aldeia queimada com pessoas que necessitam de um novo abrigo.[16] Outros grupos, como as equipes internacionais de socorro (International Relief Teams — IRT), não apenas enviam equipes cirúrgicas de emergência para áreas devastadas pela guerra ou para regiões pobres que sofrem com a falta de especialistas em cardiologia, ortopedia e oftalmologia, mas também equipes que ensinam as técnicas mais recentes ao pessoal médico e aos hospitais locais. Os médicos, muitas vezes, são profissionais de primeira linha, cansados do fato de a medicina ter-se tornado um negócio e desejosos de devotar uma ou duas semanas a uma boa causa sem ter de abandonar a sua clínica. Em 1996, as IRT enviaram mais de uma dúzia de equipes de ensino para treinar de 25 a cinqüenta profissionais locais da área de saúde em países como a Letônia, a Lituânia e a Armênia, que não dominavam técnicas adequadas para ressuscitamento cardíaco, cuidados médicos infantis e medicina traumatológica. Esses grupos de 25 pessoas, por sua vez, treinariam outros 25, até chegar a atingir alguns milhares. A colaboração está contribuindo para deixar marcas de muitos modos, incluindo:

- *Uma equipe de vinte trabalhadores da principal instalação da Xerox em Webster, Nova York, pediu à gerência para modificar a linha de produção. Eles queriam ter um dia de folga por mês para ensinar crianças numa escola da periferia. Os trabalhadores da Xerox dizem que é altruísmo e não masoquismo.*

- *Hans Peter Hartman, piloto de DC-10 da Swissair, elaborou um projeto inovador depois de cursar um seminário de liderança na Europa. O projeto envolvia pilotos e tripulações, organizando-os para recolher remédios não usados da farmácia doméstica das pessoas e levá-los de avião até a Índia. O projeto ajudou milhares de pessoas.*

- *Michael Kremer, ganhador do prêmio MacArthur e professor do MIT (Instituto Tecnológico de Massachusetts), decidiu fazer uma pausa durante a Faculdade e lecionar durante um ano na África. Quando terminou esse período, ele precisava de um substituto e colocou um anúncio no quadro de avisos do MIT. Houve uma avalanche de voluntários e ele criou a fundação denominada World Teach (Ensino Mundial), que envia centenas de professores a países subdesenvolvidos em todo o mundo.*

Os artistas estão se "intercomunicando" por meio das disciplinas para criar novas expressões espontâneas

Ezra Pound escreveu certa vez: "Os artistas são as antenas da raça humana", o ponto sensível para detectar pequenos sinais que apontam para um futuro que o resto de nós ainda não consegue ver. Dessa forma, as artes há muito têm sido um campo no qual as pessoas trabalham de forma colaborativa. Michelangelo, durante a Renascença em Florença, desenhava os contornos dos afrescos e seus alunos os preenchiam, usando a própria imaginação para interpretar as cores. Alguns eruditos vêem as obras-primas de Shakespeare não como o trabalho de uma única pessoa, mas como o resultado de um comitê que trabalhava com ele e sob a sua direção. Neste século, romancistas e pintores que se reuniram na década de 1920 em Paris — pessoas como Fitzgerald, Hemingway e Gertrude Stein — inspiraram e desafiaram-se artisticamente uns aos outros.

F. M. Ford lembra-nos sua colaboração com Joseph Conrad: "Nós escrevíamos durante dias inteiros, durante metade da noite, metade do dia ou durante a noite toda. Nós rabiscávamos trechos em pedaços de papel ou nas margens dos livros, mostrando-as um para o outro ou intercambiando-as. Gargalhávamos a respeito de passagens, que outras pessoas não achariam nada humorísticas. E suspirávamos a respeito de outras que talvez ninguém teria achado tão ruins quanto nós."[17]

Hoje, assistimos a filmes como *Os Caçadores da Arca Perdida*, *Jurassic Park* e *Toy Story*, que são boas demonstrações de criatividade e de trabalho de equipe. À medida que os magos da indústria cinematográfica de Hollywood — diretores, roteiristas, atores, maquiadores e técnicos de som e de iluminação — entram em contato com profissionais da tecnologia para realizar efeitos especiais espetaculares e animação em computador, está sendo criado algo que nos permite transcender os aspectos banais da vida cotidiana. "Nós não colaboramos apenas para criar filmes", diz Steven Spielberg; "nós criamos equipes colaborativas que podem trabalhar juntas e oferecer à audiência algo especial." A capacidade de pessoas altamente talentosas, bastante vaidosas, reunirem-se, a partir de diferentes campos, construir relacionamentos e criar um filme como *Contatos Imediatos do 3º Grau*, *A Lista de Schindler* ou *Coração Valente*, com limitações de tempo e de orçamento, é algo verdadeiramente extraordinário.

Uma das novas tendências nas artes visuais é a colaboração entre artistas profissionais e estudantes com o objetivo de conseguir envolver pessoas jovens. Jonathan Borofsky, conhecido por suas pinturas e esculturas de dez metros de altura, como o *Hammering Man* em Frankfurt, Seattle e Tóquio, foi convocado para ser um artista convidado na Universidade de Brandeis para trabalhar em algo chamado "God Project", que seria uma colaboração entre um artista mundialmente renomado, o museu da universidade e os estudantes. O museu encomendou cem telas e pediu a Borofsky para pintá-las de modo a conseguir que mais pessoas participassem das atividades artísticas. Durante mais de dez dias, nove horas por dia, Borofsky recebia qualquer aluno para aquilo que ele chamava de "aula de pintura em dois minutos". Não apenas os estudantes de arte envolvidos no Projeto Deus vieram para o museu para trabalhar, como também o fizeram os seus colegas de quarto, graduandos em Ciência Política, Engenharia e História. O projeto prosseguiu até que as telas que o museu havia fornecido se acabaram.

Em música, uma das gravações mais populares dos últimos anos foi "Os três tenores". Luciano Pavarotti, José Carreras e Plácido Domingo cantaram juntos pela primeira vez, interpretando árias clássicas e canções populares, apoiando-se não apenas em seus talentos e dons particulares, mas também harmonizando-se, de forma a criar um efeito surpreendentemente novo e eficaz. Eis alguns outros exemplos:

- O diretor Mike Leigh *reuniu um grupo de atores que improvisaram e desenvolveram seus papéis ao mesmo tempo em que colaboravam para escrever um roteiro de cinema. O resultado? Segredos e Mentiras, que foi indicado para o prêmio de melhor filme da Academia no ano de 1997.*

- *Quando uma firma de investimentos de Wall Street estava em busca de trabalhos artísticos para decorar os escritórios de suas novas instalações, forneceu câmaras de 35 mm para os empregados, sugerindo-lhes que "fotografassem o seu mundo". O resultado foi uma rica coleção de imagens que revelou uma variedade de idéias, perspectivas, culturas, experiência de vida e religiões.*

- *Quando a Orquestra Sinfônica de Seattle anunciou que queria construir uma nova sala de concertos mas estava com poucos recursos, dirigiu-se à Boeing Corporation, que se ofereceu para emprestar-lhe um experiente administrador de projetos e um administrador de construção, sem nenhum custo. Seattle agora se orgulha de uma instalação maravilhosa, de classe internacional, para a sua orquestra.*

A RECEITA

*Um pequeno grupo de pessoas que vê e reage diferentemente
em relação ao mundo pode deixar sua marca? De fato,
a História mostra que é apenas dessa forma que se consegue isso.*
— MARGARET MEAD

Existe uma receita para a colaboração criativa?

No nosso trabalho no Instituto para a Colaboração — uma organização devotada ao estudo e à prática da liderança lateral, colaboração criativa e treinamento — as pessoas, muitas vezes, pedem-nos uma receita. Uma das respostas que damos é: Podemos dar-lhes uma receita; mas, dado o seu nível de consciência, nenhuma das receitas funcionará. Em muitos casos, dominar essas disciplinas requer não apenas uma receita, mas uma reflexão acerca de suas crenças e suposições mais profundas. Ao mesmo tempo, reconhecemos que as pessoas hoje freqüentemente não têm tempo nem vontade de refletir. O que estamos lhes oferecendo neste livro é algo tão simples de acompanhar como uma receita, mas que também tem o poder de uma metodologia cuidadosamente pensada e estruturada. O poder dessa receita vem de uma avaliação da complexidade, não de uma excessiva simplificação dela. Eis aqui alguns fatos simples e eficientes que podem assegurar-lhes que a colaboração criativa acontece. (Voltaremos a ela no Capítulo 3, com mais pormenores.)

PRIMEIRO PASSO.

*Faça uma afirmação de impossibilidade
(sobre algo que você queira realizar).*

Rupturas originais não acontecem simplesmente. Muitas vezes, elas começam com alguém fazendo algo em que ele mesmo, e os outros, não acreditava, mas afirmando que é possível. Jonas Salk afirmou a possibilidade de curar a pólio por meio de uma vacina. Jimmy Carter afirmou a possibilidade da paz no Oriente Médio. Steven Jobs afirmou a possibilidade de mudar o mundo com os computadores pessoais.

Afirmar que o impossível seja possível e comprometer-se com a sua realização não lhe dá nenhuma garantia. Todavia, força você a pensar fora dos padrões e a adotar uma ação extraordinária. Por exemplo, você pode mudar o seu pensamento de: "Aquilo que eu posso criar com base no meu ponto de vista e na minha experiência particular", para: "Aquilo que eu posso criar junto com outros que têm diferentes pontos de vista e experiências."

O primeiro passo da nossa receita para colaboração é que você (ou o seu grupo) faça uma afirmação de impossibilidade. As perguntas abaixo podem ajudar: "Qual é o objetivo inovador que você gostaria de realizar?" "Qual é o problema complexo que você gostaria de resolver?" "Qual é o conflito insolúvel que você gostaria de resolver?" "O que você gostaria de criar ou descobrir que nunca existiu antes?"

- *Uma vez que você tenha considerado esses pontos, complete esta frase: "Eu/nós afirm(o/amos) que essa idéia é possível e me/nos compromet(o/emos) a transformá-la em realidade.*

SEGUNDO PASSO.

Reúna combinações extraordinárias de pessoas que possam tornar o impossível uma realidade.

Uma vez que você tenha feito a sua afirmação de impossibilidade, o próximo passo será reunir uma combinação criativa e "original" de pessoas que possa ajudá-lo a torná-la realidade. Justapor idéias e talentos múltiplos é um modo eficaz de incrementar drasticamente as possibilidades de se conseguir algo que seja excepcional e fora do comum.

O Projeto Lunar Apolo reuniu físicos, engenheiros, geólogos, especialistas em programas de computador e burocratas. Roger Fisher, co-autor de *Getting to Yes*, reuniu soldados chilenos e guerrilheiros equatorianos, que haviam jurado matar uns aos outros, durante um ano para negociar. Lembre-se: Walt Disney colaborou com empresários de parques de diversões e gente de estúdios. Freqüentemente, são as combinações inusitadas de pessoas que levam às idéias mais inovadoras.

Tenha em mente que as pessoas se inspiram para colaborar quando elas têm um objetivo ou um problema complexo que é muito significativo para elas e reconhecem que não podem realizá-lo sozinhas. Muitas vezes, elas estão mais aptas a colaborar quando seus esforços se voltam para um objetivo comum como, por exemplo, resolver o problema de um cliente. Muitas vezes, a própria solução de problemas faz com que as pessoas atravessem as fronteiras habituais e concordem em trabalhar e pensar em grupo.

Ao projetar sua própria colaboração criativa, tenha em mente uma combinação extraordinária de pessoas. Faça um desafio a si mesmo para incluir combinações criativas e, ainda assim objetivas, que normalmente não viriam à sua mente. Também é importante pensar em pessoas que sejam competentes em seus campos e que possam valorizar o projeto. Quem são os acionistas que você gostaria de ter juntos na mesma sala? Quem poderia trazer uma visão ou uma perspectiva nova? Quem tem as habilidades e as capacidades essenciais de que você precisa?

- *Qual seria a combinação extraordinária de pessoas a serem reunidas nesse projeto?*

TERCEIRO PASSO.

Defina um objetivo, planejado em conjunto, que transforme a possibilidade num projeto vivo.

Agora que você afirmou uma nova possibilidade e reuniu uma extraordinária combinação de pessoas para realizá-la, seu próximo passo será chegar a um entendimento comum acerca do que vocês querem criar juntos. Definir um objetivo, planejado em conjunto, transforma a possibilidade de algo inatingível num projeto específico, no qual todos os envolvidos podem trabalhar. Depois que a Rússia lançou o satélite Sputnik nos anos 50, a vontade de ser o líder na exploração espacial representou uma afirmação de impossibilidade para os Estados Unidos. Decidir colocar um homem na Lua resultou em homens na Lua.

O estabelecimento de metas requer a participação de todos e que o objetivo signifique a mesma coisa para todos os envolvidos. É essencial que essas metas incorporem tanto as aspirações pessoais como as coletivas que reuniram essas pessoas. Também é importante que o objetivo planejado em conjunto se afirme na resolução prática de problemas que transforme a mera possibilidade num projeto concreto.

O objetivo, em projetos mais amplos, deve prover a base para diferentes objetivos secundários; dizer a cada pessoa ou grupo qual é o seu papel e trabalhar para colocar em primeiro lugar aquilo que realmente precisa ser feito. Numa colaboração, o líder de um projeto tem a responsabilidade especial de assegurar que pessoas e grupos diferentes atuem conjuntamente de maneira coordenada, melhorando todo o grupo, e não apenas as suas partes.

- *Qual é o objetivo comum que a colaboração realizará (em semana, meses)? Quais são os seus principais marcos e prioridades?*

QUARTO PASSO.

Analise "como é agora" aquilo que você tem a intenção de realizar.

O próximo passo num processo de colaboração será o de fazer uma análise fatual completa que mostre o contraste entre o que queremos criar juntos e o "como é agora" no processo de colaboração. Esse procedimento envolve a criação de um inventário das forças e deficiências de tudo aquilo que está funcionando e do que não está funcionando, bem como relacionar os fatores de atração e os de rejeição. É importante discernir qual a energia necessária para tornar o projeto um sucesso, bem como estimular a criatividade e a imaginação das pessoas.

É importante que isso seja feito de acordo com os fatos, evitando-se interpretações negativas como: "Isso não pode ser feito!" Por exemplo, quando o projeto lunar Apolo começou, era sabido que os Estados Unidos tinham um dos maiores cientistas aeroespaciais do mundo. Mas também era sabido que não tínhamos os combustíveis espaciais nem os metais adequados para um vôo tripulado à Lua. O fato de algumas pessoas dizerem: "Isso não pode ser feito!" era apenas uma opinião. Num sentido semelhante, antes dos acordos de Camp David, era sabido que as pessoas de ambos os lados estavam se matando umas às outras no Oriente Médio. Saber quem seria mais culpado era apenas uma opinião.

É muito importante, ao analisar "como é agora", querer honestamente reconhecer todos os problemas para fornecer informações vitais sobre o que é necessário para o sucesso do projeto. Para ser capaz de fazê-lo, precisamos encarar os fracassos como uma oportunidade de aprender e não como um motivo para desistir.

- *"Como é agora" aquilo que você está fazendo? Quais são os pontos fortes e os fracos? O que está funcionando e o que não está? O que está ajudando e o que está atrapalhando?*

QUINTO PASSO.

Identifique o que está faltando e que, se fosse providenciado, produziria uma mudança positiva.

Uma vez que as pessoas tenham repassado seus objetivos (marcos) junto com a realidade corrente, estarão em melhor posição para ver o que precisa ser criado. Reúna todo o grupo e faça um debate em torno das seguintes questões: "O que está faltando e que, se fosse providenciado, produziria uma mudança positiva?" Por exemplo, um novo combustível espacial, uma solução criativa vantajosa para ambas as partes, como a zona desmilitarizada no Sinai, ou um produto inovador como o Netscape Navigator, que permite que as pessoas encontrem o que querem na Internet.

Perguntar "O que está faltando?" é diferente de perguntar "O que está errado?" ou "O que não está funcionando?" A primeira pergunta leva a uma atitude criativa e produtiva; a última leva à procura de culpados, o que não leva a lugar nenhum. As respostas para "O que está faltando?" em geral combinam idéias e talentos de um modo não-convencional.

Por exemplo, quando se reconheceu que as pessoas estavam morrendo de fome num distrito na Índia, o Projeto Fome reuniu os acionistas e perguntou: "O que está faltando e que, se fosse providenciado, poderia fazer diferença?" Em resposta a essa pergunta, criaram na aldeia uma colaboração entre um nutricionista, que descobriu o que estava errado na alimentação das pessoas, e um horticultor, que os ensinou a cultivar os vegetais e grãos corretos.

Uma vez que você identifique o que está faltando, comprometa-se com ações específicas que preencherão a lacuna. Um esboço, um modelo em escala ou um protótipo para testar as idéias é uma excelente maneira para demonstrar a força da ação colaborativa. Picasso e Braque, por exemplo, constantemente faziam esboços juntos, no processo de criação do cubismo. Watson e Crick trabalharam juntos num modelo em metal da dupla hélice do ADN. Tudo pode mudar. (Nota: repita periodicamente os passos 3, 4 e 5 até que o projeto esteja completo.)

- *Que nova idéia, tratamento ou solução inovadora nos ajudará a superar fatos e circunstâncias difíceis e nos permitirá chegar à próxima etapa do projeto?*

INTERLÚDIO

A missão Pathfinder para Marte

Brilhando como um meteoro, enquanto girava pelo céu cor de salmão, uma espaçonave de meia tonelada em forma de tetraedro ejetou um pára-quedas de doze metros a apenas cinco quilômetros da superfície pedregosa de Marte, seu destino final, depois de uma jornada de sete meses e 190 milhões de quilômetros, partindo da estrela azul chamada Terra. Então, 120 metros acima do Planeta Vermelho, os retrofoguetes da nave dispararam por dois segundos. Depois de mais dois segundos, o pára-quedas, os foguetes e a parte de trás da nave foram jogados fora. Finalmente, a Pathfinder, dentro de um casulo de amortecedores infláveis gigantes, tocou a superfície de rochas sedimentares enrugadas à velocidade de treze quilômetros por hora e ricocheteou, como se fosse a bola de praia de um gigante travesso. Ela subiu trinta metros antes de cair novamente para uma segunda batida, depois para uma terceira e, então, rolou cerca de 92 segundos antes de descansar — provando que a sorte é uma força interplanetária — numa posição ereta.

Devagar, os amortecedores inflados, costurados e remendados para inúmeros testes de pouso na Terra por Eleanor Foraker (uma espécie de Betsy Ross moderna, que se notabilizou por seu trabalho na vestimenta espacial de Neil Armstrong), esvaziou-se e revelou o veículo do seu conteúdo. Projetado por uma equipe de cientistas e engenheiros encabeçados pelo engenheiro-chefe Rob Manning, o veículo abriu seus três painéis solares em forma de pétalas, retardado por uma parte inflada que não se havia esvaziado completamente. Seguro dentro do veículo de pouso estava o Sojourner, também conhecido como "o andarilho", um veículo de seis rodas, movido a energia solar e do tamanho de um forno de microondas, equipado para transmitir fotos e reunir e analisar amostras do solo. Quando o "andarilho" começou a transmitir dados para o laboratório de propulsão a jato da NASA, no sul da Califórnia, confirmando o sucesso do pouso, os inúmeros cientistas, engenheiros, burocratas e técnicos que haviam tornado isso possível se abraçaram, incapazes de conter sua felicidade. "A pequena máquina que podia fazer, fez," exclamou Manning.

Cientistas do projeto Pathfinder, em colaboração com cientistas de todo o mundo, analisarão minuciosamente os dados que retornarão de Marte, procurando a resposta para perguntas como: "De que é feita a grande pedra 'Yogi'?" "Quais são as características da superfície das dunas da Sereia?" No entanto, entrevistei os membros dessa equipe incrível com questões completamente diferentes na minha mente. Perguntei-lhes: "Vocês trabalharam juntos, de que forma?" "Vocês chegaram a um entendimento comum?" "O que aconteceu no momento em que as discordâncias apareceram?" Afinal, construir e manobrar uma espaçonave não-pilotada talvez seja a mais integrada e complexa tarefa que a nossa espécie jamais tentou; nela é preciso levar a colaboração até seus limites mais extremos.[1]

No início dos anos 60, o Presidente J. F. Kennedy declarou que a nossa nação colocaria um homem na Lua até o final da década, fazendo uma audaciosa afirmação de possibilidade. Colocar um homem na Lua era um grande feito para a tecnologia, mas era também um grande feito para o pensamento humano e para o trabalho em conjunto. No entanto, a maior parte daquela tecnologia dita "simples" foi perdida. Essa nova missão, para Marte, raciocinei, deveria ser diferente. Como disse o geólogo Bob Anderson: "A Pathfinder é uma nova maneira de se fazer as coisas: a demonstração de engenharia na fábrica, a maneira como lidamos com a ciência e com as equipes científicas, bem como a elaboração de um endereço na Internet. Fizemos tudo isso como verdadeiros desbravadores (*pathfinders*)." As coisas que aprendemos sobre o trabalho em conjunto com a abertura de uma nova trilha até o Planeta Vermelho, deveriam mudar e influenciar as nossas missões na Terra também.

Uma nova e audaciosa possibilidade

A missão Pathfinder é um projeto sob o patrocínio do "Programa de Exploração de Marte" (PEM), uma série de missões programadas para os próximos dez anos, que integrarão a exploração de Marte por robôs, por meio de espaçonaves projetadas especificamente para orbitar o Planeta Vermelho. Essas missões destinam-se a fazer o trabalho básico para uma próxima missão humana para Marte, talvez até o ano 2018.

Como a maioria dos empreendimentos de colaboração de longo alcance, o PEM começou com uma extravagante afirmação de possibilidade: "Seremos os pioneiros de uma série de missões para Marte que cobrirão pelo menos os próximos dez anos, para melhor compreender sua vida, seu clima e seus recursos; para dar o primeiro passo na busca de vida além da Terra; para melhor entender o Sistema Solar e para pavimentar o caminho para uma exploração humana de Marte. Como se isso não fosse suficiente, a missão deveria ser realizada por meio do desenvolvimento de uma parceria industrial de longo prazo para o desenvolvimento de espaçonaves, introduzindo continuamente novas tecnologias e fazendo tudo "melhor, mais rápido e mais barato" que as Viking I e II, que foram as últimas missões a orbitar e a pousar em Marte, há vinte anos.

O custo do PEM é de um terço dos três bilhões de dólares gastos com a missão Viking. Cada missão custará, mais ou menos, o mesmo que uma boa produção cinematográfica, e o custo total de dez missões para Marte será mais ou menos o mesmo que o de uma nave militar de alta tecnologia. Como as novas missões de exploração de Marte deverão ser realizadas com apenas uma fração do custo das anteriores, os projetistas do programa decidiram que teriam de pensar no empreendimento todo de uma maneira diferente: planejando o programa como se fosse um negócio, o que seria uma mudança radical dos paradigmas das missões da NASA. Segundo Donna Shirley, administradora do PEM: "Nunca tivemos um programa como esse na NASA antes. Tive de descobrir como juntar vários projetos para fazer um programa geral, um programa que poderia de fato ir até Marte e explorá-lo aos poucos, mas de forma a manter todos esses projetos juntos, para que uma grande sinergia entre os projetos resultasse numa economia de custos."

O primeiro passo foi criar um plano estratégico fundamentado na identificação de negócios atuais e futuros. Foram especificados cinco negócios: produção de conhecimento, exploração, educação, inspiração e desenvolvimento/transferência de tecnologia. Então foram selecionados os negócios que deveriam ser considerados em primeiro lugar e quais seriam levados adiante por organizações "associadas". Para realizar os objetivos estabelecidos pelo plano estratégico, a JPL teve de forjar alianças com diversos empreendimentos industriais, como a Lockheed Martin, outros laboratórios da NASA, agências espaciais internacionais, diversas universidades e algumas companhias de alta tecnologia, incluindo a Motorola, a Silicon Graphics, a America On Line e a DEC.

Quando conversamos com cientistas, engenheiros, geólogos, técnicos e administradores do projeto da missão Pathfinder, um dos primeiros projetos do programa de exploração de Marte, ficamos impressionados, não somente com o fato de eles estarem colaborando com pessoas e organizações fora do JPL, mas com o fato de que essas pessoas extraordinárias trabalhavam no dia-a-dia de uma maneira bastante colaborativa para criar algo que não existia antes. A seguir, esboçamos algumas das novas formas de se fazer negócios na NASA.

Pathfinder: abrindo novos caminhos

A Pathfinder é a primeira nave espacial robótica que a NASA enviou a Marte desde que as Viking I e II desceram lá em 1976. Aqueles veículos mandaram de volta 52 mil fotografias, até que silenciaram em 1982. O propósito primordial da Pathfinder é o de ampliar a pesquisa da composição e complexidade das rochas na superfície do Planeta Vermelho: "Se algum dia você quiser colocar seres humanos em Marte", explica o cientista-chefe Matt Golombek, "é melhor você saber o que existe lá."

A NASA tinha poucos conhecimentos próprios de como projetar e construir a Pathfinder, pois os veículos da Viking haviam sido construídos por empreiteiras. "Sabíamos como construir uma nave espacial que podia voar para outro planeta e entrar em órbita, ou navegar além do planeta", diz Manning, "mas transformar uma espaçonave fácil de se manejar numa estação de superfície, com um pequeno carro para explorar o solo requeria muita imaginação. Isso implicava a existência de diversas novidades que tínhamos de desenvolver e sobre as quais não conhecíamos nada antes de começar. Tudo era novo."

Manning notou que o esforço colaborativo da Pathfinder começou com a construção da nave, tarefa que normalmente envolveria apenas engenheiros. Dessa vez, os cientistas contribuíram desde o começo. "Normalmente, os cientistas de projeto se preocupam com o que a nave espacial vai fazer quando chegar a seu destino. Geralmente, não se preocupam muito em conhecer o modo como ela é construída e em saber quem a constrói", explica Manning. "Sendo uma equipe tão pequena, precisávamos do conhecimento especializado de Matt Golombek, o cientista-chefe de projetos, e dos outros cientistas e geólogos para nos ajudar a chegar até a superfície de Marte. Os cientistas ficaram muito atentos aos desafios da engenharia, no decorrer do programa. Ao mesmo tempo, devido ao fato de dividirem conosco, engenheiros, seu conhecimento sobre Marte, nós nos tornamos cientistas amadores na matéria deles. Saber o que estávamos fazendo e por que estávamos indo para lá tornou a missão muito mais agradável para todos nós."

Combinações extraordinárias de especialistas

Reunir a equipe da Pathfinder significava juntar um grupo diversificado de especialistas. "Não tínhamos mais todas as habilidades necessárias para fazer tudo individualmente como antes", admite Shirley. O segredo para administrar um grupo tão diversificado, descobriu Shirley, era a flexibilidade: planejar com a disposição de refazer os planos, se necessário, e supervisionar sem dominar. "A maior parte do tempo eu ficava fora do caminho enquanto eles trabalhavam juntos", disse ela. "Se você realmente quer ter uma equipe criativa, você não pode tentar dominá-la ou ela não será criativa." À medida que o trabalho se adiantava, "não havia mais descobertas individuais, tudo era o esforço conjunto da equipe e cada membro da mesma contribuía com sua criatividade e brilhantismo individual e trabalho duro", ela diz.

No início do projeto, Shirley procurou criar uma atmosfera de equipe reunindo os diferentes membros numa série de reuniões de modo que quando os produtos fossem desenvolvidos, "eles pertenceriam a todos. Todo mundo estaria envolvido com eles". Ela desenhou um organograma circular no lugar de um organograma hierárquico, "com as pessoas que trabalham do lado de dentro, trabalhando juntas, e os administradores do lado de fora, agindo como as paredes celulares de uma bactéria, de modo a permitir a entrada dos nutrientes — como o dinheiro — e manter a doença, as coisas ruins, como a interferência excessiva da administração superior, do lado de fora".

Algumas vezes, as culturas que trabalhavam na missão entravam em conflito. "Os cientistas querem extrair do projeto o máximo possível de ciência. Os engenheiros querem usar a melhor tecnologia possível. Eles acham muito interessante fazer coisas novas, como envolver o veículo em amortecedores infláveis. Os burocratas querem alcançar objetivos políticos, como aliar as expectativas do público e do Congresso com as habilidades da equipe e como conseguir dinheiro para realizá-los", explicou Shirley. Havia também subdivisões dentro de cada cultura. Os engenheiros, por exemplo, repartiam-se em diferentes especialidades: computação, mecânica, eletricidade.

Construir uma mente que trabalha em conjunto entre esses grupos exigiu, além de muito diálogo, uma troca honesta de pontos de vista e informações até que uma solução satisfatória fosse encontrada. Os cientistas queriam enviar todos os tipos de instrumentos no veículo, por exemplo, mas a sua lista de sugestões chocava-se contra as restrições da espaçonave definidas pelos engenheiros, tais como o peso que ela poderia suportar e a quantidade de força que ele poderia produzir.

Discussões semelhantes ocorriam a respeito da verba, como, por exemplo, qual a porcentagem do orçamento que deveria ser dedicada ao veículo. Primeiro, Shirley negociou com o Quartel General da NASA e, depois, repartiu o que conseguira entre os vários departamentos. "É claro que cada um deles retrucou 'oh, não podemos fazer o necessário com apenas isso!'" Discutindo o orçamento numa série de reuniões, por vezes acaloradas, "chegamos àquilo que todos achávamos ser uma solução viável". Então tiveram de projetar o veículo outra vez, para adaptá-lo ao preço. Novamente ela voltava a negociar com a NASA, em busca de mais dinheiro, chegando finalmente à soma de 25 milhões de dólares.

Grupos de operações científicas: os lucros da interfertilização

Cruzar as "fronteiras da tecnologia dos instrumentos" foi outra experiência pioneira para a NASA, cujos cientistas estavam acostumados a meditar sobre os dados galácticos na privacidade dos seus laboratórios domésticos. Esse projeto tinha um ritmo rápido demais para esse tipo de atividade individual. Em vez disso, cientistas e engenheiros formaram os "grupos de operação científica", que estavam em íntimo contato entre si na medida em que tomavam decisões conjuntas sobre por onde o veículo iria perambular — com base numa compreensão comum de onde os cientistas queriam que ela fosse, o que esperavam dela e o que os engenheiros diziam ser possível. "Tudo isso teve de ser levado em consideração, e houve muito respeito e muita comunicação entre engenheiros e cientistas", disse Anderson.

A intercomunicação também aumentou as possibilidades de inspiração científica. Anderson, por exemplo, estava intrigado com os "rapazes do tempo", que concentravam sua atenção no movimento da poeira. "Agora, quando olhamos para uma rocha, olhamos a poeira que a está cobrindo, o que não é uma coisa à qual normalmente prestaríamos muita atenção."

A comunicação entre as diferentes disciplinas algumas vezes implicava que um cientista explicasse os conceitos elementares do seu campo para um colega, pouco familiarizado com o terreno. Em geral, resultava que todos os cientistas, engenheiros e técnicos ganhavam alguma coisa com o esforço. "O encarregado do veículo me perguntou: 'Pode me explicar algo a respeito de geologia?' Para que a informação possa ser útil, você tem de se certificar de que está explicando os princípios básicos em palavras que todos possam compreender. Algumas vezes, nesse processo, você mesmo obtém uma nova compreensão, porque algumas das melhores perguntas são feitas por pessoas que, pelo fato de não compreenderem a matéria, acabam trazendo à luz idéias empolgantes e pouco usuais", disse Anderson. Ele também tem agora uma atitude mais generosa para com os trabalhadores da equipe do que quando começou. "Eu não mudei o modo básico de como fazia geologia, mas agora tenho mais consideração pelos engenheiros e pelo pessoal do computador."

Amortecedores infláveis: protótipos, tentativas e erros

Um dos grandes desafios do projeto estava em garantir um pouso seguro. "Nosso ponto de partida era conseguir uma maneira de pousar em Marte que fosse mais barata, mais rápida e melhor", disse Tom Rivellini, um dos quatro membros da "Equipe Tigre", designada para criar as idéias iniciais. Uma idéia nova: envolver a espaçonave em *airbags* ou amortecedores infláveis para a queda. De acordo com Manning: "Uma vez que isso era completamente novo para nós, rapidamente nos demos conta de que não conseguiríamos nenhuma solução brilhante a partir da análise ou do raciocínio, e que os processos, que muitos de nós conhecíamos, de engenharia 'de cima para baixo', praticamente não funcionariam. Percebemos que tínhamos de encontrar um processo no qual pudéssemos apresentar idéias, adaptá-las na medida do necessário, experimentá-las por meio de testes e, se não funcionasse, jogar tudo fora e começar de novo, ou modificar o projeto."

Foi exatamente o que fizeram. Depois de determinar a aparência dos amortecedores, Rivellini reuniu uma equipe de especialistas em tecido e engenheiros para fabricá-los e testá-los em condições extraordinárias. Primeiramente, contrataram a Sandia National Labs para ajudar a desenhar e construir um amortecedor em escala reduzida. Cumprida a missão, Rivellini trouxe o projeto para a ILC Dover para testar um protótipo de maiores dimensões. Com uma pequena equipe de engenheiros e técnicos, colaboraram em cada um dos pormenores do amortecedor, enquanto uma segunda equipe trabalhava nos testes para assegurar-se de que os sacos infláveis sobreviveriam ao impacto com as rochas na superfície de Marte. Afirma Rivellini: "Era um grupo unido de engenheiros, de tal modo que os membros de cada grupo ajudavam com as partes nas quais o outro grupo estava trabalhando. Havia muita mistura."

Testar essa concepção era o mesmo que deixar um Volkswagen cair da altura de trinta metros a quarenta quilômetros por hora e ter certeza de que ele não iria bater e ricochetear. O veículo pesava 350 quilos e os amortecedores acrescentavam outros noventa. O conjunto tinha de ser ejetado de uma plataforma de dois metros de comprimento e 130 metros de largura num ângulo de sessenta graus, o que era mais íngreme do que qualquer monte que até mesmo os esquiadores mais experientes se atreveriam a tentar. Para ter certeza de que os amortecedores cairiam com rapidez suficiente, eles tinham de ser presos a cordas flexíveis, que os puxariam para baixo com pelo menos novecentos quilos de força.

Quando Rivellini apresentou os requisitos do teste aos cientistas da NASA, na Plum Brook Station, nos arredores de Cleveland, no Estado de Ohio, que tem uma câmara de vácuo gigantesca, eles responderam dizendo: "Ah, meu Deus! Você quer fazer o quê?" Continua Rivellini: "Aos poucos, meus colegas e eu os convencemos a fazê-lo, e dissemos que era viável. Um dia, eles finalmente compraram a idéia e começamos a projetar e a testar cada um dos pormenores. Naquela época, estávamos cara a cara uns com os outros o tempo todo, fazendo mudanças, chamando uns aos outros e enviando *faxes*, enquanto elaborávamos os pormenores precisos do local de teste."

As duas questões primordiais que os engenheiros e os cientistas perguntavam eram: "Com quanta força teríamos que bater com os sacos e que tipos de rochas poderíamos usar?" "Finalmente, conseguimos um sistema que o pessoal da NASA aceitou, partindo do pressuposto de que 'isto vai funcionar'. Nós estávamos satisfeitos, partindo do pressuposto de que 'isto é adequado às nossas necessidades'", diz Rivellini.

Nesse meio-tempo, outro grupo de engenheiros e cientistas estava fazendo um estudo a respeito de como fazer com que esses gigantescos amortecedores funcionassem". "Provavelmente, a razão mais importante pela qual os esforços foram bem-sucedidos é que a pergunta 'E se?' foi feita mais de mil vezes: 'E se fizermos isso?' 'E se mudarmos aquilo?' ", diz Rivellini. "Noventa por cento dos 'ses' com os quais você depara acabam sendo colocados de lado, mas eles nos conduzem àqueles 10% que, em última análise, fazem a coisa funcionar."

Usando uma grande lousa branca, os projetos rapidamente começaram a evoluir para idéias que valiam a pena ser testadas. De acordo com Rivellini, "Nós começávamos num canto. Alguém fazia o rascunho de alguma coisa ao lado e então a pessoa seguinte faria um outro desenho próximo daquele e a pessoa seguinte também, e isso várias vezes, e finalmente, no canto oposto, você chega e descobre: 'Uau! Vai funcionar!'"

Mas, como acontece na maioria das colaborações, os modelos iniciais mostraram que seus projetos necessitavam de mais ajustes. Quando a equipe começou a testar os amortecedores, por exemplo, eles falharam, rasgando-se. Os cientistas tinham de voltar e refazer o projeto de modo que ele ficasse mais leve e, ainda assim, suficientemente forte para sobreviver a um choque de noventa quilômetros por hora contra as pontas afiadas de rochas sedimentares. Isso trouxe à baila a questão do dinheiro: como conseguir o melhor resultado correspondente ao dinheiro aplicado no teste? Parte da solução surgida foi a de criar bolsas para teste, feitas de uma combinação de diferentes tecidos e desenhos, de modo que todas essas possibilidades pudessem ser testadas de uma vez. A plataforma foi equipada com diversas câmaras, possibilitando-lhes ainda mais informações. Todavia, nenhum dos amortecedores conseguiu agüentar o choque. Assim, eles voltaram ao quadro para sonhar com novos projetos, tentando descobrir o que havia saído errado e como consertar. O processo foi repetido inúmeras vezes até que, enfim, chegaram a um projeto que funcionava.

Corpo a corpo: dividir o poder, o respeito mútuo e a orientação da ação

Outro conceito novo foi o de "co-locação". A equipe da Pathfinder morava na mesma residência e trabalhava no mesmo edifício, o que permitia uma interação direta e quase constante que aprofundava a eficiência da equipe e o sentimento de intimidade. "Quando você põe as pessoas para morarem juntas, em vez de separadas pela distância e pelo tempo, o relacionamento é mais fácil, mais pessoal. E nós, seres humanos, gostamos do relacionamento pessoal", diz Golombek. "Era muito divertido", acrescenta Manning. "Foi uma experiência muito social. Passamos muito pouco tempo documentando e muito tempo analisando idéias diferentes entre nós nos corredores, diante do bule de café e no caminho de volta para o escritório a fim de trabalhar mais um pouco."

A proximidade também fez com que as decisões fossem tomadas e realizadas quase imediatamente. Golombeck observa: "Não tínhamos regras rígidas sobre como anotar as coisas; dessa forma, não tínhamos grandes pilhas de papel. Se você tinha algo a dizer para um engenheiro, como ele tinha o poder de tomar decisões a respeito, você poderia simplesmente ir conversar com ele. Chegar a um acordo era o suficiente."

A liderança era indefinida e dependia de quem fosse a pessoa mais adequada para cada tarefa em particular. "Você se dava conta rapidamente de quem era o líder de qualquer uma das partes do projeto", diz Rivellini. "O líder poderia ser aquele que estava encarregado daquela parte ou a pessoa que teve a idéia." Manning, que era o engenheiro-chefe, concorda: "Algumas pessoas podem pensar que o meu título significa 'minha função é a de dizer às pessoas o que elas devem fazer'. De jeito nenhum. Esse seria o maior erro que eu poderia cometer. A única coisa que o engenheiro-chefe devia fazer era saber o que estava acontecendo e descobrir o que não estava sendo feito e o que estava sendo deixado de lado. Uma das boas coisas que esse título me trouxe é que ele me deu carta branca para perguntar a qualquer um, em qualquer lugar, qualquer coisa a respeito dessa missão." Manning percebeu rapidamente que esse tipo de raciocínio tinha de ser feito por muitas pessoas. "Para algo tão complexo como esse projeto", continua, "você precisa que todos pensem da maneira mais elevada. Nós temos um grupo de pessoas aqui no JTL que normalmente chamamos de engenheiros de sistemas. Mas eu precisava que todos fossem engenheiros de sistemas. Não dá para todo mundo ficar pensando apenas a respeito de suas próprias tarefas. As pessoas precisam pensar que cada uma das pequenas tarefas se encaixa num quadro maior."

A harmonia entre os membros da equipe foi reforçada pelas limitações de tempo e dinheiro, que manteve todos sobrecarregados de trabalho, e que promoveu todo o tipo de criatividade conjunta para fazer com que as coisas se realizassem mais rapidamente. "Se você está entalado, e percebe que aqui todo mundo está entalado, quando não consegue uma coisa de imediato você não fica irritado com os outros: você vê o que pode ser feito para ajudá-los", diz Anderson.

Quando o grupo estava discutindo sobre usar ou não células solares de silício, que eram mais baratas, ou as células solares de arseniato gálico, mais eficientes, o debate ia e vinha. Ou você é pão-duro, e tenta economizar dinheiro, ou você sai em busca de uma força extra? O administrador do sistema de vôo, Brian Muirhead, que teria optado por mais força, simplesmente não tinha o dinheiro extra para financiá-la. Aí entrou o administrador do sistema de informações básicas, que não tinha necessidade ou responsabilidade pelas células solares e cujo trabalho se tornaria mais difícil pelas informações adicionais e se ofereceu para pagar a diferença, tirando o dinheiro do seu próprio orçamento porque, diz Golombeck, "pareceu-lhe a melhor coisa a fazer".

Reunindo o mundo

Os cientistas, engenheiros e burocratas da Pathfinder são apaixonados pelo seu trabalho, não apenas por causa das possibilidades de inovações cientificas, como também por causa da nova conexão que estão construindo entre o seu trabalho e o resto do mundo. Junto com um consórcio de empresas e agências governamentais, criaram uma página na Internet e uma complexa rede que lhes permite compartilhar suas descobertas, à medida que surgem, com centenas de milhões de pessoas.

"No meu computador, recebo três mil correspondências de pessoas de todo o mundo, agradecendo, reclamando que o seu serviço não funciona e perguntando porque não divulgamos mais informações", declara entusiasmado o geólogo Anderson. "Eu tenho notas de mais de mil pessoas dizendo que essa é a melhor maneira de se gastar os dólares dos impostos dos americanos. Abrimos as fronteiras de Marte para todas as pessoas deste mundo que têm acesso a um computador. Mais de quatrocentos milhões de pessoas visitaram a nossa página. Fizemos o que ninguém no mundo jamais tinha feito antes. Acho que estamos unindo o mundo."

CAPÍTULO 2

Como tornar-se uma pessoa que colabora

*Quando as pessoas **pensam** de maneira diferente, elas automaticamente **agem** de maneira diferente.*

Comece agora mesmo! A partir deste momento, pense em si mesmo de maneira diferente. Pense em si mesmo como um líder visionário, um criador, uma pessoa inquieta ou uma força criadora do universo, em vez de pensar em si como um empregado, um repórter, um assistente de pesquisa, alguém que trabalha com conhecimentos, um aposentado, um consumidor ou um telespectador.

Veja a si mesmo, e o próximo passo na sua carreira, como se fosse um mestre organizador. Veja-se como alguém que consegue reunir uma extraordinária combinação de pessoas e criar algo de valor, em vez de imaginar-se um gerente, um diretor, um membro de diretoria ou um administrador, cujo próximo passo na carreira depende de ser capaz de subir uma escada pisando numa pilha de corpos.

Imagine-se trabalhando num pequeno negócio, em algo que de fato o apaixone, e não como alguém que trabalha para uma grande corporação, como a AT&T, ou numa grande instituição sem fins lucrativos, ou ainda como um burocrata do governo num emprego no qual você pode passar o resto da vida como um funcionário subalterno com pequenas oportunidades de ascensão.

Imagine-se como um grande membro de uma equipe e um colega que procura dar apoio aos outros, extremamente curioso a respeito de quem são as outras pessoas com quem você está trabalhando e quais são as suas perspectivas pessoais, em vez de imaginar-se como um indivíduo que realiza algo, um especialista, bastante seguro, e que pretende saber como os outros vêem o mundo e reagem.

Imagine que você "faz parte de uma rede viva", ou de um sistema onde mesmo a sua ação mais pequena pode difundir-se e ter conseqüências de longo alcance, em vez de imaginar-se como "sendo a posição que você tem", ou alguém que trabalha em alguma coisa e, quando a termina, joga-a por cima da divisória para o departamento seguinte.

Finalmente, imagine-se como alguém que está criando algo junto com outras pessoas, dentro de cronogramas e orçamentos imutáveis: uma imitação de um calçado da Nike, um modelo em escala do veículo de Marte ou o protótipo de uma máquina de fazer pão, em vez de imaginar-se como alguém de quem se espera que faça planos e preparativos antes de tentar qualquer coisa.

*****

Uma das coisas que conseguirá ao imaginar-se de modo diferente é libertar-se de todos os seus condicionamentos, atuais ou anteriores, de modo que possa ser uma pessoa mais colaborativa. Quando você começa a imaginar-se de modo diferente, você começará a agir de modo diferente. De certa forma, não importa se você mantém o seu emprego numa grande companhia ou se você o deixa. Garanto que, tão logo você comece a pensar e agir com uma mentalidade pessoal diferente, começará a enxergar as suas próprias possibilidades para uma liderança visionária, para a criatividade e para a ação colaborativa.

Características das pessoas que colaboram

As pessoas que colaboram têm uma tendência para *liderar* com uma visão das possibilidades daquilo que elas imaginam ser possível. Elas sabem que colaborações não acontecem simplesmente por acaso; é preciso alguém que busque apaixonado uma possibilidade ou espere da mesma forma pela oportunidade de fazê-la acontecer. Mestres na arte de construir relacionamentos, as pessoas que colaboram caracterizam-se por uma conversa ruidosa e exuberante acerca do que elas querem criar neste mundo, em oposição a uma conversa silenciosa ou reservada. As pessoas que colaboram procuram dar às pessoas a dádiva da sua presença, ouvindo-as com muita atenção. Muitas vezes, elas demonstram serem verdadeiros maestros (e não o músico de um único instrumento) da organização, e reúnem pessoas de opiniões e experiências de vida diferentes para, juntas, identificar as oportunidades, resolver os problemas ou criar valores.

A pessoa que colabora poderia ser um negociante de importância, como Harold Holbrook do Departamento de Estado dos Estados Unidos, um corretor estratégico de *joint-ventures*, ou o chefe de uma equipe multidisciplinar composta de pessoas reunidas, não por causa dos seus títulos ou hierarquia, mas das contribuições significativas que elas possam dar. Essas pessoas formam redes de comunicação, compromisso e apoio que são muito mais eficientes que as estruturas tradicionais, não importa o quanto elas estejam dispersas e fragmentadas. De certa forma, a agenda telefônica de uma pessoa que colabora constitui uma ampla organização informal, com pessoas cujas habilidades podem ser combinadas de determinada forma para alguns projetos e recombinadas diferentemente para outros projetos.

As pessoas que colaboram procuram ver em que ponto as suas percepções, perspectivas ou experiências são limitadas e têm uma atitude básica de aprendizado constante e uma mente de principiante. Darla Hastings, da Fidelity Investiments, certa vez me falou do presidente da companhia, Ned Johnson: "Ned era curioso acerca de tudo e de todos", acerca do mercado de ações, Zen, antigüidades. Numa ocasião, o senhor Johnson viajou para a Inglaterra apenas para adquirir uma perspectiva sobre investimentos no mercado de ações diferente daquela que ele poderia conseguir em Boston ou em Wall Street. Na Fidelity, eles contratam pessoas apaixonadas e criativas, e a companhia apressa-se em patrocinar equipes que tenham idéias inovadoras para colocar em prática. A empresa foi a primeira a usar números de chamada telefônica gratuita para vender ações, em vez de fazer com que as pessoas fossem ao escritório do corretor; a primeira a oferecer liquidez em cheques nos fundos mútuos, e a primeira a pagar aos administradores de fundos para aprenderem uns com os outros.

Exemplos de pessoas que colaboram (papéis modelos)

Modelos positivos para uma função existem em todos os tipos de negócios. Os seguintes colaboradores pioneiros são exemplos básicos. Veja como essas pessoas usaram o poder do pensamento colaborativo para realizar o que seria quase impossível.

No governo e na política internacional: *Terje Larsen.* Larsen representa um exemplo extraordinário daquilo que um líder lateral pode fazer para inspirar pessoas a colaborar e, como resultado, criar uma inovação. Em 1992, Larsen, cidadão da Noruega empenhado num projeto de pesquisa social em Israel, teve a oportunidade de conversar com lideranças próximas a Yitzhak Rabin e Shimon Peres, que se sentiam frustrados com a ruptura das conversações oficiais entre israelenses e palestinos em Washington. Larsen, cuja esposa trabalhava para o Ministério de Relações Exteriores da Noruega, ofereceu-se para conseguir um canal alternativo de negociações em seu país para discussões diretas entre os dois grupos polarizados. De acordo com o jornalista diplomático David Makovsky, o empenho pessoal de Larsen e a sua criatividade desempenharam um papel crucial para que as conversações acontecessem, e para que fossem elevadas de uma mera discussão informal acadêmica para um nível oficial que alteraria o curso da História. Esse canal alternativo levou a uma abertura que resultou nos Acordos de Oslo, que permitiram o reconhecimento mútuo entre Israel e a OLP, e possibilitaram também que outras questões fossem resolvidas.[1] (Veja o Interlúdio: "Diplomacia Apaixonada", logo depois deste capítulo.)

Negócios: *Steve Jobs*. Quando Steve Jobs anunciou em Boston, na mostra comercial MacWorld, em 1997, que a Apple ingressaria numa *joint-venture* com Bill Gates e a Microsoft, com um investimento de 150 milhões de dólares, alguns aficionados da Apple vaiaram e críticos cínicos ironizaram afirmando que aquela quantia era "uma gota d'água no oceano". O que eles não perceberam foi a habilidade de Jobs como pessoa que colabora. Primeiro, ao voltar à sua empresa de origem e, segundo, para reunir uma combinação de pessoas tão extraordinária que pudesse mudar a maré da sorte declinante. O interessante a respeito da colaboração é que Jobs não apenas curou as antigas feridas dos seus antigos inimigos Bill Gates e Microsoft, que estavam envolvidos numa disputa de direitos autorais com a Apple sobre o Windows 95, como também criou um comitê com outros rivais de Gates, tais como Larry Ellison, dirigente da Oracle. Também fazia parte do grupo Bill Campbell, Presidente da Intuit, e Jerry York, o brilhante executivo financeiro que ajudou a convencer a IBM. Bill Gates expressou-se assim a respeito dessas manobras: "Todos nós vamos nos divertir ajudando a Apple."

Ciência: *Matt Golombek*. Golombek é o cientista-chefe do Projeto Marte. Normalmente, durante um vôo espacial, os cientistas trabalham, aprontam seus instrumentos, levam adiante suas experiências e têm pouco tempo ou dão pouca atenção para os engenheiros que projetam a nave. Golombek, no entanto, era feito de um material diferente. De acordo com o engenheiro-chefe Rob Manning: "Normalmente, cientistas-chefes trabalham na sua própria área. Preocupam-se acerca do que a espaçonave vai fazer uma vez que chegue ao destino. Eles não se preocupam com quem a constrói, com o modo como é feita ou quanto vai custar, desde que ela chegue lá e faça o que eles esperam que faça. A grande diferença de uma equipe tão pequena como a que trabalhou na Pathfinder é que precisávamos do conhecimento de Matt para chegar à superfície de Marte. Durante todo o trabalho, ele e toda a equipe científica se envolveram generosamente com a parte de engenharia, de tal maneira que, de fato, fez com chegássemos ao nosso objetivo."[2]

Artes: *Harrison Ford*. Ford apareceu ao vivo no programa de Larry King depois do seu filme *Air Force One*. Larry perguntou-lhe a respeito da importância do papel no sucesso do filme, e ele respondeu: "Eu sou apenas o produto, algo que é necessário para vender filmes, cartazes e pipoca." Ford continuou dizendo que existem muitos astros em filmes que fracassam. O verdadeiro sucesso dos seus filmes, como *Caçadores da Arca Perdida*, *Air Force One* e *Jogos*

Patrióticos, não foi devido à presença do astro, mas à criatividade e colaboração do diretor, do produtor, do pessoal de efeitos especiais e de muitos outros. Ford é conhecido por assumir a responsabilidade pelo sucesso de todas as partes do filme e não apenas do seu papel, sem pisar nos calos dos outros. Quando ele viu as tomadas externas de *Air Force One*, ficou tão agradecido ao diretor que dirigiu-se a ele e o abraçou. Ford gosta de pensar em si mesmo como parte de uma equipe, e ficou conhecido pelo hábito de tirar os sapatos depois de um dia duro de trabalho no cenário e tomar uma cerveja com o resto da equipe de filmagem.

Esportes: *Grant Hill*. Hill, um atacante do Detroit Pistons, "é um jogador muito criativo", diz o porta-voz da NBA, Jeff Fire. Embora ele seja um atacante (tradicionalmente, atacantes ficam perto da cesta), ele alterou a posição e joga como um armador, passando a bola para o resto da equipe, correndo para a cesta, arremessando e enterrando, ou ainda saindo nos rebotes ou exercendo a tarefa de pivô. "Eu penso em mim simplesmente como um criador; alguém que faz com que as coisas aconteçam nas duas extremidades da quadra. Gosto de sair e criar para mim mesmo e para os meus companheiros de equipe", diz Hill. Como resultado, ele fez uma média de 21 pontos por jogo no ataque, no ano passado, mas é conhecido pelos seus companheiros como um homem fundamental para a equipe. Na defesa, seus companheiros o chamam de "Rimbrant", que faz uma média de nove rebotes e converte 7 em 3 arremessos livres. Diz Hill: "Algumas vezes, ser um criador significa fazer uma grande quantidade de pontos. Outras vezes, significa evitar as cestas e não fazer nenhum ponto."[3]

As regras do sucesso num mundo hierárquico são diferentes daquelas de um mundo que colabora

Você alguma vez se perguntou por que é que tantas pessoas bem-sucedidas, que desejam sinceramente colaborar, têm tanta dificuldade em fazê-lo? Estamos falando de pessoas que ocupam importantes posições de liderança, altamente educadas e muito bem pagas. Talvez a razão disso tenha algo a ver com o fato de que as regras do sucesso num mundo hierárquico sejam diferentes daquelas de um mundo que colabora, e a maioria das pessoas bem-sucedidas cresceu no primeiro tipo de mundo.

Pense a respeito das regras para o sucesso em vigor desde a Segunda Grande Guerra. Primeiro: "Ingresse numa universidade de primeira linha e gradue-se numa especialidade como Administração de Empresas, Direito, Medicina ou Engenharia." Segundo: "Consiga um emprego numa grande organização, como a Universidade de Stanford, a IBM ou no Governo Federal." Em seguida: "Vá para o alto de uma pilha de corpos na escada hierárquica, com o titulo de Gerente, Chefe do Departamento de Neurocirurgia ou Engenheiro-chefe, comercializando a sua formação intelectual ou a sua especialidade."

Outras regras para o sucesso são: "Faça apenas o seu trabalho e, quando estiver feito, atire-o por cima da divisória do escritório para o departamento seguinte." "Em reuniões ou situações de equipe, torne-se um vigoroso advogado da sua posição, para conseguir vencer, ao mesmo tempo em que desencoraja maiores pesquisas a respeito dela." "Quando houver problemas, jogue com a estratégia ou com a estrutura, mas não faça uma auto-reflexão nem deixe o seu comportamento ser objeto do exame de outras pessoas." "Concentre-se no chefe, tentando ler os búzios políticos, em vez de voltar a atenção ao cliente ou às pessoas comuns."

No passado, uma pessoa que tivesse seguido essas regras poderia ter sido muito bem-sucedida. Hoje, uma pessoa que siga cegamente essas mesmas regras descobrirá que o tiro pode sair pela culatra.

- *Ser um especialista no seu campo pode levá-lo a desenvolver uma atitude de dono da verdade, que o impedirá de pensar ou trabalhar com os outros.*

- *Atingir um nível de autoridade pode permitir que você tome decisões arbitrárias, mas não assegura que essas decisões sejam colocadas em prática.*

- *Levar adiante sua própria pauta, resulta em geral na incapacidade de ver o conjunto da situação e o deixa em má situação no final.*

- *Usar força ou pressão para fazer os outros aceitarem os seus pontos de vista muitas vezes torna impossível captar as informações coletivas do grupo.*

Damos abaixo três exemplos de pessoas eficientes e "bem-sucedidas" que ainda seguem as regras hierárquicas e que ainda não reconhecerem que este é um mundo que colabora. É interessante procurar ver qual será o destino delas nos próximos anos.

Bob Crandall. O combativo e muito bem-sucedido Presidente da American Airlines, Crandall foi o arquiteto do sistema de salário em duas séries para pilotos, que ele esperava que fosse colocar os pilotos mais caros e mais experientes contra os mais novos, em pior situação. Em vez disso, Crandall tornou-se, tanto para os novos como para os antigos pilotos, o objeto universal do desagrado e da desconfiança. Ele conseguiu azedar ainda mais os pilotos, ironizando-os em público e ameaçando paralisar a companhia a menos que os sindicatos concordassem com a sua posição. Em março de 1997, os pilotos decidiram entrar em greve. A greve foi evitada pelo presidente Clinton, que assinou um decreto exigindo que a linha aérea permanecesse em operação durante as negociações.

Jesse Helms. Quando Bill Clinton anunciou que iria indicar o Governador de Massachusetts, William Weld, um embaixador no México, Helms, Presidente do Comitê de Relações Exteriores, respondeu que não considerava Weld como "embaixador de fato". Mais tarde, Helms definiu melhor sua posição, declarando que não aprovava a atuação de Weld em relação ao tráfico de drogas. Todavia, Helms recusou-se a permitir que questionassem a sua posição, impedindo que Weld tivesse oportunidade de esclarecer a situação, dizendo que permaneceria nela "até que o inferno congelasse". Na verdade, Helms manteve o Presidente, todo o Congresso e o país como reféns. O interessante é que os outros senadores seriam confrontados com um dilema: ou se posicionar, e incorreriam na fúria de Helms, ou ficar em silêncio, e tornariam a questão indiscutível, o que viria a consolidar a posição fechada e anticolaborativa do Presidente do Comitê. A favor de Weld, seja dito que ele se propôs a discutir o indiscutível, mesmo fora dos círculos diplomáticos, o que expôs as rotinas de defesa de Helms (e de outros) e evidenciou ainda mais a sua posição de figura presidencial.

Jean-Pascal Delamuraz. O bilionário Edgar Bronfman, Presidente do Congresso Judaico Mundial, foi a Zurique para discutir as contas bancárias secretas das vítimas do Holocausto, em resposta às centenas de queixas dos herdeiros. Delamuraz, Presidente da Suíça e Diretor-Presidente de três dos maiores bancos do país, levou Bronfman a uma pequena sala gelada, onde não havia mesas nem cadeiras. Quando Delamuraz sugeriu que talvez se pudesse criar um pequeno fundo de compensações, no caso de se localizarem registros precisos, Bronfman, que estava admirado dessa "atitude não cooperadora", disse que preferia a "abertura de um processo" para apresentar as queixas de seus clientes. Delamuraz, mais tarde, negou o pedido para que seu país criasse um fundo de compensação para judeus e outros sobreviventes do Holocausto, dizendo que isso "não passava de chantagem", um complô de pessoas em Washington e em Londres "que não mereciam confiança", para comprometer a Suíça como um centro financeiro. Ele acrescentou que a Suíça corrigiria qualquer tipo de erro com base em provas históricas e não com tentativas de "extorsão". Pouco depois, um guarda de segurança do Union Bank da Suíça descobriu longos registros dos tempos da guerra de contas bancárias de judeus, quando estavam sendo encaminhados para a fragmentadora de papéis.[4]

As regras do sucesso no mundo colaborativo

Quando dizemos que este é um mundo colaborativo, não queremos dizer com isso que a pessoa não tenha lugar nele. Ao contrário. As pessoas vêem que têm mais alternativas, como pessoas, do que jamais tiveram antes na busca daquilo de que elas gostam, mesmo dentro de grandes instituições que, no passado, transformavam as pessoas em bucha de canhão. Ao mesmo tempo, nesta era de seleções individuais, a maioria das escolhas realmente importantes que fazemos como indivíduos só pode ser realizada em colaboração com outras pessoas, em projetos ou grupos. O mesmo se aplica às organizações. No futuro, o sucesso dependerá cada vez mais de organizações que têm um núcleo particular de competência e, ainda assim, compreendem que, num mundo colaborativo, a empresa que ficar sozinha terá dificuldades para sobreviver. Não faz mais sentido vencer os competidores, uma vez que eles podem ser os seus próximos colaboradores em projetos para a resolução de problemas para o consumidor.

A discussão seguinte oferece um conjunto de regras para ser bem-sucedido num mundo colaborativo, com vistas ao leitor como pessoa, não como organização. Tenha em mente, no entanto, que uma coisa é aprender novas regras, outra muito diferente é desaprender as velhas.

PRIMEIRA REGRA.

Crie ou encontre um projeto que pese na balança.

No passado, a primeira regra para o sucesso era que você tinha valor apenas de acordo com a sua posição na escala hierárquica. No futuro, a primeira regra para o sucesso será: "Você vale tanto quanto o seu último ou próximo projeto", com a sua reputação dependendo da sua habilidade em reunir uma equipe diferente, para criar algo de valor real. Num mundo que colabora, serão mais bem-sucedidos aqueles que puderem identificar novas e verdadeiras oportunidades. Entre as pessoas que colocaram o dedo nessas oportunidades e as transformaram em projetos colaborativos, estão Fred Smith, da Federal Express, Ross James, da Netscape, e William Beverly, da Starbucks Coffee. Criar ou descobrir um projeto novo que pese na balança pode acontecer, principalmente, de três maneiras:

1. Desenterre aquilo que o apaixona e que você sente intuitivamente como uma oportunidade que está surgindo.

2. Envolva eleitores, clientes e colegas numa discussão autêntica sobre as questões espinhosas que eles estejam enfrentando.

3. Olhe em volta. As pessoas que colaboram são bons trabalhadores em rede, que se destacam por saber o que está acontecendo e por se tornarem conhecidas.

SEGUNDA REGRA.
Seja um bom membro de equipe e um colega que colabora.

Pare de pensar em si mesmo como um "gerente", que é um termo obsoleto. Em vez disso, pense em si mesmo como sendo uma "eficiente pessoa de equipe". De acordo com o que as pessoas do projeto Marte nos relataram, ser um bom colega significa oferecer-se para ajudar outros que estão sobrecarregados. Comece por reunir uma equipe diversificada (cientistas, artistas, engenheiros, antropólogos) e envolva-os num diálogo profundo sobre um problema do consumidor: por exemplo, como navegar pela Internet sem se atrapalhar, como publicar um livro sob encomenda para um colega professor, como vender acionadores de impressora para o seu maior competidor, a Hewlett Packard.

Criar oportunidades para esse tipo de diálogos solucionadores de problemas oferece um terreno comum para pessoas de diferentes comunidades praticarem com alguma coisa real que as faça pensar e trabalhar juntas. Em alguns casos, ser um bom membro de equipe significa expressar a sua interpretação (ou posição) com autenticidade e vulnerabilidade. Em outros casos, pode significar dar um passo atrás e ouvir atentamente as interpretações de outro membro da equipe que vê as coisas de um ângulo diferente. Esse processo é como passar uma "esfera de energia" para trás e para a frente até que surja uma interpretação criativa ou "conjunta", ou seja, o próprio objetivo da ação colaborativa eficiente.

TERCEIRA REGRA.
Seja um especialista extraordinário numa área específica que crie valor sólido.

Tom Peters, escritor da área de negócios, sugere às pessoas que queiram ser bem-sucedidas no futuro: "Seja o presidente da sua própria companhia ou o criador da sua própria marca." Se você quer ser convidado para um projeto de colaboração, é importante que as pessoas saibam quem você é e que tipo de conhecimento e habilidades você tem para contribuir. Esqueça o seu *status* e a sua posição profissional e pergunte a si mesmo: "O que eu sei fazer que seja especificamente diferente?" Ou: "Em que área consegui um bom resultado, do qual me orgulho?" Ou ainda: "Qual poderia ser a minha verdadeira e pessoal contribuição para este projeto?" Mesmo que estejamos vivendo numa era de complexidade, são necessários diferentes tipos de líderes e especialistas para a colaboração criativa. Um orgulho saudável acerca das suas realizações funcionará melhor do que uma falsa modéstia. Jogue fora o seu currículo, com os empregos estáveis e datas e crie o seu próprio folheto promocional, baseado em realizações, especialmente em equipes e grupos de criação. Divulgue aquilo que você pode fazer para incrementar o valor ou a dedicação da equipe para o próximo projeto. Entre na agenda de endereços de cinco presidentes de empresas, nas listas de "Quem é quem" de outras pessoas ou na lista dos seus *e-mails* preferidos.

Concorrentes ao prêmio de pessoas que colaboram (outros exemplos)

Governo: *George Bush*, pelo brilhante trabalho de liderança internacional e colaboração com as Nações Unidas e com governantes de outros países durante a Guerra do Golfo.

Negócios: *Jay Abrahams*, o autoproclamado "Mago do *Marketing*", pela criação de inúmeras parcerias empresariais.

Ciência: *Tim Berners-Lee*, por ter inventado a tecnologia da World Wide Web (sem preocupação com lucro pessoal), que permite a colaboração das pessoas, independentemente de tempo e espaço.

Esportes: *Scottie Pippen*, do Chicago Bulls, pelo papel decisivo que desempenhou na conquista de quatro campeonatos da NBA, um superastro que subordinou sua vaidade pessoal ao objetivo da equipe, sem se preocupar com o fato de que Michael Jordan conseguia maior atenção da imprensa.

Artes: *John Updike*, por patrocinar um concurso para escrever um romance em colaboração, em 1998. Updike criaria uma trama básica, escolheria cinco ganhadores, integraria as partes e então escreveria o último capítulo.

O poder recebe importância demais

Imagine agora que você seja um executivo numa grande companhia, numa reunião de pessoas com grande poder de decisão que discutem uma estratégia conjunta ou um problema complexo. A reunião continua sem solução, enquanto vocês tentam convencer-se e persuadir uns aos outros sem chegar a uma conclusão. Mais cedo ou mais tarde, vocês desistirão e dar-se-ão conta de que o problema não é a falta de visão ou ausência de soluções disponíveis; o que acontece é que não há na reunião um número suficiente de pessoas que colaboram que adotem uma das soluções e a faça funcionar. Você vai para casa e encontra sua esposa na porta; ela é uma médica que deseja devotar o seu tempo a praticar uma medicina de qualidade, mas, em vez disso, dispende a maior parte do seu tempo tratando segurados e outras pessoas relacionadas com o convênio que simplesmente não querem cooperar. Mais tarde, vocês discutem sobre quem levará Johnny ao jogo de futebol e Rebecca à festa de aniversário. A discussão degenera num bate-boca, porque ambos querem ter um dia livre. "Meu Deus", você diz para si mesmo, "é só isso que existe?"

Como as pessoas no exemplo acima, você pode estar descobrindo que as pessoas no seu mundo estão esbarrando numa parede. Você vai saber que bateu numa parede quando se der conta de que, apesar da sua sinceridade, de suas boas intenções ou do desejo de produzir resultados, você chegou a um impasse. Você se dará conta disso quando todo seu charme, conhecimentos e habilidades não forem suficientes para ajudá-lo a resolver os problemas que enfrenta. Você vai saber disso quando, apesar de ter recebido poder de decisão do seu chefe, for difícil sentir esse poder, a menos que você esteja em colaboração e comunicação com os outros. Você vai saber disso quando o poder que o impeliu para onde você está não conseguir levá-lo além desse ponto. Você atingiu os limites do poder baseado no "paradigma do indivíduo".

Para alguns de nós, essa parede aparece todos os dias. Pode aparecer quando você enfrentar superiores difíceis de se lidar, membros de equipe que não queiram cooperar, restrições econômicas ou os verdadeiros limites do seu poder intelectual, da sua forma física ou da sua habilidade para influenciar as pessoas. E é melhor você se acostumar com esses obstáculos, porque de agora em diante eles aparecerão mais ou menos freqüentemente. Problemas sociais cada vez mais complexos e numerosos, regulamentações governamentais que mudam todos os dias, aumento do número de grupos de interesse, forças econômicas sempre em expansão e influências internacionais cada vez mais confusas, são, e continuarão sendo, adversários à altura dos seus talentos. Pense nesses obstáculos como uma série de barreiras que só poderão ser superadas com patamares nos quais os seres humanos se dêem as mãos para formar os degraus.

Quando você esbarrar contra o muro, poderá continuar batendo com força ou tentar contorná-lo sozinho, até que seus limitados recursos interiores se esgotem e não tenham mais nenhuma utilidade. Ou então você poderá tentar construir uma escada humana e elevar-se por meio de uma nova fonte de idéias e possibilidades, potencialmente ilimitadas. Optar por uma luta individual ainda pode funcionar em alguns casos, mas a jornada solitária pode vir a ter um custo muito grande e desnecessário.

A ENERGIA PARA SER UMA PESSOA QUE COLABORA ESTÁ AQUI, AGORA E AO ALCANCE DE TODOS

Procura-se um empresário para presidir um seminário de mágicos.
— ANÚNCIO DE "CLASSIFICADOS", DA APPLE COMPUTER, NOS SEUS PRIMÓRDIOS

Descobrir a energia de ser uma pessoa que colabora apresenta novas possibilidades de ação. Essa energia lhe dá a capacidade de realizar algo que você nunca acreditou que poderia fazer individualmente ao aumentar a sua habilidade de pensar e trabalhar junto com outros. A energia colaborativa é completamente diferente dos outros tipos de energia que utilizamos em grupos tradicionais, nos quais nos apoiamos na nossa posição para cutucar os outros. Conforme mencionamos no primeiro capítulo, esse poder não tem relação alguma com autoridade, tenha você ou não um escritório maior do que o do seu colega ou a capacidade de fazer as coisas acontecerem pressionando as pessoas para aquiescerem à sua vontade. Nada tem que ver com a sua área particular de conhecimentos ou com a sua competência.

A beleza da energia colaborativa está em que é acessível a todos, não importa o seu nível hierárquico, a sua área de especialidade, o seu sexo, a sua raça, nacionalidade ou idade. Para aqueles de nós que têm sido "fominhas" e trabalham esmagando os outros, essa energia pode ser muito benéfica. No nosso trabalho de consultoria, vi muitos presidentes de empresas, responsáveis, talentosos, idealistas, mas isolados, conseguir poucos resultados por serem incapazes de construir relacionamentos criativos e produtivos. Então, quando aprendem como expandir a sua personalidade para incluir outros, seu horizonte de possibilidades se abre e sua eficiência se expande de modo impressionante.

Nos negócios, por exemplo, os gurus estão descobrindo que não é o grande líder que faz com que as coisas aconteçam, mas as pessoas comuns, que trabalham discretamente nos bastidores em redes que conectam pessoas e traduzem a visão para uma realidade de mercado. Lemos nos jornais a respeito de presidentes, senadores e deputados, mas na realidade, a maior parte do verdadeiro trabalho deles é feito pelos assessores que preparam os discursos, agendam reuniões importantes e aplainam o caminho para os seus chefes, por serem capazes de pensar e trabalhar juntos. Isso também acontece em todos os campos.

Como posso me tornar uma pessoa que colabora?

Em seu livro, *The Last Word on Power*, Tracy Goss, sugere que, quando a maior parte dos líderes e administradores pensa em reformular a empresa, eles pensam em termos de estratégia, de estruturas e cultura.[5] O que eles esquecem é que a estratégia, as estruturas e a cultura que eles estão tentando mudar estão arraigadas na própria mente deles. Assim, eles ignoram a necessidade da reformulação executiva como o primeiro passo em direção à verdadeira e fundamental mudança. Como vimos, a reformulação executiva começa por aprender a se tornar uma pessoa que colabora, não apenas ensinando a outras pessoas as estratégias e infra-estruturas da colaboração. Essa é a fonte de toda uma nova mentalidade dinâmica e de todo um novo tipo de poder.

Aprender a conter a sua energia para ser uma pessoa que colabora não acontece automaticamente. Envolve a transformação não apenas de quem você é na sua vida profissional mas também na sua vida particular. Envolve a forma como você pensa e se relaciona com outros e as suas práticas cotidianas. Da mesma forma que jogar golfe ou tênis pela primeira vez pode ser um tanto esquisito e contrário às suas habilidades no começo e demanda algum tempo para se acostumar. Tornar-se uma pessoa que colabora implica não apenas adquirir novos hábitos de aprendizado mas, é claro, esquecer os velhos.

O tipo de aprendizado que serve para ajudar as pessoas a transformar-se em quem elas são, e a mudar a maneira como pensam e se relacionam, é chamado de *aprendizado transformacional*. Este é diferente do *aprendizado transacional*, que diz respeito à aquisição de informações. Envolve reflexão sobre as perspectivas particulares, as crenças e as suposições que dão forma ao que somos no mundo, e as crenças profissionais e suposições que determinam a maneira como pensamos e nos relacionamos com outras pessoas no local de trabalho.

O aprendizado só acontece quando as pessoas são capazes de detectar e corrigir erros (se isso acontecesse ininterruptamente, levaria ao fracasso) e são capazes de produzir os resultados desejados. No meu livro anterior, falei a respeito do *salto triplo do aprendizado*. Em resumo, o salto triplo do aprendizado significa alterar a perspectiva particular, as crenças que estão por trás e as suposições (ou regras antigas) que moldam *quem somos* como seres humanos, ou seja, aquilo com que nos identificamos. A figura 2.1 ilustra esse conceito. O *aprendizado do salto duplo* (semelhante ao do salto triplo) implica alterar as regras ou padrões subjacentes de pensamento que determinam a maneira como pensamos, nos relacionamos e resolvemos problemas. O *salto simples do aprendizado* envolve a tentativa de fazer a mesma coisa de forma melhor ou adquirir algumas noções transacionais e técnicas.

As pessoas bem-sucedidas são boas, em geral, no aprendizado do salto único; por exemplo, elas sabem muito a respeito de serem bem-sucedidas como líderes tradicionais por força da sua posição ou pela alteração de estruturas e estratégias. Quando há um problema, procuram reagir a ele alterando a estrutura e a estratégia. São menos bem-sucedidas no aprendizado de salto duplo e triplo precisamente porque isso envolve olhar no espelho e trazer antigas suposições à tona, questionando-as e revisando-as. (No capítulo 6, observaremos como o aprendizado de salto triplo se aplica ao propósito de torná-lo habilidoso em cada uma das cinco fases de uma discussão colaborativa.)

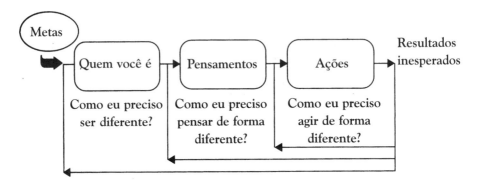

Figura 2.1
Aprendizado de salto triplo

Os seguintes passos o ajudarão a tornar-se uma pessoa mais colaborativa. Começamos modificando quem você é, o seu pensamento e o seu comportamento, e então ajustando as suas ações e comportamento para serem consistentes com o seu pensamento.

PRIMEIRO PASSO.

A decisão de "ser" uma pessoa que colabora.

Com o que você sonha? Quais são as suas verdadeiras aspirações? Sobre quais grandes objetivos, problemas complexos ou conflitos você gostaria de debater? Esses resultados inovadores são algo que você pode realizar por conta própria ou exigirão uma inovação correspondente em você mesmo como um ser humano para tornar-se uma pessoa que colabora? Você pode estar certo que sim se essa ruptura exigir que você se torne uma pessoa que colabora. As inovações começam com uma declaração de compromisso da sua parte.

Essa declaração não assegura que a inovação ocorrerá, mas ela nos diz que você estará aberto para o que quer que seja necessário para fazê-la acontecer, como aprender grandes lições no terreno da mudança pessoal. Ela nos diz que você está disposto a estudar, a praticar e a fazer a si mesmo perguntas difíceis: Que tipo de pensamento fez com que eu fosse bem-sucedido como pessoa? Que tipo de pensamento necessito para ser bem-sucedido como uma pessoa que colabora?

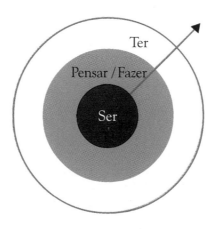

FIGURA 2.2
**Ser, Fazer, Ter ou Modelo
"de Dentro para Fora"**

O método que recomendamos aqui para que você se torne uma pessoa assim baseia-se numa abordagem de aprendizado transformacional, e não transacional.

Ele começa com aquilo que meus colegas e eu chamamos de "ser, fazer, ter" ou modelo *de dentro para fora*. Esse modelo é mostrado na Figura 2.2. Os resultados são gerados de dentro para fora. Em primeiro lugar, você deve perguntar e responder para si mesmo: "O que eu tenho de ser nesta questão?" Depois vem: "O que eu tenho de fazer para ter os resultados que espero?"

A metáfora da história. Onde está o "eu"? Parafraseando Jerome Brunner, a resposta é: "Em lugar nenhum", pois o eu *não* é uma "coisa". Ele é um ponto de vista que unifica o fluxo da experiência numa narrativa ou história coerente, uma narrativa que procura ligar-se a outras narrativas. Podemos agir a partir de dois pontos de vista do eu: um com base no "isolamento", ou seja, na noção de um eu individual separado; e o outro com base na "integração", ou seja, na natureza comunitária do eu. As pessoas que colaboram retiram sua identidade tanto da sua individualidade quanto da sua integração, simultaneamente. Para tornar-se uma pessoa que colabora você não precisa descartar a sua individualidade ou o desejo de ser bem-sucedido. Em vez disso, você precisa expandir aquilo que você é para conter a natureza comunitária do eu e tornar isso verdadeiro por meio da ação. Esse é um processo de transformação que talvez possa ser ilustrado pela próxima metáfora da história.

Quem você "é" é o resultado da sua história. Cada um de nós tem um debate ou história interior que nos dá a forma de quem somos, os limites do nosso pensamento e que define o nosso comportamento. A história não se baseia em fatos, mas numa interpretação das coisas que aconteceram conosco. Por exemplo, podemos ter uma história pessoal que nos diz que temos de ser o Número Um; que temos de fazer muito sucesso nas reuniões por termos as respostas corretas; que temos de ser fortes e não pedir ajuda aos outros; ou que temos de proteger os nossos erros e não corrigi-los. Essas histórias muitas vezes refletem as decisões que tomamos a nosso respeito ou a respeito dos outros, fundamentados nos condicionamentos da nossa infância, da educação e da carreira. Não obstante, elas moldam o nosso modo de ser, levando a diversos modos de pensar e a diversos modos de agir. O resultado dessas histórias é que elas tendem a ser protetoras, mas não conseguem ser colaborativas.

Embora nossas histórias possam ser satisfatórias quando somos crianças e adolescentes, ou nos primeiros estágios da nossa carreira, ou apropriadas aos tempos correntes, muitas vezes elas atingem um ponto em que se tornam obsoletas, isso é, histórias que nos mantêm presos no mesmo lugar. Muitas vezes, chegamos a um ponto em que aquilo que somos — como resultado dessas histórias — limita "aquilo que nós podemos ser neste mundo". Quando isso acontece, temos duas alternativas: podemos fechar os olhos e continuar agindo como até agora agimos, ou podemos nos desfazer dessas velhas histórias. Para fazer isso, temos de refletir e pesquisar o que são essas histórias obsoletas, seus custos e seus benefícios. Isso é o começo da transformação da nossa velha história numa história atual, que nos leva para a frente.[6]

Embora nossas histórias tenham permitido sermos bem-sucedidos como executivos numa companhia hierárquica ou num departamento especializado, elas poderão nos impedir de mostrar quem somos na realidade ou de fazer o que realmente desejamos com paixão, comprometimento e zelo. Embora possamos ter uma história sobre a importância de deter o poder e o controle sobre outras pessoas, ou ser cuidadosos sobre o que dizer ao chefe, talvez tenhamos, de fato, uma necessidade mais profunda de comunicação autêntica e de fazer parte de uma verdadeira equipe. Podemos entender, também, que, ao passo que esse cenário possa ter funcionado para nós no passado, ele perdeu a sua validade. Uma pessoa afirmou num seminário: "Sei que a minha história é algo que eu inventei, mas eu me agarro a ela como se ela fosse real."

SEGUNDO PASSO.

Esclareça a história que limitou o que você é como pessoa e como colaborador.

Tenha em mente que o que aqui nós chamamos de "nossa história" representa uma rede de crenças e asserções profundas que precisam ser examinadas e questionadas para que ocorra um aprendizado transformacional, isto é, um aprendizado de salto duplo e triplo. O primeiro passo para abrir mão da sua velha história — e do modo de pensar infantil, socialmente condicionado, e do comportamento que a acompanha — é classificá-la. A idéia é trazê-la do fundo da sua mente para fora. O segundo passo é ver quais as áreas da sua vida nas quais você está tendo resultados não desejados e tentar relacioná-las à sua história.

Essa ação tem um efeito eficaz na sua capacidade de descartar a história atual, bem como as formas de ser e pensar e as atitudes que a acompanham. O líder de um seminário perguntou: "O que você faria se eu lhe pedisse para voltar atrás e encontrar as roupas que você usava no começo de sua carreira?" É claro que agora elas não serviriam mais e estariam fora de moda. Todavia, nós "usamos" as nossas histórias da mesma forma, mesmo que não nos sirvam mais. Nossa história não é parte da nossa personalidade, nem possui peso e massa, como o nosso cérebro. Ela existe nas palavras.

Por exemplo, certa vez você tomou a decisão: "Tenho de obter a aprovação dos outros a todo custo", a partir da qual a sua vida passou a girar em torno da obtenção da aprovação dos outros, quer isso signifique ser eleito para uma determinada posição, ter as respostas corretas na classe ou numa reunião, ou ainda refrear a sua verdadeira capacidade de comunicação para evitar embaraços ou ameaças, para si mesmo ou para outras pessoas. Uma vez que a nossa história é expressa em palavras, faça uma pausa e esboce uma frase que descreva a velha história que limitou, de alguma forma, quem você é ou que o impediu de ser uma pessoa totalmente colaborativa. Eis alguns exemplos:

- *Os resultados produzidos por mim que são inferiores ao que é possível ou dos quais eu não gosto são:...*
- *Escreva uma sentença, de três a cinco palavras, que complete a história: Quem eu fui no passado e preciso deixar de ser...*
- *Quais as atitudes, formas de ser e pensar específicas que tenho de deixar de lado junto com a história? (A figura 2.3 poderá ajudá-lo a responder a essas perguntas.)*

Modelo 1 modelo colaborativo (ou relacional)	Modelo 2 Modelo hierárquico (ou orientado por si mesmo)
• Designa novas possibilidades; objetivos compreendidos em conjunto; procura resultados criativos e empresariais	• Preside ao *status quo*; segue a sua própria agenda; procura resultados previsíveis
• Constrói redes de colaboração e novos padrões de relacionamentos e interações; revela autenticidade e vulnerabilidade	• Repousa sobre estruturas tradicionais de organização; encara as emoções como sinal de fraqueza
• Atitude de aprendizado; é especialista e generalizadora; iguala o sucesso às questões	• Age como um "sabe-tudo"; é especialista; iguala o sucesso ao conhecimento
• Equilibra a defesa dos pontos de vista com o questionamento do seu pensamento e do alheio; ouve para compreender os outros profundamente	• Defende apaixonadamente seus pontos de vista para vencer e desencoraja o questionamento; ouve sem atenção ou de forma reacionária
• Fortalece outros no trabalho ao reconhecer talentos e dons; oferece um ambiente que amplia as possibilidades	• Controla os outros no trabalho diminuindo o talento alheio; cuida dos outros, para que eles lhe sejam submissos

FIGURA 2.3
Modelo colaborativo vs. modelo hierárquico

TERCEIRO PASSO.

Transforme sua história declarando uma nova possibilidade para si mesmo, como membro de uma comunidade de compromisso, e depois assuma você mesmo um compromisso em relação a essa possibilidade.

O próximo passo na descoberta da sua energia como pessoa que colabora é declarar uma nova possibilidade para si mesmo. Isso torna-se viável no momento em que você distingue a história que o definiu no passado e a maneira previsível de pensar e comportar-se que a acompanhava. Novamente, as palavras ou a linguagem têm o poder de transformar quem você é, e a sua forma de pensar e de se relacionar com as outras pessoas. Primeiro, considere o poder que a linguagem teve na formação do que você foi no passado, da seguinte maneira: "Tenho de estar no controle!" "Tenho de parecer bem!" "Tenho de proteger e não corrigir!" "Tenho de ser capaz de fazer as coisas à minha própria maneira!"

Em seguida, considere o poder da linguagem para adotar um novo comportamento para si mesmo, como pessoa e como colaborador. Isso significa não apenas ver o que é possível para você como indivíduo, mas também perceber como isso se liga aos outros numa comunidade de compromisso. O aprendizado transformacional não envolve uma nova personalidade, ou um período de três anos com o psicanalista, mas uma alteração nos programas que formam, limitam e definem o que você é. Parafraseando Tracy Goss, esse processo começa com três declarações: 1) "Eu declaro a possibilidade de que aquilo que eu digo ser possível é de fato possível"; 2) "Eu declaro a possibilidade de que aquilo que eu sou é a possibilidade que eu declaro para mim mesmo, 'por exemplo, ser uma pessoa que colabora'"; 3) "Eu declaro que o que eu sou seja aquilo que eu pretendo ser ou que me comprometo a fazer..."[7]

O compromisso não lhe dá uma garantia, mas coloca-o no caminho certo para fazer o que for necessário para tornar realidade a sua declaração de possibilidade.

Ao declarar uma nova possibilidade para si mesmo, é importante escolher as palavras (de três a cinco) que expressem uma nova possibilidade para o que você é como pessoa e como colaborador. A possibilidade deveria refletir automaticamente o que você é, bem como as suas paixões e qualidades de excelência, e não a massa de fingimento e defesas que você tirou da sua velha história ou as coisas que você fazia para agradar os outros. Por exemplo: ser um líder lateral, um jogador numa equipe ou iniciar um trabalho inovador. Da mesma forma, pense em novas formas de ser, de pensar ou de se comportar que você precisa invocar para completar essa nova possibilidade. Eis alguns exemplos:

- *Aquilo que eu desejo apaixonadamente e quero criar no futuro por meio da colaboração é:...*
- *Escreva uma sentença, de três a cinco palavras, que declare uma nova possibilidade para si mesmo como pessoa e como colaborador bem-sucedido.*
- *Quais as novas formas de ser, de pensar e de comportamento que devo invocar?*

QUARTO PASSO.

Ensaie novos papéis e aprenda, com a experiência proporcionada por eles, sobre o pensamento e o comportamento.

Declarar novas possibilidades e definir novas crenças e suposições leva as pessoas e encarar as circunstâncias de forma diferente e a agir de forma diferente. Todavia, nós, seres humanos, em situações de tensão e de pressão, muitas vezes recaímos nos velhos padrões. As pessoas colaboram com maior eficiência quando têm os instrumentos e métodos adequados para ajudá-las a reforçar uma nova disposição mental. Buckminster Fuller afirmou certa vez: "Se você quer que as pessoas pensem de forma diferente, não lhes diga como pensar mas dê-lhes um instrumento para pensar."

Primeiro, escolha um modelo para o papel de pessoa que colabora que você gostaria de representar. Você poderá encontrar essas pessoas dentro ou fora da sua organização ou nos meandros da sua comunidade. É bom encontrar modelos para papéis que tenham as habilidades e as capacidades que você admira. Talvez não seja possível encontrar todas essas qualidades numa única pessoa; por isso, procure dois ou mais modelos para papéis que tenham alguma atitude ou tenham habilidade particular que você possa incorporar. Tenha em mente que você não precisa copiar os seus modelos, mas incorporar seus pontos fortes ao seu estilo pessoal.

Uma vez definidos os modelos que você quer incorporar, experimente alguns, mesmo que não pareçam naturais em você. Por exemplo, se você mantém uma conversa tranqüila num grupo sobre suas metas e aspirações, escolha o papel de uma pessoa que mantenha conversas acaloradas e no qual você possa expressar suas paixões com dedicação e zelo. Se você é do tipo de pessoa que tem a tendência de ver as coisas em termos de objetivos previsíveis, de processos e procedimentos codificados, e não permite uma brecha na sua linha de defesa e nem a criatividade desenfreada, assuma o papel de desafiante do grupo, para ampliar as metas, a mente e as habilidades do mesmo. Ou, se você for uma pessoa que em geral defende a sua posição para vencer, evita perder e raramente questiona o seu modo de pensar ou o alheio, assuma o papel de um inquisidor que procura compreender em profundidade e que pode simplesmente ouvir, sem ter a necessidade de ganhar uma discussão.

Uma vez que você comece a experimentar esses diferentes papéis, convide outras pessoas para serem seus "treinadores" e para o alertarem quando perceberem que o seu comportamento é inconsistente com as suas novas intenções. A figura 2.3 poderá ajudá-lo, bem como aos seus "treinadores", a identificar o pensamento colaborativo e as atitudes e papéis que os acompanham.

QUINTO PASSO.

Praticar, praticar, praticar.

Ralph Waldo Emerson observou com perspicácia: "O que você é fala tão alto que esconde o que você está dizendo." Deter o poder para tornar-se uma pessoa que colabora não é apenas uma questão de adquirir as melhores idéias ou empregar as técnicas ou métodos mais precisos. Você pode usar todo o jargão da colaboração e adotar as melhores técnicas do mundo e ainda assim não agir de forma colaborativa. No nosso trabalho de consultoria, descobrimos que muitas pessoas pensam que estão agindo de uma forma quando na realidade agem de outra. Uma porta aberta não convida a uma comunicação frente a frente, cordial e informal, a menos que você saia de dentro de si mesmo e fale com as outras pessoas. Solicitar idéias à equipe numa reunião não faz diferença se todos ficarem em silêncio apenas para ouvir o que você tem a dizer, antes de expressarem as suas opiniões.

Como afirmou Chris Argyris, da Universidade de Harvard, há uma diferença entre a *teoria adotada* (aquela que pregamos) e a *teoria em uso* (aquela que de fato praticamos).[8] Muitas vezes as pessoas mudam para um comportamento colaborativo e depois, conforme dissemos, retornam ao comportamento anterior, quando sob pressão. Em geral, isso acontece quando as pessoas não estão conscientes desse fato. Assim, o retorno das informações é importante, bem como as oportunidades de colocar em prática a capacidade de pensar em conjunto (de ouvir reflexivamente), de falar junto e trabalhar junto.

- *Use seus poderes de reflexão para examinar o seu desempenho durante todas as oportunidades que tiver para colaborar.*
- *Tente criar novas oportunidades para revigorar a investigação e a descoberta de ações que possam promover a colaboração.*
- *Solicite regularmente respostas abertas e honestas e receba-as com humildade.*

Peter Senge discutiu a diferença entre "campos de prática" e "campos de desempenho". É importante para todos os grupos que queiram colaborar entre si que elaborem campos de prática nos quais possam praticar a conversação colaborativa, sem a tensão e a pressão que encontram nos campos de desempenho. Paul Allaire, diretor da Xerox, faz isso com um processo que ele denomina de "reflexão e aprendizado da organização", que ocorre durante três revisões anuais de diretoria sobre tópicos específicos, tais como: "Como podemos passar de um objetivo que é a satisfação do cliente para outro que significa criar consumidores extremamente satisfeitos?" Depois da revisão, o pessoal da organização acha que passa a pensar e a se relacionar de maneira diferente quando está com os clientes. Ray Strata, diretor da Analog Devices, encontra-se regularmente com executivos de outras firmas, em reuniões denominadas "círculos de aprendizado", para discutir problemas comuns, como planejamento estratégico, motivação humana ou resultados de vendas.

Finalmente, passar à ação. A melhor maneira de aprender a colaborar é sair e realmente colaborar em alguma coisa, quer seja com um objetivo específico ou pela simples alegria de colaborar. Na próxima vez que você tiver um problema, peça às pessoas do seu grupo que delineiem as suas idéias para encontrar uma solução. Ou então, construa um modelo em escala ou um protótipo da sua mais recente invenção. Lembre-se: nenhum de nós atua dentro de um modelo colaborativo o tempo todo. Aceitando esse fato e usando a sua consciência para detectar quando você está sendo decididamente anticolaborativo ou interrompendo possibilidades potencialmente fortes, você está a caminho de aumentar ao máximo o seu potencial de criar.

INTERLÚDIO

Diplomacia apaixonada no Oriente Médio

Yitzhak Rabin:

Viemos de Jerusalém, a antiga e eterna capital do povo judeu. Viemos de uma terra angustiada e enlutada. Viemos de um povo, de um lar, de uma família que jamais conheceram um único ano, um único mês, no qual as mães não tivessem chorado pelos seus filhos. Viemos para tentar pôr um fim às hostilidades, de maneira que os nossos filhos, e os filhos deles, não sintam mais o doloroso custo da guerra, da violência e do terror.

    Deixem-me dizer a vocês, palestinos, que estamos destinados a viver juntos no mesmo solo e na mesma terra. Nós, os soldados que retornaram da batalha, sujos de sangue; nós, que vimos nossos parentes e amigos serem mortos diante dos nossos olhos; nós, que assistimos ao funeral deles e não pudemos olhar nos olhos dos seus pais; nós, que lutamos contra vocês, palestinos, dizemos hoje, a vocês, em voz alta e clara: Basta!

    Não queremos vingança. Não alimentamos ódio por vocês. Nós, assim como vocês, somos pessoas; pessoas que desejam construir uma casa, que desejam plantar uma árvore para amar e conviver dignamente com vocês lado a lado, em afinidade, como seres humanos, como homens livres. Estamos hoje dando uma nova oportunidade para a paz e dizemos a vocês novamente: Basta![1]

Yasser Arafat:

Sr. Rabin, a assinatura da Declaração de Princípios marca uma nova era na história do Oriente Médio. Dessa forma, com convicção, quero confirmar os seguintes compromissos palestinos: a OLP reconhece o direito de Israel de viver em paz e em segurança... e afirma que quaisquer compromissos anteriores que fizemos em desacordo com isso, estão agora suspensos e não são mais válidos.

    A OLP compromete-se com o processo de paz e com a solução pacífica do conflito entre os dois lados, e declara que todas as questões relevantes relacionadas com a posição permanente de uma nação palestina serão resolvidas por meio de negociações.

    A OLP considera a assinatura da Declaração de Princípios um acontecimento histórico... Portanto, a OLP renuncia ao uso do terrorismo e de outros atos de violên-

cia e assumirá a responsabilidade sobre todos os elementos e sobre todo o pessoal da OLP, para assegurar sua anuência, para prevenir violações e disciplinar os transgressores.[2]

Talvez esse tenha sido o aperto de mão mais fotografado da História. Levados gentilmente na direção um do outro pelos braços abertos do Presidente Clinton, depois de haverem assinado a Declaração de Princípios, um acordo de paz de longo alcance, no gramado da Casa Branca, os antigos inimigos Yitzhak Rabin, Primeiro-Ministro de Israel, e Yasser Arafat, chefe da Organização para Libertação da Palestina, OLP, aproveitaram a ocasião e se tocaram pela primeira vez, tocando também o coração e a mente das pessoas de todo o mundo.

Embora a imagem desse acontecimento seja familiar, a diplomacia colaborativa dos bastidores, que levou à cerimônia de assinatura do acordo em 1993, é quase ignorada pelo público. É uma história de inúmeros apertos de mão, reuniões matinais, telefonemas noturnos, brigas clamorosas e reconciliações sinceras e divertidas entre um punhado de cidadãos comuns de três nações diferentes, unidos pela sua visão de paz conjunta. Intensos preparativos por meio de contatos diários, "cara a cara", e muitas discussões aumentaram a confiança que os levou a ultrapassar uma disputa antiga e extremamente complexa, o que não havia sido conseguido pelos chefes do Departamento de Estado, pelas sanções diplomáticas e mesmo por um arsenal de armas poderosas.

* * * * *

É, antes de mais nada, a história do que fez uma pessoa comum, Terje Larsen, um cientista social norueguês, ao desafiar uma possibilidade maior do que ele mesmo e a empreender as ações catalíticas e de grande poder que seriam necessárias e acabariam por pesar na balança.[3]

Larsen, como é conhecido no Oriente Médio, e sua esposa Mona Juul, funcionária do Ministério das Relações Exteriores da Noruega, passavam pelas ruas de Gaza, destruídas pela guerra, onde as pichações, na cor do sangue, escorriam pelas paredes. Seus sentidos estavam impregnados pela visão e pelo odor dos carros enferrujados, dos pneus queimados e dos grandes blocos de cimento espalhados pelo caminho. Acima do som do seu carro blindado, eles ouviam os mulás islâmicos pedirem aos gritos a extinção de Israel pelos alto-falantes das mesquitas dos arredores.

De repente, eles testemunharam um incidente, apenas um dos muitos que aconteciam diariamente em Gaza, uma decadente cidade de refugiados perto do Mediterrâneo, em que se acotovelam mais de um milhão de pessoas em moradias improvisadas. Uma unidade de jovens soldados israelenses e um grupo de jovens palestinos se enfrentaram. Os soldados empunhavam suas armas, os grupos de jovens tinham pedras. Larsen procurou um lugar para se abrigar mas, antes que pudesse encontrar um, ouviu o zunido das balas e as pedras sendo arremessadas. Quando o motorista, um coronel, pulou do carro e tentou controlar os soldados, os olhos de Larsen não conseguiram desviar-se da cena à sua frente. O que ele e a sua esposa observaram impressionou-os durante muito tempo.

Era uma daquelas coisas que os levariam a tomar a decisão de fazer algo não apenas difícil, mas totalmente impossível. Tanto nos olhos dos soldados israelenses quanto dos palestinos, que eram da mesma idade e se pareciam bastante, ele viu o mesmo desafio e o mesmo desespero... e o mesmo medo.

Mais tarde, na mesma noite, no Clube das Nações Unidas da Faixa de Gaza, Terje Larsen e Mona Juul conversaram longamente sobre o que haviam testemunhado e sobre o que eles ou qualquer outra pessoa poderia fazer para influir na situação. Quando o entrevistei posteriormente sobre o seu papel nessa colaboração internacional, Larsen contou que subitamente teve a sensação de que poderia fazer alguma coisa a respeito daquele conflito. Larsen era o chefe da FAFO em Israel, uma organização de pesquisa que realizava um trabalho sobre as condições de vida nos territórios ocupados da Faixa de Gaza. Larsen e seus colegas entrevistaram centenas de pessoas: uma extraordinária oportunidade de trocar idéias com membros de todas as classes sociais e com líderes políticos. Foi também uma oportunidade para Larsen, uma pessoa incrivelmente sociável, de construir uma impressionante rede de relacionamentos e desenvolver um profundo interesse pelos problemas da região. Larsen contou-me que se sentia capaz de compreender o conflito melhor do que as pessoas sobre as quais ele lia nos jornais e nas revistas. Por exemplo, Larsen acreditava que os problemas só poderiam ser resolvidos por meio de conversações diretas entre israelenses e palestinos.

Negociações bilaterais já estavam sendo feitas em Washington, entre três equipes israelenses e três delegações árabes, nenhuma das quais incluía membros da OLP, que foram banidos das conversações. Todavia, muitos líderes israelenses, inclusive o antigo Primeiro-Ministro Shimon Peres, acreditavam que essas delegações não conseguiriam chegar a um acordo sem o envolvimento de Arafat, que movia os cordões em seu exílio em Túnis. Além disso, as conversações pareciam se desfazer sob os olhos perscrutadores da imprensa. O protocolo diplomático levava a certa rigidez, e muito tempo foi gasto para decidir quem iria se sentar na mesa de negociações.

Consciente da falta de progresso, Larsen, como chefe da FAFO e tendo contatos no Ministério das Relações Exteriores da Noruega por meio de sua esposa, estava decidido a criar um processo de diálogo mais eficiente, no qual ele achava que eventualmente teria de incluir a OLP e que deveria, também, ser conduzido de modo mais reservado.

A articulação dessa idéia com um amigo marcou o início da carreira de Larsen naquilo que ele chama de "diplomacia apaixonada". Esse esforço surgia não de uma posição, mas de uma visão e da coragem de "Fazer aquilo em que você acredita e acreditar em si mesmo", conforme afirma Larsen. O próximo passo seria recrutar outras pessoas para a sua idéia de colaboração.

O estabelecimento de um canal de retaguarda

Um amigo de Larsen sugeriu que ele se encontrasse com Yossi Beilin, um oficial israelense que, dizia, pensava da mesma forma, especialmente em relação à conveniência de se promover conversações diretas. Beilin, protegido de Shimon Peres, e que havia servido em seu gabinete como secretário e era uma "pomba da paz" segundo suas próprias palavras, agora estava na posição de membro do partido da oposição no Knesset israelense. Beilin lembra: "Desde 1974 eu sabia que tínhamos de falar diretamente com a OLP e não procurar uma terceira parte. Aos poucos fui criando coragem para expressar o meu ponto de vista. Mas, depois de 1985, quando o partido Likud e alguns membros do Partido Trabalhista aprovaram uma lei que bania qualquer contato ou qualquer comunicação oficial com a OLP, temperei a minha coragem com alguma cautela."

"Eu jamais violei essa lei, mas estava muito zangado", continua. "Era uma loucura aprovar uma lei assim. Ela era maldosa e não havia razão para tachar esses contatos como traição. Mas, de certa forma, essa lei idiota me provocou e desencadeou em mim um compromisso para com algum tipo de reconciliação com a OLP. Devagar, comecei a divulgar mais a idéia de apoiar as negociações." Suas declarações públicas lhe granjearam raiva e ridículo.

Larsen encontrou Beilin pela primeira vez num almoço em Tel-Aviv. Larsen sugeriu, em vista do que estava acontecendo com as negociações oficiais na "estrada de Washington", que talvez eles pudessem armar outro diálogo: "Precisamos de uma estrada de duas pistas." Beilin concordou e prosseguiu dizendo que uma solução entre os dois Estados seria inevitável. Larsen e Beilin discutiram a idéia de um encontro de israelenses com palestinos proeminentes, e que isso poderia constituir os fundamentos de um canal alternativo que pudesse resolver e esclarecer algumas das questões para dar prosseguimento às conversações em Washington. Larsen, tendo recebido o apoio do governo norueguês, prometeu também a Beilin que fariam todo o possível para ajudar no processo de se criar um canal alternativo, inclusive um financiamento.

Pouco antes das eleições israelenses de junho de 1992, Larsen e Beilin organizaram uma reunião no American Colony Hotel, um hotel gracioso e tranqüilo na parte oriental de Jerusalém, com uma atmosfera que lembrava a de um oásis, criada por ladrilhos cor de turquesa, fontes borbulhantes e uma acolhedora equipe de recepção. Faisal Husseini, um proeminente palestino da Jerusalém oriental que, ainda que não fosse formalmente membro da OLP, era considerado um dos principais representantes dessa organização nos territórios ocupados, também compareceu. Eles concordaram em tentar estabelecer um canal alternativo se o Partido Trabalhista ganhasse as eleições, e discutiram como os palestinos poderiam ajudar para que essa vitória acontecesse.

Três dias depois, o Partido Trabalhista ganhou as eleições israelenses e Rabin tornou-se Primeiro-Ministro. Ele indicou Shimon Peres como Ministro das Relações Exteriores e este, por sua vez, indicou Beilin como seu vice-ministro. Depois que o novo governo tomou posse, Larsen entrou em contato novamente com Beilin, desta vez com a autorização do governo norueguês. Jan Egeland, vice-ministro das Relações Exteriores, estava pronto para encabeçar uma delegação que iria a Israel para conversar sobre um canal alternativo secreto.

Com o envolvimento de Larsen na pesquisa da FAFO e de Beilin e de Egeland na condição de ex-acadêmicos, ocorreu-lhes a idéia de que poderiam organizar uma reunião na Noruega, sob o pretexto de uma conferência acadêmica que discutiria os resultados do estudo da FAFO sobre as condições de vida nos territórios ocupados.

A conexão palestina

Yasser Arafat, ofendido com as críticas ao seu apoio a Sadam Hussein na Guerra do Golfo — que levou ao corte do financiamento árabe da OLP pela metade — sabia que a sua sorte acabaria a menos que fosse encontrada uma solução. A despeito de sua postura pública, ele tinha consciência, há muito, de que a solução exigia a negociação com os israelenses. Seu negociador preferido era Abu Ala, importante assessor que dirigia a Samed, o braço econômico da OLP. Sendo o cérebro financeiro e tesoureiro da OLP, Abu Ala era uma rara combinação de charme e dureza, visão política e esperteza própria das ruas. Além disso, ele havia ousado falar alto e duramente, na Conferência Nacional da OLP em 1977, defendendo os contatos com Israel, num momento em que os outros auxiliares de Arafat tinham desaparecido, mortos pelas balas dos assassinos. Ele também havia escrito um ensaio sobre cooperação econômica que teve boa repercussão em ambos os lados.

Quando Larsen e Abu Ala se encontraram houve um entendimento instantâneo. Larsen relatou-lhe as propostas de conversações em Oslo. Abu Ala assegurou-lhe que altos dirigentes da OLP estariam muito interessados e pediu-lhe que assegurasse o mesmo aos israelenses.

Oslo: a terra dos gigantes gentis

Em lugar da estátua triunfante de Lorde Wellington montado em seu cavalo na praça Trafalgar, em Londres, comemorando suas batalhas vitoriosas sobre Napoleão, ou da estátua do general Sherman depois de destroçar os confederados durante a Guerra Civil Americana, em Oslo você vê estátuas de famílias de Gustav Vigeland: homens e mulheres se abraçando, uma mãe embalando seu bebê, crianças brincando juntas, um velho segurando a mulher num último abraço. Através de toda a Noruega há um espírito de aparente comunidade, até mesmo nos relacionamentos mais casuais. A palavra "solidariedade" é usada freqüentemente em todas as aldeias e para todos os negócios, para garantir que todas as pessoas da sociedade, sejam elas ricas ou pobres, fortes ou fracas, doentes ou saudáveis, sejam preocupação de todos.

É a essa cultura de paz e solidariedade que chegam, para as conversações iniciais, Abu Ala, Maher El Kurd, um economista da equipe de Arafat, e Hassan Asfour, que havia vivido entre o arame farpado e as ruas devastadas pela guerra em Gaza e havia sido educado na doutrina marxista em Moscou. Quando o motorista foi parado pela polícia, um arrepio correu pela espinha de todos, pois pensavam que estavam sendo levados de volta para o aeroporto de Oslo por serem membros da OLP. Para alívio de todos, descobriram que a intervenção era apenas um teste de rotina para medir o nível de dosagem alcoólica do motorista norueguês.

Os três palestinos tinham a aparência de cavalheiros sofisticados, com um ar inteligente e mundano. Eles contrastavam com os dois eruditos que formavam a delegação israelense: Yair Hirschfeld, professor de Questões do Oriente Médio na Universidade de Haifa e defensor apaixonado do diálogo, e Ron Pundik, um especialista em problemas da Jordânia no Instituto Truman da Universidade Hebraica. Hirschfeld parecia um professor distraído, com uma exuberância e um entusiasmo juvenis mas permanentemente despenteado. Pundik tinha a aparência de um cientista louco com olhos de coruja.

Preparação: a estrutura influencia o comportamento

A esposa do ex-ministro norueguês das Relações Exteriores e co-organizadora da pesquisa da FAFO, Marianne Heiberg, disse-me que Terje Larsen era um dos homens mais charmosos, carismáticos, criativos e empreendedores que ela jamais havia conhecido. "Ele é o maior vendedor que a Noruega jamais produziu." Perguntada por que, ela respondeu: "Ele não apenas vendeu a idéia do canal de Oslo para os líderes de ambos os lados, mas vendeu também as pessoas envolvidas umas às outras." De acordo com ela, Larsen esbanjava charme. "Ele conseguiu que os outros se animassem, fez com que relaxassem, estabeleceu uma atmosfera de jovialidade, de amizade, de divertimento, ao mesmo tempo em que montava o cenário para negociações sérias."

O fato de Larsen se concentrar na aproximação entre os homens contrastava fortemente com os esforços do Departamento de Estado norte-americano. Nenhum dos quatrocentos membros do Departamento de Estado que trabalhava nas conversações em Washington conhecia nenhum dos cinqüenta ou sessenta delegados de Israel ou do lado árabe pessoalmente, e os esforços diplomáticos de voar de um lado para outro não haviam funcionado. Uma vez que tudo acontecia sob os holofotes da imprensa, as pessoas achavam que deveriam mostrar uma sólida fachada nacionalista.

"Acredito que seja necessária a confiança para um processo complexo como esse, com os conflitos e o desagrado mútuo tão profundos, como neste caso", diz Larsen. "Você não pode ser um intermediário eficiente, a menos que disponha de muito tempo para construir relações verdadeiras. Lá, devido ao meu trabalho com a pesquisa da FAFO, eles conseguiam me ver não apenas como o representante de um dos lados, mas como um ser humano. Isso, eu acho, criou confiança mútua para que uma pequena nação como a Noruega fosse utilizada como um canal diplomático alternativo. Você não pode fazer isso com uma diplomacia que se resume em voar de lá para cá e de cá para lá. Você tem que estar aqui na terra e construir a confiança o tempo todo. Precisa ter afinidade com ambos os lados, compreender a mente e o coração das pessoas e tratar a todos com dignidade. Você também precisa saber construir pontes entre duas culturas diferentes."

Os israelenses procuram ser mais diretos, sem meias-palavras. Para os palestinos, é preciso que haja muita conversa antes de se passar aos negócios. Se dois beduínos se encontrarem no deserto, eles poderão passar até quinze minutos apenas se cumprimentando. Na realidade, eles estão testando um ao outro, testando o dialeto, tentando saber de onde são as suas famílias; existe, nesse caso, a função implícita de construir um relacionamento que é mais importante do que simplesmente dizer "alô". Além disso, israelenses e europeus gostam de cruzar as pernas. No entanto, para um palestino, mostrar a sola do sapato ao cruzar uma perna sobre a outra é um insulto terrível. O conhecimento que Larsen tinha de cada cultura e a sua relação com cada grupo servia como uma ponte entre eles.

Ainda mais importante do que superar as diferenças culturais foi o constante compromisso de Larsen com a paz, que não vacilava em nenhum momento e em nenhuma circunstância. Ao descrever o processo de negociação como uma descida na montanha-russa, Larsen afirmou que temos de fazê-lo, quer estejamos "no ponto culminante que precede a abertura", quer estejamos nos "vales do impasse e da depressão". Larsen acrescenta: "Você tem de acreditar e fazer tudo o que seja necessário para que cada parte da negociação também acredite na boa vontade da outra e na idéia de que existe pelo menos uma possibilidade de solução."

Larsen cuidou para que as equipes de negociadores permanecessem pequenas, isolando-as dos seus pares que haviam permanecido em casa, protegendo-as da necessidade de fazer declarações oficiais e hospedando-as lado a lado num ambiente normal. Segundo Heiberg: "Fizemos todo o possível para criar uma atmosfera de intimidade. Organizamos as coisas de modo que tomassem o café da manhã juntos, almoçassem juntos e jantassem juntos." Essa situação era o oposto do que estava acontecendo em Washington, onde as delegações comiam separadas, com o seu próprio pessoal, e passavam mais tempo falando com as pessoas do seu país do que com "o inimigo que estava do outro lado da mesa".

Outro aspecto estrutural da preparação para as conversações foi o de criar um "espaço intelectual", incentivando as pessoas a declararem possibilidades, a fazer propostas e a apresentar soluções embrionárias (que poderiam não ser bem recebidas em casa), sempre com a liberdade de poder voltar atrás. Esse procedimento permitiu que se conseguisse um diálogo de qualidade.

A primeira fase das conversações: encabeçar a abertura

Abu Ala sentia-se otimista quando olhava para a frente. Ele se dava conta de que Israel, naquele momento, não negociaria diretamente com a OLP, mas a sua intuição lhe dizia que esse exercício acadêmico entre Hirschfeld e Pundik poderia ser transformado no pelotão de frente que encabeçaria a abertura.

De certa forma, ele estava certo. Se os israelenses tivessem indicado membros dos altos escalões do governo, as conversas teriam girado em torno de marcar posições e negociar pontos miúdos, quase desde o começo. Justamente porque Hirschfeld e Pundik estavam claramente associados com membros do governo israelense, mas não se encontravam em Oslo em caráter oficial, foi possível chegar a um entendimento comum entre o pensamento palestino e o israelense, pensamento que mais tarde seria transformado numa estratégia conjunta com a finalidade de encontrar soluções.

Durante a primeira noite das conversações, Abu Ala fez um discurso formal que teve um profundo impacto. O discurso em árabe rejeitava a idéia de discutir as queixas históricas. "Temos de lidar diretamente com as questões" disse ele "e não voltar no tempo para repetir a história mais e mais vezes. Temos o nosso ponto de vista: a Palestina é para os palestinos. Vocês têm o seu ponto de vista: Israel é para os judeus. Se voltarmos na história, vamos passar anos batendo boca, sem conseguir nada. Temos de aproveitar os pontos que temos em comum e sobre os quais podemos concordar, registrá-lo e então caminhar até onde nós temos pontos de vista diferentes e encontrar uma maneira de lidar com eles. Eis o que temos de fazer. Nós não estamos aqui para competir, para mostrar quem é mais esperto ou mais inteligente."[4]

Hirschfeld fez um discurso de improviso, no qual afirmava que eles tinham de se concentrar nas questões que pudessem ser resolvidas e distinguir aquelas nas quais seria possível haver certa flexibilidade. As outras questões, em que o acordo parecia impossível, deveriam ser tratadas depois. Hirschfeld fez uma proposta brilhante, ao dizer que ele não estava ali para negociar, mas para chegar a um entendimento comum, o qual, por sua vez, poderia conduzir ao sucesso das negociações.

Abu Ala, mais tarde, sugeriu a idéia de se escrever uma Declaração de Princípios que não seria um acordo mas, como indicou o próprio Hirschfeld, um entendimento comum sobre as questões entre os dois lados, declaração que, por sua vez, poderia levar a um acordo. Todos concordaram que essa era uma sugestão de mestre. Palestinos e israelenses estavam interessados em poder distinguir entre a postura pública e o processo real de pensamento de cada um acerca das questões que os dividiam. Beilin disse que ele estava menos interessado no que os acadêmicos israelenses haviam dito para os palestinos do que no que ele poderia aprender com Abu Ala e seu grupo. Hirschfeld considerava que a tarefa que tinham diante de si era a de construir conjuntamente um mapa mental ou, como ele mesmo disse, "mapear o Rubicão".

Não demorou muito para que eles esboçassem os principais pontos da Declaração de Princípios: Retirada de Israel de Gaza e de partes do banco ocidental; adiamento de questões difíceis, que seriam resolvidas mais tarde por meio de negociações; o conceito de "gradualismo", ou seja, de entregar a infra-estruturas, tais como portos marítimos, eletricidade, água, escolas e hospitais aos palestinos para um governo deles mesmos, ainda que provisório, por um período de cinco anos; unir os dois povos por intermédio da cooperação econômica (interdependência). Ainda que houvesse muita discussão nos meses seguintes, esse esboço geral se manteve. Houve um período de exuberância, no qual as pessoas começaram a ter uma sensação de realização, ao mesmo tempo em que estavam começando a se conhecer uns aos outros como seres humanos.

Os noruegueses tinham decidido, antes de as reuniões começarem, que eles atuariam como mediadores da negociação, não como mediadores que tentavam influenciar o conteúdo das conversações. Larsen declarou na primeira reunião, quando os delegados o pressionaram para que ele participasse, que ele apenas interviria "caso as coisas se transformassem numa luta de *boxing*". O papel principal de Larsen teria lugar entre as reuniões: evocando imagens de aspirações, ou mesmo de medo, levando as pessoas a voltar para a mesa quando ficavam desanimadas, bem como deixando claro para ambos os lados que ele e os outros noruegueses compreendiam perfeitamente como eles se sentiam. Nas conversações durante o almoço e o jantar, ele evitava assumir uma posição sobre questões controversas, preferindo aproveitar os momentos de reconhecimento, reformulando o que um dos lados havia dito do outro, de modo que pudessem entender-se melhor. Ele e sua esposa estavam sempre prontos para o que fosse necessário, como apoiar um delegado desanimado, pronto para subir no avião e voltar para casa; tomar café da manhã às duas horas da tarde; acordar para tomar um cafezinho e para conversar à uma hora da madrugada, com o intuito de que as conversações continuassem.

"Uma das melhores coisas que oferecíamos", diz Larsen, "era a oportunidade de conversar a respeito de coisas não relacionadas com as negociações. Nós conseguíamos fazer com que eles falassem sobre suas aspirações, suas famílias, sua história, sobre seus amigos e passatempos. Isso criava um contexto comum para as pessoas começarem a ver umas às outras como seres humanos, e não como demônios."

Com o decorrer do tempo, as muralhas pessoais desabaram. Por exemplo, Hasan Asfour nos disse que, no começo, os delegados israelenses o abordavam e perguntavam: "Vocês são realmente palestinos?" Por seu lado, Abu Ala deixou de lado suas suspeitas de que alguns delegados israelenses estavam fazendo espionagem para diversos líderes de Israel.

À medida que o diálogo continuava, cada lado relatava ao governo do seu país que a dinâmica em Oslo estava atingindo a maturidade. Ambos os lados levaram pautas para a discussão a respeito da Declaração de Princípios, o que resultou num conselho que durou toda a noite. O resultado foi o documento de Sarpsborg, uma combinação dos pontos de vista aceitáveis para ambos os lados e mais uma viagem de volta para casa.

Shimon Peres, o colaborador criativo definitivo

O Ministro das Relações Exteriores de Israel, Shimon Peres, que há muito tempo defendia a paz, havia sido informado a respeito do canal alternativo proposto em Oslo, logo depois das primeiras reuniões realizadas no começo de junho. Peres, que algumas décadas antes havia proposto muitas das soluções que acabaram aparecendo na Declaração de Princípios, estava cautelosamente otimista. "Estamos sempre procurando os palestinos para estabelecer contato; o problema era, qual das pessoas contatadas poderia efetivamente realizar alguma coisa", disse-me ele numa entrevista.

Nas duas últimas décadas, Peres foi o autor de inúmeras soluções criativas para problemas aparentemente insuperáveis, mas só raramente encontrou outras pessoas com o mesmo espírito de colaboração. "Fiz inúmeras tentativas, e a mais importante de todas, antes de Oslo, foi em Londres, quando encontrei o rei Hussein da Jordânia e junto com ele conseguimos um acordo pleno em 1987", disse Peres. "Mas esse acordo foi rejeitado pelo outro partido, o Likud. Eu o queria muito porque, se assinássemos um acordo naquele momento, teríamos poupado muito sangue e evitado a Intifada e outras coisas." Esse acordo, bastante semelhante ao de Oslo em sua natureza, fundamentava-se na cessão de um Estado para os palestinos e incluía o conceito de Peres de "Gaza primeiro", uma entrega gradual da faixa de Gaza aos palestinos para um governo próprio dos palestinos, que seria seguida de outros territórios em disputa.

Mesmo com a resistência, Peres continuou a buscar oportunidades para construir pontes que pudessem conduzir a uma paz no Oriente Médio. "Eu também achava muito importante", disse ele, "construir relacionamentos onde houvesse muita confiança com os egípcios, pois sem eles nunca seríamos capazes de vender a idéia aos palestinos." Ele nos relatou que, durante as conversações de Oslo, os egípcios mantiveram-se "informados o tempo todo", embora apenas poucas pessoas em ambos os lados soubessem das negociações.

Abu Ala era admirador do pensamento visionário e criativo de Peres, bem como da sua aproximação colaborativa com os palestinos. Ele sabia que conseguiria chamar a atenção de Peres quando sugeriu a retirada de Gaza como uma premissa para a Declaração de Princípios, algo a que a OLP havia-se oposto anteriormente.

Peres pediu ao Primeiro-Ministro Rabin que levasse a sério os acontecimentos de Oslo porque tinha ouvido falar que Abu Ala era membro do gabinete de Arafat. Peres recorda que: "Rabin desejava acreditar que as conversações em Washington seriam frutíferas, mas eu lhe disse: 'Ouça, nada resultará dessas conversações.' Havia muita formalidade e muita atenção da imprensa. Tínhamos de encontrar um outro canal. Já havíamos conversado com outros palestinos no passado, mas Abu Ala era o homem que poderia realizar alguma coisa."

Elevando as conversações para um patamar oficial

Na primeira rodada das negociações que se seguiram ao documento de Sarpsborg, Abu Ala começou a pressionar no sentido de que os israelenses enviassem alguém que pudesse conversar com ele em bases oficiais. Hirschfeld reportou o pedido a Beilin que, por sua vez, concordou em pedir a Peres para conversar com Rabin. Um tanto céticos, Rabin e Peres concordaram em enviar Uri Savir, um diplomata recentemente promovido, em segredo, para Oslo. A essa altura, o veto de qualquer tipo de contato oficial com a OLP havia sido rejeitado, mas as conversações ainda continuariam a ser mantidas em segredo de modo a evitar a deterioração das negociações em Washington.

Nesse ponto, Rabin e Peres tiveram de superar suas antigas rivalidades políticas, de modo que pudessem trabalhar juntos para tocar para a frente as conversações de paz. Novamente, o contato direto e o diálogo tiveram melhor resultado. De acordo com Peres: "No começo, Rabin não acreditou em Oslo, mas ele me deixou fazê-lo. Então, quando tudo começou a funcionar, sugeri que ninguém mais deveria entrar na história, exceto ele e eu. Até que começássemos a trabalhar apenas nós dois, tive muitos problemas. Quando ambos começamos a trabalhar, os problemas desapareceram. Todas as decisões eram tomadas por nós dois sem que ninguém estivesse presente, nem mesmo um assessor ou uma pessoa para tomar notas. E isso ajudou a criar uma grande confiança pois nada vazou, ninguém sabia para onde estávamos indo."

Quando Uri Savir chegou a Oslo, Larsen instou para que ele tratasse Abu Ala, um homem mais velho, com deferência e respeito. Na realidade, ele chegou até mesmo a fazê-lo ensaiar uma saudação no caminho do aeroporto. Savir achou divertido e concordou. Larsen também tinha feito algo semelhante com Abu Ala, pedindo-lhe para mostrar seu lado charmoso, brilhante e compassivo, e não suas formalidades austeras e a linha dura da OLP. Ele queria que os dois homens gostassem um do outro e apresentou as duas delegações, dizendo: "Eis aqui o seu inimigo público número um", com excessiva bonomia.

Larsen pediu então a Savir e a Abu Ala para entrar na sala de conferências, afrouxar a gravata, enrolar a manga da camisa e sentar-se para trabalhar. Em vez disso, todos eles sentaram-se rigidamente e Larsen acabou saindo da sala, embaraçado, dizendo a sua esposa que ele havia feito papel de tolo. Uri Savir fez alguns comentários introdutórios e então começou a falar duramente. Abu Ala respondeu dizendo que estava muito feliz por um representante do governo de Israel ter vindo conversar com eles. Mais tarde, quando Larsen voltou, curioso a respeito do que estava acontecendo na conferência, todos eles o olharam meio encabulados, com suas gravatas afrouxadas e as mangas de camisa enroladas.

Durante o verão de 1993, os dois grupos passaram muitas horas trabalhando em torno de um acordo. Muitas vezes, eles saíam juntos para longos passeios nos bosques. Ainda que o primeiro rascunho da Declaração de Princípios (o documento de Sarpsborg) fosse um bom documento introdutório, muitos pormenores ainda precisavam ser elaborados, o que exigia que se elevasse a compreensão comum a um nível bem mais alto, tarefa ainda mais difícil. Enquanto Uri Savir, um calmo intelectual, parecia nunca se irritar, Abu Ala, ao contrário, apelava para todo o espectro de emoções humanas para reforçar o seu ponto de vista: ira, lágrimas, alegria, lógica, intuição, depressão e risos.

Além disso, Joel Singer, um advogado israelense, foi trazido para assegurar que todos os pormenores estivessem em ordem, o que tornou as discussões ainda mais difíceis. Ainda assim o espírito do Oslo continuava a triunfar, apesar de muitas divergências e de pequenos retrocessos.

Mais colaboradores criativos: a sra. Heiberg e o seu filho Edward

Durante as conversações, os delegados de ambos os lados visitariam o Ministro das Relações Exteriores da Noruega, recentemente indicado, Johan Jorgen Holst, e sua esposa, Marianne Heiberg, em sua casa próxima de Oslo para conversar. Juntos discutiram vários problemas de maneira informal. Quando a discussão esquentava, Marianne em geral saía por um minuto para buscar o filho mais novo, Edward, que na época tinha 4 anos de idade. Ela havia notado que a presença da criança ajudava a acalmar a discussão e fazia com que os delegados se recordassem do propósito que estava por trás das conversações: alcançar a paz para suas respectivas famílias e filhos.

"Acho que o maior impacto era devido à 'normalidade' da atmosfera", diz a Sra. Heiberg. "A casa, a família e a vizinhança eram tão seguras e normais, tão estáveis e previsíveis, que faziam um agudo contraste com a vida deles, pois eles sabiam que seus próprios filhos seriam educados em casas que, a qualquer momento, podiam ser atingidas pela violência, em vizinhanças aterrorizantes. Refiro-me particularmente ao fato de que Uri Savir e Abu Ala perceberam que ali estava em jogo algo mais importante do que as questões aparentemente insolúveis que os separavam naquele momento."

De volta à mesa de negociações

Ainda assim, nem tudo eram flores. De uma sessão para a seguinte, surgiam grandes crises. Em certas ocasiões, os palestinos assumiam repetidamente uma posição moderada e, então, quando os israelenses a aceitavam, voltavam à linha dura, cutucando a onça com vara curta. Depois, seriam os israelenses que adotariam a mesma tática.

Um dia, houve uma crise sobre questões que se referiam ao *status* de Jerusalém para os palestinos e à segurança dos colonos israelenses, especialmente o direito de patrulhar as áreas de fronteira internacional dentro e ao redor de Gaza.

Uma outra vez houve uma evolução surpreendente.

— Se entregarmos a vocês o Departamento de Educação dos territórios — perguntou Singer um dia para Abu Ala — vocês se responsabilizarão pela administração das escolas dentro das colônias?

— Não! — respondeu Abu Ala.
— E a sua posição é a de que vocês serão responsáveis pela administração dos hospitais que os israelenses utilizarão?
— Não!
— E quanto ao aprovisionamento da Organização de Bem-Estar, será da sua responsabilidade?
— Não!
— Então, o senhor está me dizendo que não quer ter nenhuma responsabilidade nas colônias?
— É isso mesmo! — disse Abu Ala.[5]

Ao mesmo tempo que essa era uma concessão fundamental à presença israelense dentro dos territórios, a maneira de falar de Savir provocou certo mal-estar em Abu Ala.

Mais tarde, quando Singer apresentou ao grupo a sua versão da Declaração de Princípios, Abu Ala ficou furioso. "Vocês estão tentando destruir tudo o que nós construímos nos últimos seis meses. Vocês estão vivendo no passado e não olham para o futuro. Isso nos leva de volta à estaca zero." Abu Ala estava deprimido e Larsen o consolou, apesar de Abu Ala muitas vezes descontar sua raiva e frustração em Larsen. "Talvez o senhor não seja nada além de um espião israelense", Abu Ala havia dito a ele. "Nós apanhamos um bocado", admitiu Larsen.

Os problemas mais difíceis foram afinal acertados por uma iniciativa de Savir, que sugeriu que eles dividissem os dezesseis pontos complicados que faltava resolver. Os israelenses se manteriam firmes nos pontos que eram mais importantes para eles e cederiam nos outros. Isso levou a uma nova solução chamada "Gaza também", que envolvia Jericó e boa parte do banco ocidental. A aceitação pelos palestinos dos colonos israelenses e das fronteiras atuais não eram negociáveis. Outras questões seriam examinadas em negociações futuras.

O espírito de Oslo

Durante os intervalos entre as conversações, Larsen agia como intermediário com seu telefone celular. Naquele momento, as linhas telefônicas entre Israel e a Tunísia estavam bloqueadas e Larsen estava constantemente ao telefone, falando com ambos os lados. "Os israelenses estão falando sério?" "Acho que sim!" disse Larsen. "Arafat está mesmo pronto para dar este passo?"

Rabin e Peres, no entanto, perceberam a oportunidade histórica à sua frente e queriam selar o acordo com Arafat. Juntos, os dois procuravam reformular os problemas de modo que fossem aceitáveis para ambos os lados. Quando

Arafat expressou o medo de que "Gaza em primeiro lugar" pudesse significar "Gaza apenas", Rabin e Peres autorizaram Savir e Singer a partir para a nova articulação de Peres: "Gaza também."

Peres trouxe várias outras soluções criativas, como a sua idéia de deixar que Arafat retornasse da Tunísia para Israel. Diz Peres: "Fiz uma sugestão na qual um ano antes ninguém teria acreditado. Essa foi uma das decisões mais difíceis que Rabin e eu tivemos de tomar, ou seja, convidar Arafat a vir da Tunísia para Gaza. Se ele continuasse na Tunísia, continuaria lá como chefe da OLP, que sempre diria 'não' a qualquer acordo." Rabin afinal consentiu e até foi mais longe, quando autorizou a equipe da Noruega a jogar sua carta secreta, que era o reconhecimento mútuo com a OLP. Arafat estava recebendo uma oferta de terras e o reconhecimento da sua liderança sobre o povo palestino. Ressentidos por terem sido esnobados pelos Estados Unidos na conversação de Washington, eles sabiam que Arafat dificilmente resistiria a essa proposta.

De Paris para a Tunísia e Israel

Na primeira semana de setembro, poucos dias antes da assinatura em Washington, as conversações foram transferidas para Paris, para acerto dos últimos pormenores. Depois de uma sessão no Hotel Bristol, que durou toda a noite e na qual houve muita gritaria, com inúmeros rascunhos sendo feitos no computador pela Sra. Heiberg e muitas chamadas telefônicas para a Tunísia e para Israel, as duas equipes de negociação chegaram a um acordo final sobre a Declaração de Princípios e sobre a redação das cartas de reconhecimento mútuo e rejeição do terrorismo, a serem assinadas por Rabin e Arafat.

Depois de ficarem acordados durante vinte e quatro horas, Larsen, Mona Juul, o Ministro das Relações Exteriores da Noruega e Marianne voaram imediatamente para a Tunísia com as cartas para Arafat assinar. Depois, eles iriam entregar a carta em Jerusalém para obter a assinatura de Rabin. O escritório de Arafat era um quadro de desorganização. "Algumas pessoas tinham vindo testemunhar a assinatura e o acontecimento em si mesmo foi sombrio", lembra-se Larsen. "Arafat estava absorto e pensativo, e era impossível saber o que estava se passando na sua mente." Não obstante, ele entregou a carta e eles viajaram diretamente para Tel-Aviv.

Ali, o estado de ânimo era completamente diferente. Yitzhak Rabin e Shimon Peres estavam esperando, junto com uma delegação da imprensa. Rabin, jovialmente, disse: "Acredito que você tem uma carta para mim e acho que é uma carta que vou assinar!" Assim, o palco estava pronto para que o dramático documento fosse assinado nos jardins da Casa Branca.

A paz triunfará sobre os governos

A história de Oslo é uma história de muitos heróis, alguns famosos e outros desconhecidos, os quais assumiram grandes riscos pessoais para fazer com que o processo de paz andasse para a frente. Cada um deles era extraordinário, à sua maneira, mas sozinho nenhum teria o poder de realizar o que fizeram juntos: o reconhecimento mútuo entre Israel e os palestinos.

Desde a assinatura dos acordos de Oslo, muitas coisas aconteceram. Yitzhak Rabin foi assassinado por um israelense e o Partido Trabalhista perdeu a eleição para o partido Likud, comandado por Benjamin Netanyahu, retomando as hostilidades e desencadeando o extremismo em ambos os lados.

Ainda assim, os participantes do canal alternativo de Oslo foram transformados de forma permanente pela sua visão de paz e do passo gigantesco que haviam dado em direção a ela. Segundo afirma Hasan Asfour: "Nós sofremos com a guerra, os israelenses sofrem com a guerra. De todo esse sofrimento, aprendemos que precisamos da paz. Imploramos pela paz, porque não temos nenhuma outra alternativa. Temos de continuar o processo de paz que começamos em Oslo, se quisermos ser um povo normal, se desejarmos a estabilidade."

De acordo com Beilin: "Reconheço o meu papel de consertar cercas e assegurar que tenhamos um relacionamento estreito e informal com os países árabes e com os palestinos, para que eles saibam que pelo menos metade da sociedade israelense gostaria de ter a paz e está disposta a pagar um preço por ela."

Ele continua: "Valorizo o poder do diálogo e dos contatos diretos entre as pessoas em casos como esse, pois provaram ser tão eficientes em Oslo. Procurarei também criar o futuro ao redirecionar a minha atenção do contexto atual para o ano 2020. Ao trabalhar junto com os palestinos e jordanianos, podemos planejar um futuro de paz e de prosperidade seguras, apesar do tamanho da crise que enfrentamos agora." Terje Larsen também insiste em continuar otimista: "Quanto mais profunda for a crise, maiores serão as possibilidades e as oportunidades."

Peres também é infatigável: "Oslo triunfará apesar de todas as dificuldades", disse. "Não estou impressionado com as dificuldades. Eu penso que a paz é mais forte que os governos."

CAPÍTULO 3

Os pilares da colaboração criativa

"Uma coisa é ter pessoas que colaboram", questionou saudavelmente um cético num dos nossos seminários sobre Vantagens da Colaboração, "mas como criar grupos (ou organizações) nas quais a colaboração acontece propositadamente e não por acidente, especialmente em organizações tradicionais?" Ao pensar na resposta para essa pergunta, a afirmação de um amigo, Bob Fritz, autor de *Creating*, veio à minha mente: "A estrutura influencia o comportamento." Seja uma estrutura formal como um organograma, ou uma estrutura informal, como a rede de relacionamentos por meio dos quais as pessoas na vida real conseguem que as coisas sejam feitas; a estrutura, automaticamente, moldará, limitará e definirá o comportamento. Assim, delineamos sete pilares que são cruciais para colaborações construtivas e criativas.

Para apresentar os pilares da figura 3.1, descreveremos três projetos pioneiros de colaboração e mostraremos seu papel de apoio em cada projeto. As referências aos sete pilares serão assinaladas entre parênteses, (como por exemplo no Primeiro Pilar). Mais adiante no capítulo, descreveremos cada pilar em profundidade.

TRÊS PROJETOS DE COLABORAÇÃO

1. Colaborar na criação de uma corporação colaborativa. Como transformar uma organização tradicional? Pode-se criar um governo totalmente colaborativo? E um sistema escolar colaborativo? E um hospital colaborativo?

Escolhemos a corporação colaborativa como um exemplo devido à sua capacidade de transformar a sua cultura e de inovar as práticas de trabalho, com base na necessidade de competir, satisfazer os consumidores e obter lucro. Do nosso ponto de vista, a corporação colaborativa ou Rede de Empreendimentos será um mundo tão à parte da corporação tradicional, com suas hierarquias e funções, que será quase irreconhecível.

1. Reformule-se como um líder lateral.
2. Procure pessoas competentes e parceiros estratégicos.
3. Formule uma maneira de chegar sempre a um entendimento comum.
4. Designe papéis e responsabilidades claros, mas sem controle ou limites restritivos.
5. Dedique algum tempo ao diálogo, com base em problemas reais.
6. Compartilhe os locais de trabalho.
7. Carregue o projeto com "fatores de entusiasmo".

Figura 3.1
Os Sete Pilares da Colaboração

A corporação colaborativa ou Rede de Empreendimentos do futuro será feita de líderes laterais oriundos de diferentes disciplinas ou campos, que possuam um determinado conhecimento nuclear ou habilidade tecnológica, e que, ainda assim, também tenham a capacidade de pensar e trabalhar junto com outras pessoas para criar novas oportunidades ou resolver problemas dos consumidores. De acordo com Roger Ackerman, Presidente da Corning Incorporated, a Rede de Empreendimentos pode incluir pessoas que tenham visões bastante diferentes acerca do que seja sucesso, mas que permaneçam ancoradas em seus valores comuns.[1]

Exemplos de valores comuns podem ser: (1) Abertura para novos relacionamentos; (2) Alimentar e apoiar novas idéias; (3) Um pensamento rigoroso, que inclua o questionamento de profundas crenças e pressuposições; (4) Agir com integridade.

Ao cultivar esses valores, você ampliará a capacidade de o indivíduo identificar as oportunidades, resolver problemas e criar valores reais para os clientes.

Suponhamos que você seja líder de uma companhia tradicional e queira transformar a sua organização de acordo com esse modelo. Imagine ainda que você já tenha feito algumas coisas nesse sentido. E agora? O que você precisa fazer para se transformar num líder lateral? (Veja o Primeiro Pilar.) Que combinação extraordinária de pessoas você gostaria de reunir para criar uma organização mais criativa e mais colaborativa? (Ver o Segundo Pilar.) Quais são as coisas a respeito das quais você gostaria de conversar? Você perguntaria: "Em que aspectos a visão que temos do futuro coincidem? E a respeito dos novos produtos e dos novos serviços que estão nos interstícios dos nossos negócios? E das associações estratégicas? E como fazer para que as equipes que criamos corporifiquem nossos valores? (Ver o Terceiro Pilar.)

Uma boa maneira de começar a construir uma organização colaborativa é ter uma conversa sincera, na qual cada um ocupe um lugar em volta da mesa e tente descobrir a maneira pela qual o seu pensamento e a sua atitude podem, inadvertidamente, contribuir para uma organização não-colaborativa (ver o Quarto Pilar). Por exemplo, quando consultamos o chefe de *marketing* da Adidas, Robert Strasse, ex-funcionário da Nike e um dos inventores do "Swish" da Nike, ele declarou que tinha preferência por um controle horizontal do produto, desde o conceito até o mercado. Isso significava controlar as funções de Michel Perraudin, o chefe da produção, que resistia à mudança. Esse conflito causou uma tensão muito grande no interior da companhia. Strasse era um homem de vendas, brilhante e muito competente na tarefa de criar estruturas, mas refletia muito pouco. Só um ano depois, quando Strasse morreu de um ataque do coração, as pessoas começaram a perceber as conseqüências destrutivas desse conflito e iniciaram as mudanças.

A essência da organização colaborativa de negócios está na habilidade que as pessoas têm para criar um diálogo de colaboração em conjunto com seus clientes ou com seus representados. Conseqüentemente, uma das áreas de maior potencial para a colaboração criativa é aquela que controla o envolvimento de pessoas que tenham contatos mais freqüentes com os verdadeiros consumidores, ou seja, o pessoal de vendas, os representantes técnicos e os representantes de serviços, por exemplo. Essas pessoas têm um pé em cada campo. Elas podem tornar-se assessores de potencial, ou corretores de conhecimentos, por intermédio do relacionamento que tiverem com ambos os grupos, com a sua organização e a dos seus clientes. Converse com seus clientes a respeito de algum problema relacionado com os negócios e depois reúna uma equipe de pessoas especializadas em diferentes disciplinas para iniciar um debate com a finalidade de resolvê-lo (ver o Quinto Pilar).

As ações colaborativas significam mais do que as palavras. Dependendo de quais sejam seus objetivos, veja se você pode construir um modelo em escala de uma nova impressora com jato de tinta, um modelo em tamanho natural de um catálogo de *marketing* para uma firma de fundos mútuos que procure atender às diferentes necessidades tanto dos poupadores com experiência de mercado quanto dos mais jovens e audaciosos, ou então, procure criar uma simples combinação de pratos saborosos para ilustrar um menu para um restaurante especializado em comida chinesa ou vegetariana.

2. Crie uma agência para contratar pessoas e equipes colaborativas. Robert Reich, ex-Ministro do Trabalho de Clinton, declarou em seu livro *The Work of Nations*, que um dos nichos de trabalho que mais crescerão até o ano 2020 será o dos "corretores estratégicos", isto é, pessoas que podem descobrir novas idéias de negócios, atrair novos investidores e reunir uma extraordinária combinação de pessoas de forma a auxiliar empresas e negócios.[2] Isso cria uma enorme oportunidade para se ultrapassar o paradigma dos tradicionais "caçadores de cabeça", para formar uma equipe, que venha a atuar numa futura Equipe de Buscas cuja ação se desdobre em uma ou mais Zonas de Colaboração, tais como empreendimentos aeroespaciais, projetos de programas para computadores, cenários de filmes em Hollywood ou a sala de um tribunal. Como estamos vivendo num mundo projetado, no qual as pessoas estão fazendo coisas que nunca foram feitas antes, as equipes de trabalho tradicionais não são as mais adequadas.

As pessoas das Equipes de Busca deverão saber como formular perguntas que dêem uma idéia do tipo de combinação de engenheiros, antropólogos ou cientistas necessária para um determinado projeto. Em sua Zona de Colaboração específica, eles terão contatos que seus clientes jamais poderiam ter. Se as pessoas permanecerem na empresa ou mesmo se ficarem indo de um lugar para o outro, a Equipe de Busca estará sempre em contato com elas. A agência estará agindo constantemente dentro de uma rede de alcance que permitirá que ela se torne conhecida, para saber o que está acontecendo e, também, para poder fazer sugestões, como, por exemplo: "Quem esteve envolvido nesse projeto?" "Quem, ou o que, fez desta uma grande equipe?" "Quais os técnicos especialistas que foram utilizados em cada uma das partes específicas do projeto?"

Se uma idéia lhe interessa, como você mostraria o caminho para se chegar a ela e como organizaria essa mesma idéia de modo a fazer dela uma coisa sua? Quem você reuniria na sua equipe de colaboradores se quisesse formar um grupo de "caçadores de cabeça"? Seriam futurólogos, capitalistas de risco, os planejadores de estratégias das "quinhentas maiores" da *Fortune*, especialistas industriais, líderes de projeto ou chefes de departamento das universidades? Como você apresentaria a sua idéia a essas pessoas? (Ver o Sexto Pilar.) Imagine que o seu trabalho seja uma forma de se orquestrar uma aliança estratégica entre bons colaboradores e pessoas que tenham para oferecer o conhecimento especializado sobre serviços de valor agregado (ver os Pilares 2 e 3). Você poderia conseguir vantagens adicionais na assessoria oferecendo sessões de treinamento nas quais você reuniria a sua equipe com a finalidade de chegar aos objetivos sobre os quais todos concordaram e conseguir que os conflitos sejam aplainados.

Você ainda está perplexo? Como deveria ser a sua agência de "caçadores de cabeças"? Poderia, por exemplo, contar com uma pessoa de Recursos Humanos Corporativos para treinamento ou com um gerente de *marketing* que se destaque na tarefa de reunir equipes para atender a uma necessidade específica de um determinado cliente. Ela poderia ter o formato de uma organização filantrópica, como a dos "Médicos sem Fronteiras", que reúne equipes multidisciplinares para atuar em catástrofes (ver o Quinto Pilar.). Ou poderia ser uma pequena "agência de detetives", onde trabalham de três a cinco pessoas, ou, ainda, uma rede de agências de "caçadores de cabeças" filiados espalhada por todo o mundo e conectada por computadores equipados com um programa de busca. Você se especializaria num segmento do mercado, como biotecnologia, telecomunicações e produção de filmes, por exemplo, ou então criaria uma rede de diferentes segmentos que colaborassem com grupos diversos? Qual o projeto que você poderia iniciar imediatamente que proporcionaria tanto a você quanto à sua equipe uma referência da qual vocês poderiam se vangloriar mais tarde? (Ver os Pilares 6 e7.)

3. Reinvente a diplomação em Humanas. Todos os anos, milhares de estudantes se formam nas universidades espalhadas por todo o país, adquirindo os títulos de Bacharel em Artes e Bacharel em Ciência, em História, Biologia, Línguas Estrangeiras, História da Arte, Antropologia, Letras Clássicas e em outras matérias semelhantes. Todos os anos, esses estudantes, que ouviram dizer que deviam fazer faculdade para conseguir um bom emprego, acabam empregados como recepcionistas, garçons, balconistas de lojas, entregadores de correspondência, auxiliares de escritório ou empregados burocráticos do governo. Seus pais, que "torraram" entre quarenta e oitenta mil dólares, o que, muitas vezes, significava as economias de toda uma vida, na obtenção desses diplomas, não sabem o que fazer. Precisamos encontrar uma outra forma de encarar esse problema.

Uma coisa é dizer, afetadamente, que o diploma de Humanas o ensina a ser um ser humano e não a ganhar a vida, mas vá dizer isso para um jovem que leu Spinoza, estudou microbiologia avançada ou perambulou pelo Museu do Louvre, quando ele está sentado no balcão de recepção digitando dados num grande banco de Manhattan! Como disse Amar Bose: "Nós estamos caminhando para uma economia de *apartheid* entre pobres e ricos, uma pequena camada de pessoas com habilidades técnicas, e o resto, mesmo com diplomas de cursos superiores, que não têm os requisitos para competir no mercado mundial de trabalho."[3] O resultado é que, cada vez mais pessoas estarão vivendo como trabalhadores sem qualificações com um salário ínfimo. Essas pessoas não estão "atrapalhadas"; são pessoas que fizeram tudo o que o mundo adulto lhes disse para fazer.

Se esse problema lhe interessa, imagine que papel de liderança você poderia desempenhar ao introduzir essa questão na pauta dos problemas nacionais ou mesmo locais, bem como que tipo de pessoas criativas e colaboradoras você deveria reunir para iniciar um profundo diálogo a esse respeito: reitores de universidades, presidentes de empresas, pais, professores, representantes eleitos, etc. Que tipo de estrutura você criaria para que o grupo trabalhasse junto? Quais seriam os problemas principais? (Ver os Pilares 1 e 2.) Você poderia perguntar, por exemplo: "Qual é a origem desse problema: o nosso modelo de educação, a profunda especialização de tudo (na escola e no trabalho) ou o debate entre encarar a educação como um desempenho abstrato ou como uma forma prática para a solução de problemas?"

Qual seria a solução fundamental? Redefinir a diplomação em Humanas, de modo a encontrar um ponto de equilíbrio entre as ciências humanas e as necessidades profissionais de mercado (uma delas, que seja)? A solução poderia envolver uma séria análise colaborativa dos nossos currículos universitários por importantes membros das universidades, líderes de negócios e instituições governamentais que fornecem empréstimos universitários para os quais todos temos de contribuir. Ou, talvez, estabelecer mais programas de residência, como os da Northeastern University, nos quais, por exemplo, um aluno passa um semestre estudando biologia e anatomia e, depois, outro semestre como estagiário num emprego no mercado de trabalho, como auxiliar de fisioterapia. (Ver o Pilar 3.)

Outra solução em potencial poderia envolver um uso mais inovador desses estagiários pelas empresas. John Seely Brown, do Instituto de Pesquisas da Xerox, afirmou-nos que ele contrata jovens brilhantes como estagiários de verão, observa-os de perto e então contrata os mais criativos, os mais talentosos e os mais cooperativos.[4] JSB, como ele mesmo se denomina, não apenas contrata graduados em Humanas, como antropólogos, mas também encontra modos criativos de utilizá-los para garantir que os seus produtos científicos de alta tecnologia, como, por exemplo, a "placa-viva" da Xerox, ou os manuais de reparos automáticos, estejam fundamentados em práticas reais de trabalho. Isso pode incluir o estudo de comunidades de prática como, por exemplo, reuniões executivas ou também pode envolver padrões de trabalho e a troca informal de informações entre os representantes de serviços. Outro exemplo poderia ser a doação de equipamentos técnicos sofisticados para escolas profissionalizantes, como fez a Bose para as escolas técnicas locais de Framingham, no Estado de Massachusetts, de modo que pessoas já familiarizadas com o equipamento pudessem ser contratadas mais tarde como funcionários.[5]

Que tipo de aberturas a curto prazo poderiam ser realizadas para impulsionar esse tipo de esforço? (Ver o Sétimo Pilar.) Talvez um ensaio sobre um novo modelo de educação? Ou um novo programa oferecido nas mais importantes faculdades de Humanas, que equilibrasse Ciências Humanas com as habilidades profissionais? Um estágio de um semestre no quadro de uma empresa, patrocinado por organizações que desejam encontrar talentos jovens, brilhantes e criativos? Um programa de pós-graduação acelerado, como um mestrado pré-executivo de três meses, para iniciar as pessoas na arte de serem executivos de negócios, com treinamento em contabilidade, estratégias de *marketing*, processos de gerenciamento e estruturação de equipes?

OS SETE PILARES DA COLABORAÇÃO

PRIMEIRO PILAR.

Transforme-se num Líder Lateral.

Todos os líderes laterais nas colaborações que estudamos até agora tinham numerosas características em comum, as quais devemos ter em mente.[6] Cada um deles era, até certo ponto, carismático, criativo e audacioso, e não um elemento padrão de qualquer comitê. Eles influenciaram outras pessoas, não pela sua liderança, mas porque estavam imbuídos de uma vontade que era capaz de propagar um trabalho em conjunto. Robert Manning, do Projeto Marte, afirmou: "A maioria das pessoas aqui, desde criança, sonha em trabalhar numa missão em outro planeta."[7]

Cada líder tinha, também, uma noção de todo o quadro e dos relacionamentos laterais que precisava promover entre diferentes especialistas, para resolver problemas humanos bastante complexos. Joan Holmes, do Projeto Fome, contou-nos: "A fome é uma questão relacionada com a pobreza, com a saúde e com a instabilidade civil."[8] Cada líder era um pensador rigoroso, mas, ao mesmo tempo, dono de um grande coração e um tanto velhaco. Yossi Beilin, personagem essencial para o início do diálogo entre israelenses e palestinos, falava, com o pragmatismo típico de Kissinger, sobre travar batalhas políticas com fatos consumados, mas insistia em ser chamado de "pomba". Um líder lateral não apenas toma decisões visando construir uma mentalidade conjunta, mas algumas vezes se desvia do caminho e age como um elemento desagregador.

Para se tornar um líder lateral é necessário, antes de mais nada, perceber que a idéia de presidente da República, presidente de uma empresa ou especialista "todo-poderoso" é coisa do passado. Essa noção antiga era adequada para situações pouco complexas, mas não para o tipo de complexidade máxima que vemos hoje. Como disse Roger Ackerman: "Em vez de apenas um homem tomar a decisão, todos nós mergulhamos regularmente em 'águas profundas', ou seja, num rigoroso diálogo acerca de questões complexas. Esses diálogos são travados entre pessoas de todos os departamentos e de todos os níveis da organização e especialistas de fora e clientes. O papel do líder é fazer perguntas precisas e ajudar a incitar a inteligência coletiva do grupo, e não de dizer às pessoas o que elas devem fazer." Descobrimos que, quando as pessoas numa colaboração se comunicam para cima e para baixo e através dos diversos departamentos, a cadeia de comando tradicional é substituída por uma rede de compromissos, comunicação e apoio.

O segundo ponto a ser levado em consideração ao se tornar um líder lateral é o de que, com a globalização, a tecnologia e o contato humano, o mundo está ficando cada vez mais interligado e interdependente. Isso significa que, para atingir objetivos e resolver problemas complexos, um líder lateral deve enfatizar a criação de novos padrões de relacionamento e de ação conjunta. Como Joan Holmes assinalou, a colaboração, no entanto, não acontece simplesmente; ela exige liderança. Isso significa ser um mestre organizador que consegue reunir pessoas, que normalmente não estão sintonizadas na mesma onda, para falar a respeito de metas ou questões "inimagináveis" ou que normalmente "não poderiam ser discutidas". Significa também justapor múltiplos talentos e dons para criar novos esquemas de negócios. Isso não significa apenas vincular e coordenar tarefas, mas também alterar a forma pela qual pensamos e agimos em conjunto, no nível humano mais básico.

A terceira coisa a ser levada em consideração para se tornar um líder lateral é a de que você pode criar valores novos e legítimos ao pensar fora dos padrões. O Presidente da McGraw-Hill, Joseph Dionne, era professor primário em Nova Orleans quando Marshall McLuhan escrevia que a era da eletrônica estava transformando o mundo numa "aldeia global". Na qualidade de Presidente da McGraw-Hill, Dionne, adaptando essa visão, criou a metáfora de que a sua companhia seria uma "turbina de informações", apropriando-se de todas as partículas de conhecimentos "gerados por miríades de escritores, editores e analistas", para produzir uma matriz sempre cambiante de novos produtos para atender às necessidades dos consumidores. Esse processo começa com a liberação do conhecimento das "chaminés funcionais", nas quais foram enclausurados, e na criação de equipes multidisciplinares, nas quais o conhecimento pode ser dividido ou combinado em novos formatos.

Um dos resultados é a exploração pioneira de novos campos de publicações para o mercado das faculdades. "Agora um professor pode chamar sua unidade Primus e dizer que sua classe cobrirá alguns tópicos específicos. Juntos projetaremos um livro que corresponda ao seu programa de estudo, extraindo os capítulos de um banco de dados que incorpora vários livros, artigos, estudos de casos, bem como as anotações da sala de aula do professor. Dentro de uma semana, poderemos ter esse livro impresso e já exposto nas prateleiras da livraria da faculdade."[9]

SEGUNDO PILAR.

Procure pessoas competentes e parceiros estratégicos.

Uma colaboração entre pessoas que não tenham competência básica na sua disciplina ou tarefa particular, não pode ser bem-sucedida, não importa o quanto as pessoas sejam bem-intencionadas, nem o quanto elas se empenhem. As pessoas, numa colaboração, não precisam ser brilhantes, mas têm de estar à altura daquele determinado problema. Os irmãos Wright podem ter dirigido uma loja de bicicletas, mas eram extraordinários construtores de modelos e tinham a inteligência necessária para entender os fenômenos da aerodinâmica. As pessoas envolvidas no Projeto Manhattan eram todas excelentes nos seus respectivos campos: física, engenharia, explosivos. Todos os integrantes dos Beatles eram competentes músicos de estúdio.

É importante ter em mente que o sucesso de qualquer colaboração repousa na competência dos parceiros estratégicos escolhidos, bem como na habilidade de pensar e de trabalhar em conjunto. É uma boa idéia criar uma rede na sua área que envolva os melhores parceiros das zonas de colaboração que estão se abrindo, de modo que, quando as oportunidades surgirem, você possa aproveitá-las. É aqui que pode entrar a nossa idéia de uma Equipe de Buscas.

"Pense nisso. O nível de competência necessário varia de acordo com a oportunidade de colaboração", diz John Seely Brown, da Xerox. "Se você fosse voar no próximo Boeing 787, você gostaria que ele tivesse sido construído pela colaboração de rapazes que acabaram de sair da faculdade de engenharia? É claro que não! Você gostaria de usar um programa de computador projetado por um grupo de garotos de ginásio do Vale do Silício? Mais uma vez, não! Você gostaria de tomar um remédio para o coração inventado por um grupo de estudantes da faculdade de medicina ou de ciências farmacêuticas? É claro que não!"

De acordo com Roger Ackerman: "É importante concentrar-se na sua principal área de competência ou tecnologias particulares e continuar a ser um pensador lateral que enxerga novas oportunidades quando elas surgem e que pode formar parcerias estratégicas para explorá-las antes que as janelas da oportunidade se fechem. Nós inventamos a tecnologia da fibra ótica, mas não tínhamos o cabo ou o sistema de distribuição para colocá-la no mercado. Dirigimo-nos à AT&T. Como eles não estavam interessados, fomos até a Siemens." Hoje, a divisão de um bilhão e oitocentos milhões de dólares está dando frutos. Ela dobrou de tamanho desde que Ackerman assumiu em 1996 e espera-se que duplique novamente antes do final do século. "É muito importante que os dois parceiros estratégicos contribuam da mesma maneira e com eficácia para o empreendimento, se quiserem que as coisas funcionem", acrescenta Ackerman. "Você precisa ter certeza de que as pessoas têm competência e um profundo conhecimento numa determinada área, bem como interesses em jogo."

Este é um paradoxo interessante: quando você encara a tarefa de estruturar uma equipe de pessoas para uma colaboração, ao mesmo tempo em que você precisa ter pessoas que sejam "especialistas" numa determinada área, muitas vezes elas têm de aprender a ser "pessoas que generalizam". Conforme afirma Rob Manning: "Levamos apenas alguns anos para nos tornarmos especialistas em engenharia elétrica. Na realidade, levou anos para nos tornarmos essas 'pessoas que generalizam' que pudessem ter idéias inovadoras numa missão tripulada para Marte."

Um dos pontos levantados aqui é o de que talvez já seja tempo de alcançar uma definição diferente do que significa ser um profissional competente. Tradicionalmente, tem sido alguém que estuda livros de textos áridos durante alguns anos para saber tudo o que se sabe sobre um assunto especializado, como engenharia aeroespacial, por exemplo, para então conseguir um diploma, numa cerimonia medieval, usando um barrete velho e uma capa antiga e recebe um título em latim. Uma nova interpretação das palavras *profissional* e *competente* seria a de uma pessoa que também pode colaborar, comunicar-se e criar novos conhecimentos no processo de resolução de um problema complexo ou terminar um projeto difícil.

Coisas que podemos fazer:

- *Perscrute o horizonte, procurando pessoas estrategicamente posicionadas para melhor ajudá-lo a aproveitar e explorar uma oportunidade.*
- *Assegure-se de que as pessoas que você convida para colaborar sejam competentes.*
- *Se você começar a se ressentir com os outros logo no começo, pergunte-lhes qual o interesse que têm no assunto e se eles sentem que têm algo que possa ser-lhe acrescentado.*

TERCEIRO PILAR.

Chegue a um objetivo comum!

De acordo com Michael Hammer, o guru da reengenharia, uma equipe é um grupo de pessoas que têm por finalidade atingir o mesmo objetivo. Na nossa investigação sobre a natureza da colaboração, descobrimos que essa afirmação faz eco a uma verdade simples e profunda. Na realidade, chegar a um objetivo comum é o pilar individual mais importante na capacitação de um grupo de colaboradores improváveis. "De certa forma, o que aconteceu em 4 de julho, quando descemos em Marte, não foi o acontecimento mais importante. Mais significativo foi quando definimos o objetivo comum, que era o de lá chegar e, juntos, nos comprometemos a fazê-lo", disse Rob Manning, do Projeto Marte.

Definir um objetivo comum é o mais eficiente antídoto que descobrimos para a tendência humana de cada um levar adiante sua própria pauta, empacar em pensamentos arbitrários ou defender o próprio terreno. "Esse objetivo, ou essa missão, fez com que emergisse o que há de melhor e mais brilhante em cada pessoa, qualquer que fosse a idade dessa pessoa, sua especialização e experiência de vida. Isso permitiu-nos superar estereótipos individuais e reações defensivas", afirmou Donna Shirley, do Projeto Marte.[10]

As colaborações, em geral, começam com uma "declaração de possibilidade", que promove um resultado eficiente para inspirar as pessoas a colaborar, bem como ajudá-las a transcender as diferenças políticas e intelectuais que de outro modo poderiam separá-las. O Projeto Marte estabeleceu a meta de se fazer pousar um veículo numa área de cinqüenta metros quadrados, a vinte milhões de quilômetros de distância, algo equivalente no golfe a acertar um buraco numa única tacada. O Projeto Fome estabeleceu o objetivo de eliminar a fome e a pobreza por volta do ano 2000, o que não será conseguido, mas que ainda assim teve um impacto significativo. Os acordos de Oslo entre israelenses e palestinos estabeleceram a meta de romper um impasse e chegar a um entendimento, o que levaria, no final, a um acordo de reconhecimento mútuo e de segurança. De acordo com Manning: "Em relação à descida em Marte, as pessoas não se detiveram na possibilidade de um fracasso, pois elas queriam ter sucesso e o sucesso era uma possibilidade. Elas queriam de fato realizar algo que era difícil, algo no qual o fracasso também era uma possibilidade." A meta deve ser grande e estimulante o bastante para que as pessoas sejam capazes de subordinar sua vaidade pessoal e fazer algo que sabem que não poderiam fazer sozinhas.

Coisas que podemos fazer:

- *Pergunte aos seus colegas quais são as coisas que os apaixonam.*
- *Identifique um grande problema que o grupo se sinta obrigado a resolver ou uma meta que as pessoas dariam qualquer coisa para atingir.*
- *Reconsidere: esse objetivo conjunto é de fato algo que não seria realizado por uma pessoa que trabalhasse sozinha?*

QUARTO PILAR.

Defina claramente os papéis e as responsabilidades, mas não estabeleça controles restritivos ou fronteiras.

No seu livro *Leadership and the New Science*, Margareth Wheatley assinala que os teóricos da administração tradicional acreditavam na idéia de Newton de que o universo seria como uma grande máquina, onde havia um relógio com diferentes funções e um relojoeiro que em certo momento abandonaria a loja.[11] De acordo com essa metáfora, o pensamento deles seria o de que uma máquina sofre da lei da entropia e, portanto, tende a se gastar e a se desintegrar no caos. Portanto, ainda que os administradores possam acreditar nas palavras de Marx, segunda a qual "A autonomia é boa", na realidade, eles agem de acordo com a máxima: "O controle é melhor."

Isso resultou numa filosofia de administração nas organizações fundamentada no modelo de comando-controle ou em modelos burocráticos nos quais há um lugar para todos e todos devem ficar em seu lugar. Wheatley assinala, com uma lógica simples mas elegante, que no universo, na verdade, ninguém está claramente no comando como um fabricante de relógios em sua oficina mas, não obstante, o universo está constantemente transformando o caos em ordem. Tudo o que existe no mundo surge como resultado de ambientes ricamente diversificados, como a floresta tropical ou a selva africana, combinando-se de maneiras diferentes para criar novos fenômenos. Quer estejamos falando da vida de uma célula, de um elefante gigantesco ou de grupos antropológicos distintos, como os selvagens, tudo isso precisou daquilo que o físico David Bohm chamou de "sua própria ordem implícita". Podemos ver isso expresso graficamente na forma ondulante mas simétrica de uma nuvem que passa, nas folhas espiraladas de um repolho ou na maneira pela qual a água flui sobre nossos pés num riacho no verão.

Há aqui uma importante lição para estruturar as colaborações: embora pessoas com diferentes pontos de vistas e experiências a princípio pareçam estar degenerando num caos administrativo incontrolável, as melhores colaborações aparentemente existem e procuram a sua própria ordem natural em pessoas que gostam do que fazem e definem metas flexíveis ao lado de cronogramas e orçamentos imutáveis. Embora papéis e responsabilidades muitas vezes sejam atribuídos a alguém, existe uma resistência à imposição de controles e limites restritivos. Esses projetos seguem fundamentalmente o princípio da auto-organização, que se baseia no que está sendo realizado, nos problemas que estão surgindo e em qual será o próximo marco na linha do horizonte. "A minha única prerrogativa hierárquica como executivo", afirma um administrador de biotecnologia, "é a de poder dar uma olhada por aí e fazer todas as perguntas que quiser." As pessoas que colaboraram mantêm as antenas ligadas para saber quem está fazendo o que e quais os problemas que estão surgindo e precisam de soluções. Há uma estrutura sólida, dinâmica e fluida que envolve tocar os outros e oferecer-lhes ajuda, mesmo se você não for especialista nessa área em particular.

Várias vezes, Rob Manning observou pessoas brilhantes em determinadas especialidades mas que permaneciam confortavelmente no terreno com que estavam familiarizadas. Então, ele lhes dizia: "Joe, a partir de agora eu o proclamo engenheiro de sistemas." De acordo com Manning: "Quando eu nomeava alguém como engenheiro de sistemas, estava lhe dando permissão para ser uma pessoa que 'generaliza', e ele precisava dessa permissão, pois muitas vezes sentia que estava pisando nos calos de outra pessoa ao oferecer-lhe ajuda." Então, eu lhe dizia: "Veja bem, há tanto trabalho para ser feito aqui e tão poucas pessoas que não pode haver diferenças entre vocês. Ninguém está competindo para fazer o trabalho. Há mais trabalho do que pessoas, e se você quiser se expandir e assumir uma quantidade maior de trabalho, por favor, esteja à vontade."

Tom Rivellini, um dos engenheiros do Projeto Marte que trabalhava nos amortecedores infláveis, disse-nos: "Nós tínhamos tantos engenheiros trabalhando perto da máquina de fazer café como em qualquer outro lugar. Esse era um tipo de trabalho de corredor. As pessoas, ao andar pelo corredor, viam outras pessoas no escritório de alguém, trabalhando num determinado problema que poderia ser completamente estranho à sua área, mas no qual acabavam se envolvendo. Nós passávamos pouco tempo documentando. Passávamos quase todo o tempo entrando e saindo dos escritórios, fazendo algum trabalho, indo para o corredor, conversando com os outros e correndo de volta para os escritórios, indo de um lado para o outro."[12]

Coisas que podemos fazer:

- *Pergunte a cada pessoa pelo que ela será responsável, de acordo com os seus talentos e dons, e o que precisa ser feito.*
- *Faça uma lista do que cada membro do grupo concorda em fazer e quando fará.*
- *Faça todo o possível para assegurar a comunicação freqüente, informal e direta, como por exemplo colocar lousas brancas no saguão e garrafas de café junto às mesas e cadeiras.*

QUINTO PILAR.

Dedique bastante tempo para conversar sobre os verdadeiros problemas.

O diálogo é importante, não apenas na construção de uma comunidade que colabora em torno de um projeto entre pessoas que não se conhecem muito bem, ou não se conhecem de modo algum; mas também para alcançar objetivos, sobre cuja importância todos concordem; aprender a resolver problemas, refrear conflitos e criar um ímpeto de assistência. Muitas tentativas de colaboração ou de formação de equipes fracassam simplesmente porque as pessoas limitam demais o tempo que dedicam aos diálogos. Essa é uma rotina de defesa usada para suprimir dilemas, evitar conflitos ou descontentamentos, encobrir erros e depois acobertar o esconderijo dos erros. Chris Argyris, da Universidade de Harvard, afirmou que pessoas que atuam em grupo freqüentemente adquirem rotinas de defesa que consistem em fazer o que for necessário para evitar embaraços ou ameaças a si mesmas. Uma das principais estratégias dessas pessoas é serem arredias.[13]

O melhor antídoto é conseguir que as pessoas ou grupos de pessoas passem mais tempo dialogando. Além disso, elas deveriam ter permissão para discutir os problemas com franqueza, sem se sentirem obrigadas a parecer bem ou a ter todas as respostas. Existem várias maneiras de fazer essas abordagens, como assegurar que haja reuniões regulares, estrategicamente estruturadas ou criativas, para a resolução dos problemas. Roger Ackerman diz que é possível analisar em profundidade um tópico específico e conseguir bastante tempo extra para assegurar que o trabalho seja feito.

Fundamentar o diálogo em problemas básicos e concretos e perseverar até que surja uma solução, também pode ajudar, em diversos grupos. Por exemplo:

os engenheiros do Projeto Marte realizavam reuniões nas tardes de quarta-feira, nas quais todos discutiam os problemas. Rob Manning nos conta: "Da uma da tarde até o final do dia, Brian Muirfield, diretor do Projeto, o resto da equipe e eu repassávamos o que havíamos realizado e quais problemas haviam surgido. Em outros grupos, com os quais eu havia trabalhado no passado, se aparecesse algo errado, alguém diria: 'Vamos formar um grupo pequeno para resolvê-lo e traremos o relatório na próxima semana.' Na realidade, nós não resolvíamos nada; nós marcávamos uma outra reunião para decidir quando fazer uma segunda reunião. No Projeto Marte, éramos impacientes demais para proceder assim. Se houvesse um problema, nós o resolvíamos na hora, não importa o que estivesse na pauta. Nós transgredimos uma série de regras de administração sobre a necessidade de se elaborar pautas e de segui-las."

Umas das fórmulas para se ter sucesso nesse tipo de diálogo é certificar-se de que as pessoas certas estejam participando. John Coonrod, do Projeto Fome, procura líderes, formadores de opinião e especialistas conhecidos num determinado campo, e também agregadores, isto é, pessoas que conseguem que outras pessoas e grupos participem de um projeto. Ele faz também questão de convidar pessoas apaixonadas pelo assunto e que estejam "maduras", especialmente se foram excluídas no passado.[14]

A colaboração acontece nas conversas. A pessoa que colabora tem facilidade para reunir pessoas que possam contribuir para o empreendimento e dizer: "Isso é o que eu acho. E você, como vê o problema?" No capítulo 5, descreveremos um processo eficiente, conciso, passo-a-passo, chamado As Cinco Fases da Conversa Colaborativa.

Coisas que podemos fazer:

- *Crie um horário estruturado para reuniões, como um dia por mês, ou uma semana sim outra semana não, devotado a uma ou duas questões.*

- *Agende uma reunião de duas horas, sem uma pauta definida.*

- *Limite a pauta da reunião a um ou dois tópicos.*

- *Discuta com o grupo de que maneira você receberá as discordâncias sinceras, como lidará com os erros e como utilizará elogios e críticas.*

SEXTO PILAR.
Crie locais de trabalho comunitário.

A colaboração é um processo de criação conjunta. Requer um meio que colabore ou aquilo que Michael Schrage, autor de *No More Teams!* chama de "locais de trabalho comunitário".[15] Uma conversação é um espaço comunitário. "Não é que não precisemos conversar sobre como fazer e sobre o que fazer" diz Schrage "mas precisamos de um ambiente comum para conduzir a conversação de modo a proporcionar mais rapidamente o entendimento entre as pessoas que dela tomam parte." Por exemplo, um guardanapo onde dois negociadores de paz (ou advogados) casualmente esboçam algumas possibilidades para um entendimento; um formulário do qual um grupo de projetistas industriais recolhe e extrai as melhores idéias; ou uma rede de computadores e documentos de onde cientistas interpretam dados conjuntamente; ou um protótipo para um novo produto ou serviço. De fato, um dos melhores testes para saber se o grupo está colaborando é uma resposta para a seguinte pergunta: "Qual é o espaço a que pertencemos?" É virtualmente impossível colaborar sem conhecê-lo.

Também é importante ter em mente que o debate, muitas vezes, pode levar a palavras cujo significado seja diferente para cada pessoa: qualidade, serviço, inovação, etc. Podemos conversar a respeito do que essas palavras significam para cada um de nós; mas para ter certeza de que realmente entendemos uns aos outros, temos de testá-las diante da realidade física. Temos de ir além das palavras ou mesmo dos instrumentos de colaboração que ajudam as pessoas a pensar e a trabalhar juntas, e também oferecer espaços comuns para que elas testem a própria imaginação, imaginação esta que poderia assumir a forma de algo simples, como uma proposta preliminar de orçamento, uma dramatização de técnicas de vendas, uma escola ou o ensaio de uma orquestra. Ou poderia ser algo mais complexo, como, por exemplo, um modelo em escala reduzida para 3/8 do veículo a ser colocado em Marte; um aspecto qualquer da legislação sobre saúde ou o protótipo de um novo produto inovador.

A construção de um modelo em escala, de um protótipo ou modelo em tamanho natural, que assumisse a forma de um pequeno projeto, é uma boa maneira para se promover um trabalho conjunto. Em vez de projetar aviões, trabalhando isoladamente e passando informações entre as áreas funcionais, os engenheiros mecânicos, espaciais e elétricos da Boeing Corporation trabalham em conjunto projetos usando modelos gerados em computador. Quando algum grupo tem de fazer mudanças no projeto da aeronave, engenheiros de outras áreas podem prever o impacto das mudanças antes mesmo que elas ocorram. Esse processo de se chegar a um entendimento comum sobre o que funciona e sobre o que não funciona permite que os engenheiros projetem uma aeronave e simulem "testes de vôo" com ela, antes de construir um protótipo caro em tamanho natural. Uma redução de dois anos no ciclo de tempo gasto entre projetar e testar poupou centenas de milhões de dólares.

Os administradores tradicionais nunca pensaram em criar espaços de participação conjunta para as pessoas porque presumiam que o conhecimento provinha, não de pessoas que pensam e trabalham juntas, mas do acúmulo de informações. "No futuro", diz Schrage, "os administradores procurarão desenvolver, cada vez mais, espaços de participação conjunta, para influenciar um processo de entendimento comum que resulte em inovações."

Coisas que podemos fazer:

- *Decida qual será o terreno de entendimento comum.*
- *Construa um protótipo para testar noções desenvolvidas em conjunto.*
- *Indique alguém para supervisionar o terreno de entendimento comum.*

SÉTIMO PILAR.
Carregue o projeto com "motivos de satisfação".

Em 1996, no meu livro *Masterful Coaching*, mencionei a chamada "Técnica da Inovação", que foi influenciada pelo trabalho do consultor Robert Schaffer, que identificou os "motivos de satisfação" que resultam em desempenhos extraordinários em situações de trabalho de equipe.[16] Entre os "motivos de satisfação" que descobrimos, podemos mencionar: um desafio instigante, um sentimento de urgência, o sucesso de fato, o espírito de colaboração, a auto-organização, o orgulho provocado pela realização, o medo do fracasso, experiências, ignorar a documentação e agir. Junto com outras pessoas, descobrimos, ao treinar diversos grupos, que atribuir esses motivos de satisfação a um projeto tem um enorme impacto na transformação de "grandes pessoas" "numa grande equipe", capaz de superar rotinas organizacionais defensivas e promover o trabalho conjunto que leva a resultados renovadores. Eis alguns componentes de uma técnica inovadora que ajudará a carregar um projeto de colaboração com motivos de satisfação:

Recrute pessoas entusiasmadas. Um anúncio para calçados de golfe da Nike mostra um jogador andando por um belo caminho e várias legendas: "Eu sou o Nike Tour. (Pausa) Eu não tenho medo de fazer aquilo de que gosto para viver. (Pausa) Estou nos meus últimos cem dólares." A moral da história é que muitos de nós comercializamos a nossa vida para trabalhar em algo que não nos entusiasma. Há outra mensagem: pessoas apaixonadas produzem muito mais que resultados médios; pode-se, por exemplo, inscrevê-las no Nike Tour, mesmo que você tenha de levá-las aos torneios. O mesmo se aplica ao estímulo que elas levam para algum projeto. Dirigentes do Projeto Marte, do Projeto Fome e da Fidelity Investments nos contaram que algumas das qualidades que eles procuravam ao contratar pessoas, ou ao levá-las para um projeto, eram a paixão, o pensamento claro e uma boa intuição. Dar a pessoas apaixonadas a oportunidade de brilhar pode ser um enorme estímulo para a equipe. Quando levar essas pessoas, se for possível, ignore seus títulos e hierarquia e, em vez disso, pense em paixão, compromisso e entusiasmo.

Crie uma meta inovadora que possa ser realizada em semanas e não em meses, mesmo que seja apenas parte do seu esforço global de colaboração. Robert Schaffer diz que as metas inovadoras que representam desafios, mas são realizáveis, inspiram as pessoas. Ele enfatiza ainda que, qualquer meta que se estenda por mais de algumas semanas ou um mês, deixam de prender a atenção das pessoas. Ao desenvolver o sistema de programas do Projeto Microsoft, o líder desse projeto, John Reingold, descobriu que havia uma quantidade inacreditável de falhas nos programas e que isso desencorajava a equipe. Sua primeira meta para a superação desse problema foi "anular as velhas falhas" (falhas já existentes) dentro de seis semanas. Uma vez atingida essa meta, ele estabeleceu uma outra: sanar as novas falhas. Realizar o objetivo em pouco tempo funcionou como uma eficiente motivação para a equipe realizar algo de importante.[17]

Concentre-se no que é possível fazer com os recursos e a autoridade que possui e com mudanças rápidas. Em muitos grupos, tudo o que as pessoas dizem é uma extensão do seu profundo nível de resignação. "O chefe não ouve!" "Não está no orçamento!" Não pode ser feito!" Uma das melhores maneiras para aumentar o entusiasmo é voltar a atenção do grupo para o que eles podem fazer com o que já está pronto para ser usado, com os recursos e a autoridade que já existem. Matt Golombek, do Projeto Marte, disse que uma das forças mais positivas para trazer inovações é uma meta de superação que não deve ser negociada e um cronograma e orçamento imutáveis. As pessoas do Projeto Fome queriam provar que a idéia da "zona sem fome", com base no princípio do apoio mútuo, poderia funcionar, e implantaram a primeira no Senegal, onde havia muitas coisas que já estavam prontas. Peter McKercher, da Bell Canadá, tencionava criar programas de treinamento transformacionais. Para cumprir um dos objetivos da companhia que era o de fazer com que os representantes de venda deixassem de apenas vender produtos para oferecer serviços de consultoria, ele nos contratou para desenvolver um curso sobre "Habilidades da Consultoria Colaborativa". Devido ao fato de a empresa estar pronta para a mudança, as pessoas, em vez de dizerem: "Ah, não! Qual será a novidade desta vez?", afirmavam: "É exatamente isso que estávamos esperando."

Comecem a se mexer e a produzir resultados imediatamente. O projeto da técnica inovadora significa assumir metas muito amplas e complexas, com recursos não disponíveis, e dividi-las de modo que possam ser atacadas com sucesso, uma de cada vez. A idéia é ignorar o planejamento e os preparativos e começar a produzir um resultado imediatamente, ou seja, o sucesso; e depois expandir-se para além da inovação original, criando um círculo de sucessos que vai-se ampliando.

Coisas que podemos fazer:

- *Identifique um projeto de oportunidade para desempenhos ou solução de problemas.*
- *Escolha uma equipe de liderança que esteja pronta para essa oportunidade.*
- *Estabeleça metas inovadoras nas quais o sucesso esteja próximo e seja evidente.*
- *Crie um plano de trabalho por escrito.*
- *Entre em ação.*

INTERLÚDIO

O *futuro da firma*

As idéias que encontrei sobre liderança lateral e corporações colaborativas indicavam muita coisa a respeito de corporação, que correspondia àquilo que eu estava lendo na imprensa especializada em negócios. Presidentes de empresas falavam sobre delegação de poderes, parcerias estratégicas e, é claro, equipes e processos interfuncionais. Havia também uma tendência crescente quanto a dispositivos para a Internet e Intranet, que permitiam a qualquer pessoa o acesso ao correio eletrônico (*e-mail*) e possibilitavam, por meio de conferências eletrônicas, a realização de reuniões entre pessoas de diferentes empresas, locais e fusos horários. Tudo isso era muito empolgante.

Mas, por outro lado, parecia haver alguma ruptura entre as idéias sobre as quais estávamos falando e aquilo que eu via, em primeira mão, em várias empresas. Comecei a imaginar se uma empresa típica, dentre as "Quinhentas Maiores" da *Fortune*, poderia realmente tirar proveito das novas idéias sobre administração e inovações tecnológicas que haviam ocorrido e se estas eram as formas mais adequadas para nos levar ao próximo século. Em 1980, Alvin Toffler escreveu sobre companhias de "Segunda Onda" num mundo de "Terceira Onda". Isso foi há quase vinte anos, e muitos líderes e gurus da administração se perguntavam o que realmente havia mudado.

Devido à ausência de formas organizacionais, houve um interregno de cem anos entre as inovações tecnológicas da Revolução Industrial e a capacidade de transformar tecnologia em resultados econômicos.[1] James Arkwright inventou o tear movido a água em 1760 e Eli Whitney, o motor a vapor em 1769, mas não foi senão em meados do século XIX que a Revolução Industrial realmente teve início na América. Foi nessa época que a noção de "corporação" foi criada como uma forma de reunir capitais difíceis de serem encontrados. Depois da Guerra Civil, menos de quinhentas mil pessoas, em toda a nação, trabalhavam nas fábricas. Em 1910, fábricas como a Ford Motor Company, já empregavam dezenas de milhões. Além disso, naquela época, não existia nada parecido com "administração". A palavra "administração" referia-se ao cuidado e à alimentação de cavalos. Mesmo nos primeiros tempos da Ford, a rotatividade de pessoal muitas vezes chegava a 70% ao mês.

Será que estamos no meio de outro atraso de cem anos, no qual as inovações tecnológicas da Era da Informação não podem ser implantadas devido à precariedade das formas administrativas ou à ausência de atitudes administrativas apropriadas? Parece que, apesar do que estava sendo escrito sobre a transformação das "Quinhentas Maiores" da *Fortune* na imprensa especializada, a maioria das firmas são ainda, em geral, produto do mesmo tipo de cultura administrativa de "comando-controle" que imperava há duas décadas atrás.

Muitas vezes, na minha experiência de trabalho em diferentes organizações, indaguei: "Por que tão poucos presidentes e executivos ousam tomar posição para defender idéias impopulares ou controversas? Por que os executivos me diziam uma coisa em particular e depois, na reunião oficial, diriam algo completamente oposto, e então fingiam que não haviam feito isso? Por que, apesar de estarem investidas de poder, as pessoas agiam como canários numa gaiola, com medo de sair e abrir as asas? Será que todas essas parcerias, sobre as quais ouvi falar, eram apenas conglomerados projetados para reduzir custos administrativos, ou estariam realmente criando algo de novo?

Um estudo de Roger Ackerman, presidente da Corning Corporation

Comecei a procurar pessoas que pudessem ajudar a responder a essas perguntas, bem como modelos que pudessem iluminar o caminho na direção do futuro.[2] Quais presidentes seriam bons exemplos de liderança lateral, criando culturas de fortalecimento? Qual seria um bom exemplo de rede empresarial? Onde estão acontecendo as inovações radicais? Procurei John Seely Brown, cientista-chefe da Xerox, e fiz-lhe essas perguntas (falarei mais sobre Brown em seguida). Ele sugeriu que eu falasse com Roger Ackerman, da Corning Incorporated. A companhia, com 150 anos de existência, estava se expandindo violentamente, quase dobrando seus negócios a cada ano, nos setores de fibras óticas, fotônica e tecnologia de monitor de cristal líquido. De acordo com Ackerman, meio mundo está esperando para receber a sua primeira chamada telefônica e, quando isso acontecer, será por meio de fibras óticas.

Ackerman era cordialmente familiar, como um velho amigo que você acabou de reencontrar. Suas idéias eram simples mas eficientes e, ao mesmo tempo, via-se que ele tinha atitudes e comportamentos que se harmonizavam com elas e não apenas conceitos na sua cabeça. Perguntei-lhe sobre seus métodos administrativos e como o ambiente operacional havia contribuído para o surpreendente crescimento e sucesso financeiro do seu negócio.

Reflexões profundas para discutir estratégia e administração pelo caos

Qual é o processo estratégico por meio do qual ocorre esse tipo de perfeição renovadora? "Talvez não seja um processo estratégico", explica Ackerman, "mas sim administrar através do caos." Por exemplo, a Corning não tem um departamento de planejamento estratégico. De acordo com Ackerman, "A cada dezoito ou vinte meses saímos por dois ou três dias, e o que fazemos é refletir profundamente sobre o que quer que esteja acontecendo com os negócios. Todo o planejamento estratégico é feito pela administração superior em colaboração com funcionários, com outros colegas e clientes. Muitos consultores externos são chamados para estimular o pensamento e a visão das coisas de uma maneira nova. *Bits* aleatórios de um novo produto ou programa de conhecimento são introduzidos em processos e produtos resultantes de uma atividade delirante nos pontos de referência."

Na verdade, a Corning vem criando um fundo mútuo, que se torna cada vez maior, de informação, a partir do qual idéias diversas, num fértil "ambiente de germinação", podem acender centelhas criativas. "Há uma cultura na empresa que acha que temos uma força exclusiva em áreas restritas e relativamente concentradas, como ciência de materiais inorgânicos, e que devemos permanecer nela." Ackerman prosseguiu: "Concentramo-nos nisso e nas nossas tecnologias fundamentais. Mas também estamos abertos para novas idéias e novos negócios, mesmo para aqueles que ainda não foram inventados."

Como encontrar parcerias estratégicas antes que a porta da oportunidade se feche

Quanto às parcerias estratégicas, Ackerman afirma: "Nós pensamos em nos juntarmos a outras companhias muito mais rapidamente do que a maioria delas pensaria em fazer. Participamos de diversas parcerias, o que é útil para nós, pois isso nos obriga a atravessar a janela da oportunidade antes que ela se feche. Descobrimos algo muito novo e inovador, como por exemplo as fibras óticas; mas na realidade não tínhamos um modo de transformá-las em cabos, nem uma rede de distribuição adequada para colocá-la no mercado." Ackerman chegou rapidamente à conclusão de que eles precisavam de um parceiro: "Podemos fazer a fibra, mas alguém tem de transformá-la em cabos e apresentá-los à companhia telefônica."

Para fazer esse tipo de colaboração criativa funcionar, enfatizou Ackerman, é preciso um certo tipo de comportamento de liderança. Você tem de estar aberto (essa é uma palavra-chave no léxico da Corning) e não ficar dando muitas voltas com negociações e advogados. "Em determinado momento falamos inclusive com a AT&T, mas eles não estavam interessados; então, nós nos comprometemos (outra palavra-chave) com a Siemens." Ackerman e sua equipe acreditam que "É necessário que haja sinergia, que cada parceiro traga algo para a sociedade; e o que um trouxer, o outro deverá trazer de forma equivalente". Também é necessário que haja uma compatibilidade cultural (de trabalho). "Um dos lados tem de tomar a iniciativa e cortejar o outro lado", papel que a Corning desempenha com freqüência, "mas ambos precisam enxergar a centelha."

O crescimento pessoal e o crescimento da companhia estão ligados um ao outro

Ackerman acha que esse tipo de ambiente voltado para o crescimento deve oferecer oportunidade para o crescimento das pessoas. Ele e o seu grupo trabalharam duramente para definir o tipo de pensamento e as atitudes de liderança que poderiam ser encaixados na prática, tais como: crescimento pessoal (organizacional), reflexões estratégicas profundas, inventividade e criatividade concentradas, amplas parcerias que colaboram de negócios e de trabalho de equipe. Tudo isso levou a administração superior da Corning a passar dois anos, de quatro a onze horas por mês, elaborando um conjunto de comportamentos essenciais. "Alguns deles são muito interessantes", disse Ackerman, "como ser aberto, envolvente, capacitador e rigoroso. Nós não queríamos simplesmente ter uma lista de comportamentos e atitudes corretas — várias empresas têm esse tipo de coisa — queríamos uma verdadeira mudança de atitude." Por dois anos, Ackerman e seus colegas passaram muito tempo ponderando a respeito de perguntas tais como: "O que significa ser uma pessoa aberta?" "O que significa ser uma pessoa envolvente ou capacitadora?"

Ackerman também enfatiza que o crescimento pessoal e o da organização estão ligados. Fazer a empresa crescer significa oferecer um clima no qual as pessoas possam crescer e realizar seus sonhos e aspirações. "Se você trabalhar na Corning, você cresce." Isso é parte do que significam os valores. Na empresa, o indivíduo é valorizado. Mas Ackerman aponta: "Não somos uma sociedade do tipo eu." As pessoas são levadas a pensar em termos do que podem criar juntas e como podem fazer parte de uma equipe vencedora. Mas não é um Trabalho de Equipe com letra maiúscula, com um "pensamento de grupo" e mecanismos de retorno de 360°, no qual todos têm de ser iguais. Pontos de vista e perspectivas diversificadas são estimuladas, talvez até demais, com um alto nível de aceitação em relação às pessoas excêntricas.

Afirma Ackerman: "Temos tolerância em relação às pessoas excêntricas que sejam criativas. Nós as respeitamos. Essa é uma das razões pelas quais conseguimos tantas inovações em tecnologia. Se vamos viver da criatividade e da invenção, é preferível ter uma atmosfera que atraia as pessoas criativas e inventivas. Não estamos preocupados em saber para quem elas vão fazer relatórios. Tentamos realmente simplificar as coisas para que essas pessoas venham trabalhar todos os dias."

Uma conversa com John Seely Brown

Foi muito informativo e interessante conversar com Roger Ackerman, mas eu ainda tinha perguntas a fazer sobre o futuro das corporações, especialmente das grandes companhias. Essas perguntas originaram-se do fato de que, como treinador de lideranças executivas e consultor de administração, eu havia visto muitas companhias nas quais imperava o modelo de administração de "comando-controle", em vez daquilo que Chris Argyris e outros chamavam de "modelo de compromisso interno". De muitos modos, os velhos feudos funcionais ainda continuavam firmes no mesmo lugar. Embora eu tenha visto exemplos de pessoas dotadas de poder em algumas empresas, muitas vezes acontecia que, seis meses depois, elas tinham perdido todo o prestígio; algumas vezes, vendo frustradas as suas intenções, outras vezes por terem ficado completamente absortas na política interna da sua organização.

Eu estava realmente interessado em saber se não teria sido melhor para essas pessoas sair da empresa e encontrar um ambiente diferente, como o empresariado, redes de organizações voltadas para si próprias, redes de empreendimentos etc. Eu havia conversado alguns anos antes, quando escrevi meu livro *Masterful Coaching*, com John Seely Brown, ou JSB, como ele gosta de ser chamado, e também com Paul Allaire, Presidente da Xerox.[3] Eles haviam criado uma estratégia chamada Xerox 2000, por meio de uma abordagem muito colaborativa ao planejamento estratégico. Enquanto a maioria das companhias elaborava uma estratégia de conjunto apenas em palavras, e depois tentava fazer com que todos nela compreendessem do que se tratava, para então usar aquela estratégia, a Xerox fazia algo diferente. Allaire, Brown e outros passaram onze meses elaborando, com a colaboração de todos, uma nova maneira de ver o mundo e de entender as forças e fraquezas da Xerox a partir dela mesma. Isso tornou-se então a base de uma estratégia conjunta que foi posta em prática com extraordinário sucesso.

Eu disse a Brown que queria conversar com ele por várias razões. Primeiro, por ele ser uma pessoa sincera e generosa e ter uma boa compreensão a respeito das grandes companhias e de como elas evoluem. De acordo com Roger

Ackerman, que recrutou Brown para a direção da Corning, "Ele não é apenas um cientista importante mas também um respeitado homem de negócios".

Em segundo lugar, Brown é um pensador fascinante, deslumbrante mesmo, e um propulsor, cujo trabalho é dirigir o Centro de Pesquisas da Xerox em Palo Alto (PARC — Palo Alto Research Center), uma organização que tem um extraordinário currículo de realizações de inovações radicais. Alguns anos atrás, o Centro de Pesquisas de Palo Alto inventou o primeiro PC, o *mouse* da Apple, parte da Internet e continua no mesmo ritmo. Brown é uma espécie de homem da Renascença. Além das suas conquistas científicas e comerciais, há alguns anos ele produziu um filme premiado chamado: •*Art•Lunch•Internet•Dinner*.

O futuro da firma

Brown sugeriu que, como pano de fundo, eu lesse um ensaio que ele e um colega, Paul Duguid, haviam escrito, intitulado The Future of the Firm, para criar uma espécie de superestrutura para o nosso diálogo. Resumirei o que Brown escreveu a respeito do futuro da firma e, depois, reproduzirei nossa fascinante conversa. Eu acho que ele escolheu a expressão "firma" por uma razão particular: para enfatizar que ela ainda será muito necessária e tem o seu lugar num mundo cibernético, onde pouca coisa se colocava entre a "aldeia global" de Marshall McLuhan e a pessoa dotada de poder, com uma página na Rede, que declara ser a sua própria marca e faz negócios pela Internet.

Brown acha que, embora talvez existam muitas organizações de "Segunda Onda" num mundo de "Terceira Onda", seria tolice pensar que uma firma seja totalmente desnecessária; mais precisamente, ela precisa mudar. Brown concorda com muitas outras pessoas em que a solução de problemas complexos e a inovação radical exigem uma empresa que gera conhecimentos, em oposição à empresa que gera produção.[4] O futuro da firma estará envolvido, em primeiro lugar e acima de tudo, na produção de conhecimento, e não na produção em massa de bens de consumo. Brown mostra como a Microsoft tem um valor de mercado bem maior, 187 bilhões de dólares, e apenas vinte mil funcionários, comparada com a General Motors, avaliada em 47 bilhões de dólares e cerca de quinhentos mil funcionários.

Uma das importantes distinções que ele faz para enfatizar como é valioso para as nossas organizações evoluir é a diferença entre a criação de novos conhecimentos e o processamento das informações. Hoje em dia, as companhias geralmente ficam obcecadas com o processamento mais rápido e mais suave de informações (quantitativas), quase a ponto de excluir qualquer ênfase na criação de novos conhecimentos. Citei anteriormente, por exemplo, que uma das invenções do Centro de Pesquisas da Xerox, a "placa viva" (uma lousa branca computadorizada), fracassou no mercado, não porque não fosse um instrumento eficiente para ajudar grupos a criar novas idéias e resolver problemas, mas porque essas propriedades, em grande parte, não eram nem percebidas pelos clientes. Em vez de usar a placa viva para ajudar as pessoas a trabalhar e a pensar juntas, as pessoas a usaram, de acordo com a minha entrevista com Tom Moran, pelas suas propriedades gráficas para fazer apresentações, o que não é um ato de colaboração criativa, mas de processamento e distribuição de informações.[5]

Ecologias de conhecimento

O início da Era da Informação produziu novas tecnologias que transformaram não apenas algumas características, mas todo um panorama num espaço cibernético desestruturado. Brown acredita que, embora ainda haja lugar para a "geração E", de empreendedores que abandonaram a corporação, o "agente independente" e um grupo amorfo organizado por si mesmo, essas pessoas provavelmente logo se defrontarão com sérias limitações naquilo que elas podem assumir e produzir, especialmente em situações complexas.

A razão fundamental está expressa numa visão de Brown que é a base para compreender como o Centro de Pesquisas trabalha: "Conhecimento é uma atividade social." Nenhum tipo de especialista ou grupo detém todo o conhecimento necessário para uma inovação radical ou complexos projetos para a resolução de problemas. Em geral, o que se exige é que se reúna o maior número de pessoas de diferentes especialidades, que tenham conhecimento local e, então, transformar esse conhecimento num conhecimento global.

Nesse cenário, o empreendedor isolado, o agente independente e o grupo amorfo organizado por si só, como um magote de consultores sem uma responsabilidade definida, sem uma conduta legítima, provavelmente não terão sucesso, a menos que se limitem a situações de complexidade mínima. Assim, um líder lateral ou um "mestre organizador", bem como organizações formais, serão necessários para consolidar as idéias ou os conhecimentos parciais de indivíduos e de grupos num "robusto conhecimento social".

Embora a especialização, a divisão de trabalho e a divisão do conhecimento ainda sejam necessárias, assim como alguns limites em organizações formais e informais, Brown acha que o objetivo da firma seja o de facilitar para que as pessoas troquem idéias e informações por intermédio dessas divisões. Assim, as organizações tornam-se eficientes "ecologias de conhecimento". Esse fato não repousa apenas no fato de que as pessoas identifiquem oportunidades e sejam corretoras de conhecimento, que possam reunir a equipe certa, mas também que possam promover discussões colaborativas sobre como resolver problemas, para chegar a novas compreensões em comum que resultarão em idéias que ninguém teve antes.

O mestre organizador e sua rede de empreendimentos

Depois que li o artigo de Brown, eu o chamei novamente e pedi-lhe que me esclarecesse algumas dúvidas. Foi uma conversa fascinante e muito esclarecedora. Brown falava em voz baixa, quase sombrio, e num estilo divagador e poético que me lembrava Allen Ginsberg, da Geração *Beat*. Todavia, suas idéias baseavam-se na realidade prática dos grandes negócios, bem como na administração de uma pequena oficina conhecida por suas inovações radicais. A conversa serviu para confirmar alguns dos meus pensamentos, mencionados anteriormente neste livro e, em outros casos, para responder a muitas perguntas.

Qual seria, então, perguntei a Brown, o futuro da firma? Como ela iria evoluir? "A evolução mais provável será o modelo de empreendimento ampliado. O que você vai encontrar serão teias colaborativas de corporações reunindo-se para projetos mais amplos. A essência desse modelo de empreendimento ampliado será um presidente ou um líder que aja como estrategista e corretor de conhecimentos... em projetos que exijam criatividade e colaboração. Em vez de administradores comunicando-se de cima para baixo para controlar vários especialistas, eles deverão, cada vez mais, usar a comunicação para coordenar as atividades dos especialistas."

Eu lera, em algum lugar, que no Centro de Pesquisas o sistema público de comunicação não é usado para chamar pessoas na lanchonete ou em outros lugares, pois isso poderia distrair os pensamentos ou diálogos criativos. Em lugar disso, cada um na empresa é identificado por uma frase musical particular, atribuída a ele, que soa quando ele está sendo chamado. Perguntei a Brown: "Como vocês estruturam um ambiente para estimular pessoas criativas? Como vocês se asseguram de que essas pessoas reconhecem as possibilidades e as oportunidades que se tornam a base de novas criações? Como vocês desenvolvem pessoas criativas?"

"Aí é que está!", disse ele. "Nós somos um pequeno centro de pesquisas, temos apenas 350 pessoas aqui, mas fazemos de tudo: desde átomos até cultura. Nós temos físicos, matemáticos, cientistas de computação e engenheiros elétricos. Mas temos, também, lingüistas, sociólogos, antropólogos e artistas. De fato, conseguimos reunir uma extraordinária combinação de pessoas. A maneira pela qual nosso pessoal pensa e trabalha junto começa com a oferta de desafios que possam ter, o que é um apelo para os diversos talentos, interesses e dons das pessoas; desse modo, elas acabam se apegando a um determinado problema. É exatamente o problema que nos faz ir além das nossas disciplinas."

Se o Centro de Pesquisas estiver tentando construir um novo tipo de sistema de escritórios, com base em documentos de engenharia, por exemplo, talvez enviem um antropólogo a uma companhia ou a "comunidade de práticas", para ver o que precisa ser melhorado na prática do trabalho. Então, depois de ter o seu ponto de vista, o antropólogo trabalha em conjunto com cientistas de computação, engenheiros, projetistas industriais e artistas, para inventar instrumentos que possam ser desenvolvidos para ajudar na realização dessas práticas. Desde o começo, eles examinam perguntas do tipo: "Se construirmos isso, qual será a proposta de real valor para o cliente? A partir de que ângulos diferentes precisamos olhar para o produto? O que será necessário para produzir uma inovação?"

Porém, reunir combinações extraordinárias de pessoas e montar um conselho são apenas parte da construção de um ambiente que sirva como apoio para a criatividade e a inventividade. A verdadeira chave para desenvolver-se um ambiente criativo, de acordo com Brown, começa com a maneira pela qual eles contratam pessoas no Centro de Pesquisas. "Queremos pessoas apaixonadas, criativas e audaciosas, mas não apenas no mundo da fantasia. Queremos pessoas capazes de fundamentar essas qualidades em experiências e problemas reais, de modo que tenham um impacto real. A terceira qualidade que procuramos nas pessoas é uma grande intuição."

"Como os rapazes se saíram na escola, que notas tiraram, não me interessa. Se eles tiraram 10 ou 0, dá na mesma para mim. O tipo de carta de recomendação que eles trazem, pressupondo que eu conheça as pessoas que escreveram a carta, é sim, algo que me interessa. De modo que eu leio essas cartas para ter uma idéia sobre se essas pessoas têm paixão pela surpresa, pelo impacto e pela audácia. Quero pessoas com muita intuição e pessoas que possam fazer as coisas. Muitas das que contratamos hoje foram nossos estagiários de verão por um, dois ou três anos. Desse modo, tivemos oportunidade de trabalhar ombro a ombro com elas. É assim que sabemos se elas têm ou não uma boa intuição."

Liderança lateral e treinamento

Uma das áreas que Brown enfatiza é a do treinamento. Eu havia mencionado a ele que uma das observações que fiz como consultor foi sobre o predomínio de um clima de resignação em muitas firmas, devido ao excesso de controle administrativo e às poucas oportunidades para a realização de aspirações e crescimento, bem como as rotinas de defesa da organização. Como transformar um clima de resignação num clima de possibilidades e de oportunidades?

Brown reconheceu todas as coisas que eu disse, mas ponderou: "O que eu acho interessante é que uma mudança relativamente pequena pode, na realidade, fazer muito para mudar tudo isso", disse ele. "Primeiro, implica mudar as atitudes dos administradores de nível médio, deixando de serem controladores para serem treinadores que possam identificar possibilidades, agir como corretores de conhecimento ao reunir as pessoas certas e acompanhar o processo de ajudá-las a resolver problemas."

Em segundo lugar, envolve treinamento no sentido de deslocar a atenção das pessoas, à medida que a atividade se desenvolve, deixando de se concentrar em jogos de poder e política, para concentrar-se no cliente, bem como desviar o foco da sua própria psique ou dos problemas de organização interna, para focalizar externamente os clientes. "Trabalhar dentro do mercado é divertido, é motivador e estimulante. Ainda assim, para fazê-lo, as pessoas têm de ser capazes de pensar e trabalhar juntas", enfatiza Brown. "As pessoas querem colaborar e comunicar-se, mas freqüentemente não sabem como se reunir."

"Ter a noção completa do que seja 'lateral' é incrivelmente importante", diz Brown, que vê o líder não como uma figura com autoridade que controla de cima para baixo, mas como alguém que coordena especialistas com talentos e organiza o conhecimento. Ele vê o desafio da liderança como um elemento que media a comunicação pelas inevitáveis divisões que surgem em qualquer organização. "Se pensarmos na maior parte da comunicação que está ocorrendo nas organizações hoje, uma grande parte dela flui da mesma maneira, precipitando-se de cima para baixo como uma catarata. Isso só pode disseminar a informação e não resultar na criação de novos conhecimentos."

"No entanto, a verdadeira comunicação sempre acontece de modo lateral. Por exemplo: como vocês dividem idéias uns com os outros, se as pessoas têm medo de que o chefe possa ressentir-se caso a idéia não seja dele? Como vocês co-produzem a compreensão do que significa verdadeiramente uma estratégia? Como promover o tipo de comunicação que conduz à criatividade e à invenção?"

Como explorar criativamente o "espaço em branco"

Perguntei a Brown se ele e seu grupo procuravam idéias que se situam na fronteira entre as diferentes disciplinas e se isso poderia ser a fonte das inovações extraordinárias que acontecem no Centro de Pesquisas de Palo Alto. "Nós reunimos regularmente pessoas de diferentes disciplinas, de modo a buscar e explorar o espaço em branco." As pessoas se reúnem em conselho para deliberar sobre um problema. "Sempre um problema…" O que será necessário para realmente fazer surgir novas idéias ou soluções inovadoras? "Todas as pessoas envolvidas deixarão as coisas amadurecerem em sua mente durante algumas horas, dias ou semanas, enquanto tentam encontrar a solução."

As pessoas podem começar a discussão no âmbito da sua disciplina particular, mas logo acontece de elas serem arrastadas para fora das fronteiras da sua especialidade, devido à colaboração com as outras em torno de um problema do mundo real. Isso faz com que elas adotem três ou mais diferentes pontos de vista e façam uma 'triangulação' sobre como ver o problema. Isso faz com que elas "...revejam e reenquadrem constantemente aquele problema até que se consiga chegar à sua raiz, resolvendo-o de uma vez por todas".

À procura de novas metáforas, a zona de comércio e a língua comum ou jargão

Brown havia dito que o desafio da liderança é o de permitir a comunicação e a troca de valores por meio das diferentes divisões de uma organização, criando assim "ecologia de conhecimento". Como isso funciona exatamente? Cada profissão tem algumas presunções consagradas, cuja atitude é: "Você pode violá-las por sua própria conta e risco." Lembro-me que algumas vezes me perguntaram, no meu próprio trabalho de reformulação executiva e programas de transformação cultural, se eu trabalharia com outras pessoas para, digamos, incorporar um projeto de reengenharia. Como o meu campo era a transformação, eu queria trabalhar somente com pessoas que tivessem uma abordagem transformacional. Tipos de pessoas que se enquadravam no âmbito da reengenharia, ainda que bons quando se tratava de transformações estruturais, nunca pareciam entender a importância da transformação nas atitudes humanas.

Ouvi muitas pessoas, de diferentes profissões: presidentes de empresas, engenheiros, homens de vendas, falarem da mesma forma. Muitas vezes, isso resultava numa atitude exclusivista, como: "Eles não são o nosso tipo de gente" ou: "Como saber se posso confiar neles?" ou ainda: "Eles não falam a nossa língua." Nenhum dos outros eram "iniciados"; eram pessoas com as quais você poderia tomar uma xícara de café e nada mais. Certa vez, ouvi alguém dizer: "Isso poderia funcionar, mas um de nós terá de mudar a sua maneira de pensar e os seus paradigmas." Contudo, havia aquela velha piada sobre pesquisa de modelos mentais, de que "as pessoas só conseguiam mudar os seus paradigmas no próprio funeral".

Curiosamente, eu havia encontrado poucas respostas para essas ponderações. Mais ou menos na mesma época em que falei com Brown a respeito das suas ecologias de conhecimento, conversei com outro cientista, fora do mundo de negócios, Peter Galison, da Universidade de Harvard, que havia acabado de ganhar o cobiçado Prêmio MacArthur, também conhecido como o "Prêmio do Gênio", por seu trabalho sobre a história da física moderna.[6]

Galison assinalava em seu livro *Image & Logic*, como C. T. R. Wilson inventou a primeira câmara de bolhas: ele assoprava o vidro, forjava as peças de metal, fazia as experiências e registrava todos os resultados sozinho. Hoje, experiências desse tipo são feitas em laboratórios gigantescos, do tamanho de meio quarteirão, com câmaras de bolhas do tamanho de celeiros, muitas vezes com centenas de participantes do mundo todo, que se comunicam por telefone, Internet e fax. Galison notou que existem muitos ramos diferentes de atividades que não falam a mesma língua: físicos quânticos, engenheiros mecânicos, pessoal de computação, projetistas de programas para computador e administradores.

Galison queria saber como essas pessoas, de diferentes profissões, que falavam linguagens ocupacionais diferentes e freqüentemente tinham opiniões e idéias incompatíveis, conseguiam pensar e trabalhar juntas. Ele deparou com uma metáfora ao estudar antropólogos que haviam feito trabalhos sobre "culturas limítrofes". Ele disse que esses povos em geral inventaram o que ele chama de "zona de comércio", na qual podiam trocar informações de valor, sem falar a mesma língua ou entender-se mutuamente.

Ele descobriu que, com efeito, cientistas, engenheiros e administradores, faziam a mesma coisa na "zona de comércio" dos projetos de solução de problemas, citando a invenção do radar como um exemplo de envolvimento de físicos, engenheiros de rádio e administradores. Uma conversa que tive com alguns engenheiros e cientistas no Centro de Fotônica da Universidade de Boston, organização muito colaborativa que produz tecnologias que podem ser usadas lucrativamente nas indústrias, ajudou-me a compreender esse processo.[7] A fotônica é usada em sistemas de fibras óticas e consiste no envio de uma chamada telefônica por intermédio de uma luz modulada.

Jim Hubbard, o engenheiro-chefe, contou que físicos, como seu colega Bennett Goldberg, gostariam que os projetos nos quais estivessem incluídos representassem a possibilidade de novas descobertas científicas. Eles não querem trabalhar em coisas que já foram descobertas, considerando-as "absolutamente irrelevantes". Goldberg disse: "Quando mostro a alguns deles um instrumento de medição e tento conseguir a sua colaboração, eles voltam os olhos para o céu: 'Isso não é relevante!'" Por outro lado, os engenheiros querem assegurar-se de que aquilo em que estão trabalhando tenha aplicação prática.

Afirma Galison: "Quando físicos e engenheiros ingressam na zona de comércio, eles abandonam alguma das suas preocupações e concentram-se na sobreposição. Não é necessário que eles concordem com as mesmas suposições profissionais ou globais, para poderem trocar idéias e coordenar suas ações num projeto local." Um exemplo dessa atividade colaborativa, que discutiremos mais tarde no capítulo 6, relaciona-se com os físicos e engenheiros de rádio que trabalharam juntos, antes da Segunda Grande Guerra, na invenção do radar.

Galison também assinala que, quando pessoas que vêm de diferentes culturas e ingressam na zona de comércio, muitas vezes têm dificuldades com a linguagem e são obrigadas a encontrar um modo de se comunicar e trocar informações. Ele aponta que resolver o problema de linguagem em geral não é apenas uma questão de tradução, como Brown mencionou diversas vezes, mas envolve de fato a invenção de uma língua comum, ou jargão, especialmente em complexos projetos de soluções de problemas que exigem a criação de novos conhecimentos, que ainda não existe em nenhum dos seus campos, e não simplesmente dividir o que eles já sabem. A criação de uma nova linguagem se dá paralelamente à capacidade de criar o novo conhecimento. Galison cita um exemplo: para que físicos e engenheiros pudessem inventar o radar, eles foram obrigados a inventar uma nova linguagem e métodos de cálculo que não existiam em seus respectivos campos. (Ver no capítulo 6 uma explicação mais pormenorizada.)

A questão é que colaboradores de campos ou instituições diferentes podem achar interessante criar uma zona de comércio na qual possam conversar e serem úteis uns aos outros num projeto, sem ter de converter as suposições e opiniões subjacentes de cada um. Como diz Galison, é fundamental abandonar parte daquilo com que você se preocupa e concentrar-se nas áreas de justaposição. E, como o próprio Brown assinalou, essa nova colaboração torna-se um diálogo concentrado, arraigado em algo sólido, como um problema comum, que impele as pessoas para fora dos seus estereótipos profissionais e ortodoxias ocupacionais, e não apenas lhes permite coordenar seus conhecimentos e habilidades mas também criar novos conhecimentos e habilidades.

O papel dos diálogos de colaboração numa rede de empreendimentos ou ecologia do conhecimento

Perguntei a John Seely Brown como ele encarava o papel do diálogo numa Rede de Empreendimentos ou ecologia do conhecimento. Muitas vezes ele voltava à idéia de que o conhecimento é uma atividade social e que o diálogo é o meio essencial para isso. "Isso começa quando somos muito jovens. Por exemplo, adquirir uma linguagem é um interessante exercício de colaboração entre pais, crianças e os outros à nossa volta." Quando você avança na escola, a capacidade de falar com os outros por meio de idéias, sobre Inglês, Matemática, História, torna-se uma forma de aprender colaborativamente também. Todos nós sabemos que pequenos grupos informais de estudo são o melhor meio para consolidar tudo o que está no livro de texto. Uma coisa é trabalhar sozinho num problema; outra, e bem melhor, é reunir algumas pessoas e conversar sobre esses mesmos problemas. "Minha compreensão parcial é como um andaime. O aprendizado acontece quando eu combino o meu andaime de entendimento com o seu andaime de entendimento e crio um novo andaime de entendimento em um nível mais alto", diz Brown. "Nos livros de texto, tudo o que você tem é a informação. Com a conversação colaborativa, você cria a abertura para um momento de verdadeira inspiração."

O aprendizado não é intensificado apenas quando é feito em conjunto, nota Brown, mas também quando envolve a realização de tarefas reais, em oposição a um desempenho abstrato, como, por exemplo, fazer um teste. "Fizemos uma análise minuciosa de pessoas que estudaram assuntos como a Lei de Newton, na Física, e que resultaram em conhecimentos profundos, muito superiores àqueles conseguidos por estudantes do primeiro ano do MIT que tiraram as notas mais altas. Usamos jogos de simulação que permitem a ação conjunta de várias pessoas, enquanto tentávamos controlar o resultado. Quando os participantes começaram a tentar solucionar o problema, eles foram além da sua própria compreensão parcial da situação e começaram a elaborar, conjuntamente, metáforas e histórias durante o processo, como resultado da sua ação mútua, a qual resulta num conhecimento em profundidade", afirma Brown. "Esse tipo de aprendizado é tanto criativo como colaborativo, e o surpreendente é que acontece sem mesmo estarmos conscientes dele."

Brown e seus colegas aplicaram essas idéias a muitas situações no Centro de Pesquisas da Xerox. Brown encaminhou-me a David Bell, chefe do Projeto Heureca, que me descreveu a tentativa que ele e seus colegas estavam fazendo para superar o insatisfatório desempenho da Xerox na França. O projeto consistia em enviar antropólogos para estudar como os funcionários de manutenção consertavam as máquinas. Descobriu-se que, quando o pessoal da manutenção usava o Manual de Consertos, de cinco mil páginas, eles se metiam em encrencas mas, quando se encontravam com os colegas na lanchonete da empresa e trocavam histórias de guerra e "mutretas", então, heureca!, eles tinham uma verdadeira inspiração e, no dia seguinte, a máquina estava consertada. Essa consciência resultou na criação de um banco de dados, acessível por meio de um sistema especial de telefones na França e por meio de alguns instrumentos colaborativos de programas de computador.[8]

Comunicação autêntica

Com toda essa discussão sobre a importância da liderança lateral e da comunicação interfuncional, perguntei a Brown o que impedia a Xerox de colaborar para capitalizar suas descobertas anteriores, como o PC e várias invenções da *ethernet*. Brown explicou: "É simples: nos primeiros dias, o Centro de Pesquisas era um lugar do tipo 'nós contra eles'. Éramos uns gênios e o resto da empresa, um bando de idiotas. Tínhamos um tremendo espírito de equipe por sermos 'nós contra eles'. Havia a sensação de um inimigo comum e esse inimigo eram as pessoas que dirigiam o resto da corporação.

"É muito fácil construir uma equipe de alta energia quando definimos a oposição desse modo. Ela torna-se uma equipe maravilhosa, mas também quase garante que a equipe terminará sendo um fracasso, pois, quando chega a hora de trabalhar em conjunto, de fato, com o resto da empresa, a equipe não consegue ter uma conversação honesta. Nesse momento, cria-se uma tal dose de ressentimento, que mesmo se tentarmos manter um diálogo autêntico, não será possível." Muitas outras organizações naufragaram assim.

Uma das mudanças que houve nos últimos dez anos no Centro de Pesquisas foi o estabelecimento de diálogos com todas as partes da corporação. De acordo com Brown, "Nós conseguimos isso ao reconhecer que certas divisões da corporação estavam bastante interessadas no futuro. Assim, participamos de um tipo de sistema no qual todos evoluíam. Tivemos um diálogo com todos no escritório de estratégia. Fazíamos perguntas como: "O que significa a Internet para as copiadoras? O que está acontecendo com as impressoras? E quanto à cor?"

O sucesso dessas atividades conjuntas depende de sermos capazes de ter uma conversação autêntica. Isso requer não apenas a habilidade de tratar uns aos outros como colegas, trazendo à tona, em vez de suprimi-los, os dilemas que são potencialmente embaraçantes ou ameaçadores, dando a nossa opinião honesta, quando for pedida, e discordando abertamente com todos no grupo, quando for necessário.

Brown enfatiza que, embora seja importante que as pessoas divirjam autenticamente, ele não pretende que as pessoas assumam uma posição arbitrária numa discussão e defendam as suas nobres certezas como se fosse um caso de vida ou morte, ou "falem besteiras". Na realidade, ele se refere à defesa de posições com base em pensamentos rigorosos e em fatos. "Para uma conversação colaborativa também deve haver um compromisso de todos para evoluir da sua posição e construir em conjunto a melhor interpretação de como cristalizar algo." E é importante não apenas ser autêntico, mas concordar em ser influenciado. Percebe-se, nessas conversações, que a posição de ambas as pessoas muda ligeiramente à medida que elas pensam e se relacionam. São criadas idéias e planos que não existiam antes.

Ouvir ativa e criativamente

Brown relatou um caso que aconteceu com ele no colégio e com o qual aprendeu como perguntar e como ouvir. "Eu estava voltando para casa com um professor mundialmente famoso. Acabávamos de sair de um seminário. Eu estava surpreso por ver como a maioria dos professores, nos seminários, fazia perguntas capciosas e tentava embaraçar o aluno, e como aquele professor, Anatol Rappaport, era diferente. Durante o seminário, notei que um estudante se expressara mal. O professor, em vez de embaraçá-lo fazendo perguntas que revelassem os erros do seu pensamento mal formulado, fez um conjunto de perguntas orientadoras que ajudaram o apresentador a chegar a uma melhor compreensão das suas próprias idéias e aparecer melhor diante da audiência."

Brown lembra-se que, enquanto andava com o professor, ele não pôde conter a sua curiosidade. "Eu disse a ele: 'O que aconteceu? Você podia ter feito perguntas àquele aluno para fazê-lo ver como o pensamento dele era estúpido, mas você não o fez.' Ele virou-se para mim e disse: 'John, aqueles de nós que são dotados com maior capacidade intelectual deveriam perceber que é uma coisa trivial procurar esmagar as pessoas ou os seus pensamentos. O desafio é gerar e construir... para que as pessoas consigam ter uma inspiração ou elevar suas idéias a um nível mais alto."

Brown fez referência a um fax que eu havia mandado a ele: "O que me chamou a atenção na nota que você me mandou é que, para esse tipo de colaboração realmente criativa acontecer, é necessário não apenas formular a sua posição e estar aberto às idéias dos outros, mas ouvir ativamente. Eu acho que as pessoas muitas vezes subestimam os desafios envolvidos. Como ouvir uns aos outros em meio a divergências e reações emotivas? Que esforços você faz para de fato apreender o sentido do que a outra pessoa está dizendo? Como você ouve ativamente de uma maneira que realmente ajude a outra pessoa a expressar algo que ela está lutando para expressar?" Na verdade, ouvir ativamente não exige apenas que se dê às pessoas a dádiva da sua presença, mas também sair da sua posição e dispender uma grande quantidade de energia para entender a posição delas. E repetiu novamente: "O desafio não é esmagar, mas gerar e construir."

CAPÍTULO 4

Contatos imediatos do grau de criação: como dar início à sua colaboração

> "...um grande desejo por comunidade e
> colaboração existia em todo lugar,
> apesar da profunda desconfiança,
> alienação e ceticismo.
> As pessoas queriam reunir-se.
> Elas simplesmente não sabiam como fazê-lo."
> — Eva Schindler-Rainman e Ronald Lippitt
> Building the Collaborative Community

Executivos do primeiro escalão da Chrysler decidiram construir o protótipo de um carro movido a células de combustível que produzem eletricidade, mas eles não tinham todo o conhecimento especializado necessário entre o seu pessoal. Assim, Christopher Borroni-Bird, especialista em tecnologia avançada da Chrysler, reuniu uma equipe composta de profissionais tanto da Chrysler quanto da Delphi Automotive Systems (Divisão de Peças da General Motors).

O animador treinado pela Disney John Lasseter, Vice-Presidente de desenvolvimento de criação do Pixar Animation Studio, estava ansioso para fazer o primeiro longa-metragem animado por computador. Ele tinha em mãos um roteiro excelente, chamado Toy Story, mas para realizá-lo, precisaria encontrar uma maneira de criar personagens que pudessem demonstrar emoções humanas, ou seja, um sorriso marcado pelas bochechas inchadas, pelos lábios levantados e pelos olhos enrugados; ou uma tristeza que se refletisse em ombros e mãos caídos, bem como em expressões faciais. Assim, ele recrutou para ajudá-lo sete pessoas formadas em Ciências da Computação, 25 animadores convencionais de marionetes e bonecos de argila e 22 diretores técnicos.

* * * * *

Todos os sábados à noite, uma escritora de uma revista semanal, que havia recebido uma bolsa de estudos de um ano da Universidade de Michigan e que estava licenciada, organizava uma reunião em seu apartamento. Ela convidava colegas estudantes, seus professores e outros professores que ela conhecia apenas de nome, além de pessoas interessantes que ela encontrava na comunidade. "Eu servia bastante comida e bebida e a sala ficava lotada, de modo que realmente acabávamos por nos conhecer uns aos outros", lembra. "As discussões que aconteciam ali estavam sempre entre as mais interessantes da semana toda."

Quer você tenha uma boa idéia que queira levar adiante com outras pessoas, quer tenha uma missão importante que exija a ajuda de especialistas de outros campos, ou simplesmente queira organizar uma reunião informal que apresente as pessoas de um lado da sua comunidade àquelas que vivem do outro lado, reunir um grupo de pessoas diferentes pela primeira vez pode ser algo assustador. É, afinal de contas, uma nova experiência. A maioria de nós tende a trabalhar intimamente com pessoas da nossa própria especialização e raramente ir além de saudações superficiais com as demais. Depois do trabalho, preferimos estabelecer relações sociais com a nossa própria espécie: pessoas da mesma raça, religião, grupo étnico, classe social e até mesmo do mesmo partido político ou da mesma profissão.

Porém, novos produtos, campanhas publicitárias, métodos para organizar uma pesquisa e soluções para antigos problemas sociais não podem ser descobertos sem que primeiro se estabeleça a conexão entre as diversas combinações de contribuintes reunidos para colaborar no empreendimento. O primeiro encontro, quer seja um churrasco no quintal, uma reunião do conselho ou uma conferência, pode ser a chave para o sucesso futuro de qualquer colaboração. Na maioria dos casos, haverá pessoas no grupo que não estão familiarizadas com as demais, e muitas delas terão concepções erradas e até mesmo desconfiança dos outros membros. Se formos incapazes de derrubar essas barreiras logo no começo, a articulação criativa poderá aflorar, exacerbando as diferenças já existentes. Se, em vez disso, levarmos em conta as complexidades de reunir um grupo diversificado, poderemos começar a criar os alicerces necessários para ter um empreendimento colaborativo bem-sucedido.

O primeiro passo do nosso preparo mental é pensar qual o tipo de colaboração que desejamos. Na nossa experiência, descobrimos que a maior parte das colaborações se encaixa numa das seguintes categorias:

1. **Colaborações atribuídas:** forma-se um grupo para fazer frente a um desafio lançado pelos superiores ou pelos clientes, como no exemplo ilustrado acima pela colaboração entre a Chrysler e a Delphi Automotive Systems.

2. **Colaborações iniciadas por si só:** um indivíduo (ou um pequeno grupo ou organização) convoca outros para se reunirem a fim de ajudá-lo a realizar um sonho ou solucionar um problema grande demais para uma única pes-

soa resolver. O desejo de Lasseter de desenvolver um filme de longametragem animado por computador cai nessa categoria.

3. **Colaborações devidas a uma preocupação comum:** as pessoas se reúnem em torno de uma preocupação social ou organizacional comum, tal como desenvolver uma cura para o câncer ou enfrentar a alta da taxa de criminalidade de uma comunidade.

4. **Colaborações fortuitas:** as pessoas se encontram por acaso, percebem que têm objetivos, sonhos ou problemas comuns ou complementares, e decidem trabalhar juntas. Esse tipo de colaboração ocorre freqüentemente depois de um encontro ocasional, como aqueles da reunião semanal da escritora mencionada acima.

Colaborações atribuídas. Agindo a partir de uma filosofia de *kyosei*, ou seja, "espírito de cooperação, no qual indivíduos e organizações vivem e trabalham juntos para o bem comum", executivos da Canon, no Japão, criaram um mandato não apenas para cooperar internamente e com clientes e fornecedores, mas também para descobrir maneiras de colaborar com os competidores. Um desses acordos de parceria foi feito com a Hewlett-Packard, a qual, quando abordada pela primeira vez, deu aos executivos da Canon uma recepção fria. Mas quando a Canon apresentou suas patentes e demonstrou sua capacidade tecnológica, a HP agarrou a oportunidade. Engenheiros e projetistas de ambas as empresas reuniram-se e colaboraram para construir as impressoras mais rápidas e de maior qualidade do mercado. Usando o talento da HP no processamento e o talento da Canon no projeto do motor da impressora, ambas subiram para o nível mais alto no campo das impressoras a *laser* e a jato de tinta e tornaram obsoletos os produtos manufaturados por companhias como a Epson, antes líder indiscutível da tecnologia de impressão e do mercado.[1]

Colaborações iniciadas por si só. Aqui a centelha pode ser algo tão simples como o sonho de uma pessoa. Esses sonhadores normalmente são impulsionadas pela seguinte pergunta: "E se...?", mas sabem que não conseguirão encontrar a resposta sozinhos. Normalmente sua busca é compatível com os seus talentos e com os seus dons, mas eles se dão conta de que precisam de perspectivas diferentes, que não obterão dos seus colegas diretos. Muitas pessoas, no entanto, ficam receosas quando abordam essas colaborações. Elas temem que, ao procurar outras pessoas para ajudá-las, suas idéias sejam de alguma forma diminuídas. Você se lembra da campanha da Cera Johnson: "Mãe, eu prefiro fazer sozinha"? Na verdade, o que acontece normalmente é o oposto. Convidar outras pessoas para participar, em geral infunde entusiasmo em seus novos colegas, ampliando assim o seu próprio poder para realizar seus sonhos.

Leve em consideração o caso de Wilmer Ames, o repórter-pesquisador da revista *Times* que idealizou uma revista de notícias que visasse um público negro. Se ele tivesse guardado esse sonho para si mesmo, teria passado o resto da sua carreira fazendo reportagens e verificando histórias fatuais escritas por outros. Em vez disso, ele foi à luta e discutiu com projetistas, escritores e editores, investidores e possíveis leitores, tanto dentro quanto fora do quartel-general da *Times*. Impressionados com a sua paixão pela idéia, empreendedores de revistas dentro da companhia ajudaram-no a aperfeiçoar a sua visão. Resultado: Ames elevou-se à posição de editor-fundador da *Emerge*, uma revista mensal premiada, com uma circulação de 450 mil exemplares, lançada pela Time, Inc. e subseqüentemente comprada pela Black Entertainment Television Corporation.

Da mesma forma, um médico que queira praticar medicina colaborativa pode expandir sua atuação com praticantes alternativos ou pessoas de outras áreas, como acupunturistas ou nutricionistas. Ou um agente social pode querer dar a seus clientes, jovens artisticamente expressivos, a oportunidade de decorar a parede da sua agência com um lindo mural. Ruth Lande Shuman, anteriormente uma coordenadora de projetos para a divisão educacional da fábrica de móveis para escritórios Steelcase, agora conhecida como "a dama da pintura", fez algo semelhante quando estabeleceu a Publicolor, uma organização sem fins lucrativos, para realizar o sonho de estimular os estudantes das piores escolas da cidade de Nova York por meio da pintura de muros sujos com cores vivas: lavanda, verde-limão, kiwi e tangerina. Entre os colaboradores estavam os alunos, a companhia de pintura Benjamin Moore, o diretor da escola e patrocinadores da corporação.

Colaborações devidas a uma preocupação comum. Alguns problemas sociais tocam o coração e a mente das pessoas: crianças subnutridas, pessoas idosas sem a assistência de um serviço de saúde, deterioração ambiental. Então, alguém decide falar e diz: "Eu gostaria de fazer algo a esse respeito." Essa tomada de posição ressoa no ouvido de outros que, há muito tempo, tinham as mesmas preocupações, e leva-os a juntar-se à causa.

Quando Bill Clinton deu início a um "diálogo nacional sobre raças", não se tratava apenas de organizar grandes palestras ou reuniões locais nas cidades, mas de criar um contexto para que ocorressem intercâmbios freqüentes e informais. Um exemplo empolgante desse tipo de diálogo ocorreu quando o *New Orleans Times — Picayune* publicou uma série de artigos a respeito das relações entre as raças entitulados "Together Apart/The Myth of Race". A série gerou uma enorme quantidade de comentários por parte dos leitores, tanto por chamadas telefônicas como por cartas para o editor. Uma leitora, Rhoda Faust, uma mulher branca que dirige a livraria Maple Street Book Shop, sentiu-se tão enfurecida com uma das cartas que enviou a sua própria, que dizia, em resumo:

Obrigada por atacar de frente um tema tão importante quanto as relações raciais em Nova Orleans, apesar de o assunto ser tão penoso e, portanto, tão impopular junto a alguns dos seus leitores. A sua série "Together Apart" e o grande espaço que vocês estão oferecendo para as respostas dos leitores são valiosos para ajudar a resolver um problema que tem origem na falta de comunicação.

Algumas das respostas saem diretamente do coração e, ao lê-las, tenho a impressão de que agora eu conheço um pouco melhor os sentimentos de algumas dessas pessoas e, portanto, elas próprias.

Na qualidade de pessoa branca, fiquei especialmente interessada nas respostas dos correspondentes negros. Há poucas pessoas de cor com quem tenho intimidade e com as quais posso conversar. Embora tenham aparecido algumas respostas desagradáveis, cheias de ódio, ignorantes, rancorosas e do tipo que só procura ver o que há de ruim nas pessoas brancas, a maioria tem sido encorajadora. A maior parte dos correspondentes negros parece não ter caído em desespero completo.

E mesmo que isso pareça um tanto perverso, fiquei satisfeita por ler que alguns negros praticam discriminação contra outros negros. Essa é mais uma prova de que existem tanto vilões negros quanto vilões brancos nessa história de discriminação devido à cor da pele, e não é um problema que as pessoas brancas possam resolver sozinhas...

O que ajudaria a reunir as pessoas negras e brancas? Para mim é uma questão de linguagem. Como a maioria de nós não tem muitos amigos da outra raça e, portanto, não têm a oportunidade ideal de falar aberta e francamente, temos de encontrar uma forma de mostrar que estamos tentando ser daltônicos.

Mesmo que não consigamos ainda ter diálogos íntegros, podemos começar a enviar mensagens, uns aos outros, demonstrando boa vontade, amizade, desejo de acreditar e amor. Todos nós podemos imaginar alguma situação, surgida no dia-a-dia, que nos dê a oportunidade de dizer alguma coisa para comunicar a alguém de outra raça que estamos do mesmo lado.

Vamos inventar maneiras para que os outros saibam que nós nos amamos e nos respeitamos mutuamente como filhos de Deus. Cada um de nós tem de fazer o melhor possível para assegurar à outra raça a existência desse fato. Logo que essa mensagem chegue ao destino, teremos um ponto de partida.

Rhoda K. Faust

A carta da sra. Faust tocou Brenda Thompson, funcionária afro-americana do jornal, que também havia se sentido ofendida por algumas cartas dos leitores. Ela escreveu diretamente à sra. Faust:

Cara sra. Faust
Não sei se estou violando alguma regra, mas sinto que tenho de lhe escrever. Sou funcionária do *Times-Picayune* e li a sua carta enquanto estava sendo editada para publicação na seção "Cartas do Leitor". Senti-me tocada pela sua preocupação e gostaria que soubesse disso.

Sou negra e me mudei há pouco tempo para Nova Orleans. Embora tenha amigos aqui, acho as coisas bem diferentes do que na cidadezinha do Estado de

Illinois em que fui criada. Lá todos vivemos juntos, vamos juntos à igreja e nos reunimos socialmente... Há pouca coisa que nos separe. Há muitos namoros inter-raciais e ninguém dá muita atenção a isso. É bem diferente, e acho que me acostumei a ver as coisas sendo feitas aberta e honestamente entre todos. Eu sabia, ao me mudar para o sul, que aqui não seria a mesma coisa. Eu já havia morado na Flórida e notei a polarização entre as raças. Ingenuamente, pensei que, devido ao fato de aqui ser uma cidade grande, as coisas não seriam tão ruins. Não são mesmo. São piores.

Desde que estou trabalhando no *Times*, estou a par de algumas coisas que acontecem. Eu trabalho perto das meninas que digitam e transcrevem as fitas gravadas no telefone (sabe, aquelas linhas do tipo 24 horas, para as quais as pessoas ligam e dão sua opinião sobre a série *Together Apart*), e tenho ouvido algumas coisas sérias e desagradáveis. Fico imaginando o que leva as pessoas a odiarem tanto...

Mas, de qualquer forma, eu gostaria que soubesse que alguns de nós nos sentimos melhor ao ler a sua carta. Existe alguma esperança, afinal. E eu gostaria que nos encontrássemos para criar um símbolo, um sinal, alguma coisa para que o mundo soubesse que nem todos nós estamos infectados pelo ódio e que podemos encontrar uma forma de trabalhar juntos. Está interessada? Talvez, se outras pessoas souberem disso, pode ser que se juntem a nós para tentar fazer as coisas funcionarem. O que você acha?

Sinceramente,
BRENDA J. THOMPSON

Depois de receber a carta, Rhoda Faust ligou para Brenda Thompson e propôs um encontro. Juntas, formaram um grupo, o ERACE, que tem se reunido duas vezes por semana desde 1993, num esforço para erradicar o racismo oferecendo oportunidade às pessoas para manter diálogos sobre o problema a fim de encorajar uma troca de idéias aberta e crítica.[2]

Colaborações fortuitas. Quando duas ou mais pessoas criativas se encontram inesperadamente, uma idéia nova pode surgir sem aviso, mesmo que leve muitos anos para ser aperfeiçoada. No século passado, *sir* William Gilbert, um advogado que nas horas vagas escrevia versos humorísticos, foi apresentado ao compositor Arthur Sullivan, que lhe solicitou que escrevesse o libreto para a ópera cômica *Thespis*. A primeira produção de Gilbert e Sullivan fracassou, mas os dois foram mutuamente atraídos e continuaram a encontrar-se socialmente até 1875, quando o gerente do Royalty Theatre do Soho sugeriu um segundo trabalho. Essa segunda colaboração, *Trial by Jury*, apresentou-se durante um ano e estabeleceu o padrão para todos as obras subseqüentes. Juntos, eles desenvolveram uma nova forma de arte: a opereta.

Talvez uma das mais absurdas colaborações de que tivemos notícia desencadeou-se há cinco anos, quando alguns membros da família Berg, de Sturgeon Bay, no Estado de Wisconsin, ficou no escuro durante uma falta de energia. Jim

Berg e diversos parentes seus estavam reunidos para festejar o Natal. Berg, professor do jardim-de-infância, com 33 anos de idade, declarou que poderia consertar o disjuntor com fita isolante. "Jim é capaz de consertar qualquer coisa com fita isolante", disse Kelly, sua mulher, aos presentes, levando cada um deles, enquanto estavam no escuro, a inventar novos usos para a fita isolante. As idéias variavam desde as práticas ("remendar as velhas calças rancheiras") até as ridículas ("prender sanduíches para transporte em submarinos"). Logo, o cunhado de Jim, um escritor de Roseville, no Estado de Minnesota, teve outra idéia brilhante: "Vamos escrever um livro a respeito disso."

Depois que a luz voltou, Berg e o cunhado se comprometeram a colecionar todos os usos da fita isolante que pudessem descobrir. O resultado foi: *The Duct Tape Book*, com 162 dicas, e a continuação, *The Duct Tape Book 2 — Real Stories*, que apresenta as respostas dos leitores ao primeiro livro. Um terceiro livro da série, sobre a versatilidade do lubrificante aerosol WD-40, já está em andamento.

COMO PLANEJAR E DIRIGIR A PRIMEIRA REUNIÃO DE COLABORAÇÃO

Até aqui, falamos sobre a idéia da colaboração, como desenvolver-se para ser uma pessoa que colabora e os pilares usados para estruturar um projeto nesse sentido. Uma vez que a colaboração envolve juntar pessoas de diferentes meios para que se entrosem, é vital montar o cenário para a primeira reunião. Nossa experiência com os temas: "Israelenses e Palestinos", o Projeto Fome e vários empreendimentos de negócios, como a Fidelity Investments, demonstra-nos que planejar e orquestrar de antemão esse encontro é quase tão importante quanto a reunião em si. Há quatro estágios diferentes para tanto: formulação, convite, preparação e simplificação. (Ver figura 4.1.)

I. *Formulação*

Pense na pergunta:
"O que eu quero ou nós queremos criar juntos?"

Ao preparar a primeira reunião, é importante ter uma idéia básica do que você ou o grupo esperam criar com a colaboração. Uma colaboração pode ser alguma coisa visionária e profundamente objetiva, como colocar um homem na Lua, erradicar a AIDS por meio de uma nova droga biotécnica ou aprovar

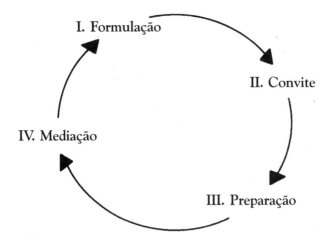

Figura 4.1
Como Montar o Cenário para a Primeira Reunião

uma nova legislação que propicie um meio ambiente sustentável. Também pode ser algo projetado para servir a um desígnio particular num negócio, como criar uma parceria estratégica com outra organização, reunir uma equipe multidisciplinar ou aperfeiçoar a qualidade das conversações no sistema de correio eletrônico da sua equipe. A colaboração pode até mesmo envolver algo criativo e empresarial, como uma cozinha híbrida num novo restaurante; ou artístico, como dois autores escrevendo um livro; ou algo extravagante que você faça pela pura alegria de criar e colaborar.

A maioria das pessoas, quando pensa em colaboração, pensa na forma, ou seja, o que os indivíduos ou grupos fazem para reunir as pessoas, em oposição à essência, ou seja, à qualidade da maneira pela qual as pessoas pensam e se relacionam. Por exemplo, muitos administradores, hoje em dia, dizem que querem colaborar com a sua equipe e não gostam de ser tão controladores. Mas, quando as pessoas estão na reunião de equipe e o chefe faz uma pergunta, elas não estão bem certas se ele leva a sério toda essa história de equipe e, assim, elas se retraem e acabam não dizendo nada, até estarem certas das opiniões e preferências do chefe. Este, por seu lado, encara isso como falta de domínio por parte do grupo e mantém o controle, o que, por sua vez, reforça os preconceitos dos membros da equipe. Um dos conceitos de colaboração é transformar esse círculo vicioso num círculo virtuoso, ao adquirir consciência do que está acontecendo e criar conscientemente novos comportamentos.

Reflita sobre qual seria a combinação certa de pessoas.

Não podemos subestimar a importância de se montar um elenco diversificado, provocante e, todavia, objetivo para a sua colaboração. Em seu livro *The*

500 Year Delta, os futurólogos Watts Wacker e Jim Taylor acertaram ao afirmar: "O problema de vinte homens brancos tomarem decisões numa sala de conferências é que... coletivamente, eles têm pouca diversidade de Q.I., o que limita as possibilidades de ver o mundo por meio de perspectivas múltiplas."[3] "Nós tentamos colocar todo o projeto numa única sala." diz Marvin Weisbord, da Future Search, uma organização de planejamento comunitário. "Assim, quanto mais diversificados são os presentes, maior será o potencial de entendimento comum, de inovação conjunta e de implementação. Precisamos de pessoas com idéias, pessoas com autoridade para agir, pessoas a quem queremos influenciar, pessoas com habilidades e criatividade especiais, todas com interesse na tarefa de pesquisar o futuro."[4]

Projete os ponderáveis. De acordo com Douglas Dayton, da IDEO, é importante pensar em termos de um "grupo maluco mas catalítico de pessoas".[5] Comece pensando sobre qual é o objetivo da colaboração. Depois, imagine qual seria a combinação certa de pessoas. Quais seriam os diferentes líderes, formadores de opinião e agitadores que poderiam ajudar a levar os interessados à mesa de trabalho? Quem está realmente apaixonado pela idéia? Qual combinação de pessoas representaria os diferentes pontos de vista e perspectivas necessárias? Quem é competente em tais e quais áreas? Depois que fizer a lista, reveja-a e pergunte a si mesmo: "Quem está faltando?" Quando achar que a lista está mais ou menos completa, mostre-a a algumas pessoas de mente aberta e peça-lhes sugestões.

Procure pessoas que possam contribuir com pontos de vista ou perspectivas divergentes. L. L. Bean, uma confecção de roupas conservadora, no Maine, convidou-me para fazer uma palestra sobre colaboração. Eles estavam envolvidos num esforço de reengenharia que significava um aperfeiçoamento drástico do controle de inventário e reformulação dos procedimentos para que os produtos desejados pelos consumidores estivessem sempre disponíveis. Minhas primeiras perguntas ao líder da equipe foram sobre combinações extravagantes de pessoas: "Quem você poderia convidar para trazer-lhes uma nova perspectiva? O que tornaria esta uma combinação de pessoas mais inusitada?" Motivado por essas perguntas, o gerente descobriu que poderia convidar alguns empregados de suas lojas de varejo, e comentou: "Os balconistas são os únicos que realmente podem nos dizer o que seria melhor no momento. Levaríamos semanas ou mesmo meses para obter os dados estatísticos, mas o vendedor de loja pode saber em primeira mão o que está saindo mais."

Procure pessoas que não tenham medo de discordar, ou que dêem uma opinião honesta quando pedida. No decurso normal dos acontecimentos, sempre incluímos pessoas que pensam como nós e concordam com o nosso ponto de vista, em geral atribuindo-lhes qualidades de inteligência. Da mesma forma, geralmente excluímos pessoas que discordam ou não pensam como nós, muitas vezes supondo que elas são tolas ou que não sabem como trabalhar em equipe. Nossa experiência mostra que é essencial para a boa qualidade do diálogo ter pessoas que pensem de forma diferente e que estejam dispostas a discordar abertamente de qualquer um do grupo. Essas discordâncias muitas vezes acendem a centelha da colaboração criativa. Dessa forma, quando estiver planejando a sua colaboração, inclua pessoas que não tenham medo de discordar ou de dar uma opinião honesta, quando pedida. Assegure-se, também, de ter no grupo bons ouvintes. Esses muitas vezes agem como mediadores e ajudam os demais a reconhecerem a verdade nas palavras com as quais eles discordam, em vez de tratar as palavras alheias como algo hostil.

Abrace o adversário. As negociações entre Nelson Mandela e F. W. DeKlerk colocaram um ponto final no regime de *apartheid* na África do Sul e na ameaça de uma guerra civil. A idéia de abraçar o inimigo começa no coração e na mente, quer esse "inimigo" esteja num país estrangeiro, no escritório ou em casa. Isso significa fazer uma escolha existencial de olhar os seus inimigos com compaixão e compreensão, em vez de ódio. Significa vê-los, e suas atividades passadas, como pressões sob as quais eles estavam e como circunstâncias do momento, em vez de como algo que eles fizeram contra você. Uma das coisas mais úteis que você pode fazer para "Chegar à Paz" ou para resolver algum conflito é abraçar o adversário e incluí-lo no seu grupo, ou, pelo menos, começar um diálogo significativo sobre os problemas que ambos enfrentam.

Pense na direção oposta, ao "incluir os excluídos". Se estiver pensando em convocar pessoas mais velhas e experientes, pense na direção oposta e inclua elementos mais jovens e inexperientes, que podem estar mais sintonizados com os tempos atuais. Se pensar em homens, inclua mulheres, e assim por diante. Por exemplo, um número crescente de companhias do Vale do Silício está investindo em novos produtos de programação e computação gráfica ao contratar adolescentes e jovens de 20 anos para ajudá-los no esforço de desenvolvimento. "Essas pessoas não precisam pensar no futuro do mesmo modo que um engenheiro de 40 anos", diz um executivo. "Elas são o futuro." Outra boa idéia é incluir pessoas excluídas. Na África, um passo importante para os projetos para eliminar a fome começaram a ocorrer quando as conversações incluíram as mulheres, que tradicionalmente eram deixadas de fora nas discussões.

II. *Convite*

Formule o convite para reuniões de colaboração de forma a empolgar e a tranqüilizar as pessoas.

O projetista Fred Holt coloca no gancho o seu telefone de bolinhas vermelhas. Ele acabou de receber um chamado de Douglas Dayton, seu chefe na

IDEO, convidando-o para participar de um conselho. "Uau!" ele grita, enquanto dá um soco no ar. Pela terceira vez neste mês ele recebeu o sinal verde. Esses conselhos são a parte preferida do trabalho, e esse convite significa que os superiores estão satisfeitos com a sua contribuição.

Quantas pessoas? De acordo com a diversidade da composição, o número de pessoas a serem convidadas deve adequar-se ao objetivo da colaboração. Nas conversações entre israelenses e palestinos, um grupo grande, de cinqüenta a sessenta pessoas, em cada um dos lado foi enviado a Washington. Enquanto a equipe israelense era de representantes oficiais, a liderança do grupo palestino não era representante oficial da OLP, mas uma mistura de pessoas de vários países árabes. Esses dois grupos passaram mais de um mês discutindo pormenores, como quem se sentaria onde, por exemplo. A postura e a atitude de defesa eram ainda mais intensificadas pela atenção da imprensa. Enquanto isso, o canal secreto de Oslo representava não apenas conversações diretas como também um cenário mais intimista, entre equipes de negociação combinadas de três ou quatro pessoas.

Nem sempre se exige um grupo pequeno. Os presidentes de grandes empresas, por exemplo, estão convidando cada vez mais gente para as reuniões, um número superior a cem pessoas, algumas vezes. Nessas reuniões, sonhos e valores são definidos em conjunto e perguntas são feitas sobre como aperfeiçoar as futuras oportunidades da empresa e os processos atuais. Atacar uma questão social comunitária algumas vezes pode ser feito mais produtivamente com grupos maiores. A Future Search, por exemplo, costuma convidar de sessenta a setenta pessoas para conferências nas quais são abordados problemas da comunidade, tais como a necessidade de se melhorar o ensino. Seu objetivo é ter "todo o sistema" dentro da sala. "Queremos encorajar a formação do maior número possível de novos relacionamentos, de forma que as pessoas vejam o quadro todo e resolvam os problemas criativamente."

Como formular o convite. Faça todo o possível para empolgar e tranqüilizar os convidados que participarão de uma aventura colaborativa. Afinal, você os está convidando para tomar parte num empreendimento estimulante, isto é, no importante trabalho de resolver problemas criativamente. Pelo fato de que o seu projeto será realizado na companhia de outras pessoas interessantes, competentes e criativas, o caminho, independentemente do resultado, será a sua própria recompensa.

O estímulo é essencial. Faça o convite de maneira que inspire, intrigue e tranqüilize os participantes. Os planejadores de conferências numa escola de comércio associada à Future Search enviaram uma peça de um quebra-cabeça por semana, durante cinco semanas, para cada convidado. Para conseguir a sexta e última peça, eles teriam de comparecer à conferência. Como exemplo, um convite para uma conferência sobre o futuro da sua organização poderia conter as seguintes palavras: "O trabalho da conferência baseia-se na premissa de que o futuro não acontece simplesmente. O futuro resultará, em parte, daquilo que fizermos, ou não fizermos, hoje."

Também é importante tranqüilizar as pessoas. O Public Conversations Project liga para um ativista no movimento pró-vida de Boston: "Gostaríamos de convidá-lo a participar de um novo debate sobre o aborto", dizem. "Será um debate diferente daquele a que estamos habituados. Não será bem um debate, mas sim um diálogo tranqüilo entre pessoas com pontos de vista diferentes. Também serão convidados alguns representantes do grupo pró-escolha." Em geral os convidados estão dispostos a participar, pois anseiam pela oportunidade de serem ouvidos, de forma inovadora, por alguém que eles desejam desesperadamente atingir, isto é, pessoas do lado oposto ao deles.[6]

III. Preparação

Dedique algum tempo a preparar cuidadosamente a primeira reunião de colaboração.

Durante a vigência do *apartheid* na África do Sul, Clem Suntner, da Shell Oil Company, conduziu um exercício de planejamento sobre o futuro do país, resultado de uma exibição de diapositivos baseada em dois cenários. Um deles era chamado de "estrada alta", e mostrava a África do Sul, caso fosse eliminado o *apartheid*, num período de transformações sociais, para depois tornar-se um país poderoso e respeitado, exemplo de paz e prosperidade para o resto do continente africano. O outro cenário, chamado "estrada baixa", mostrava como seria o país se o *apartheid* continuasse com plena força, com os brancos mantendo o controle durante algum tempo, depois os conflitos inevitáveis e violentos e a progressiva deterioração política e econômica. A exibição dos diapositivos viajou por todo o país, sendo mostrada para brancos e negros, para audiências mistas, em escolas, auditórios, hospitais e companhias. Depois das exibições, ocorriam calorosas discussões. Essa mostra levou muitos líderes a ajudar a quebrar a barreira que poderia ter levado à violência.

Providencie informações sobre uma realidade desejável, presente e futura, que desencadeiem a discussão. Pense cuidadosamente sobre quais informações seriam necessárias, como no caso da África do Sul, para desencadear uma conversação eficiente e catalítica. No Projeto Marte, foi feita uma análise de "Como é agora?", na qual anotavam numa tabela tudo o que sabiam sobre como chegar a Marte, e numa outra tudo o que não sabiam, inclusive como poderiam atingir o objetivo com um orçamento limitado e em tão pouco tempo. Quando o Projeto Fome designa uma nova "zona sem fome", ele pede a uma pessoa bem-informada que escreva um relatório chamado "O que é assim?" Essa é uma análise fatual completa de todas as forças que atuam a favor para alcançar o objetivo de eliminar a fome daquela região em particular, bem como todas as forças que se opõem a ele. Essas análises tornam as pessoas conscientes do que é necessário e desejável para alcançar a meta e aquilo que está faltando e que, se for providenciado, poderá possibilitar a sua consecução. Muitas empresas, como a Nortel, a Xerox e a Lucent Technologies, fazem o mesmo tipo de exercício em seu processo de planejamento estratégico. Um grupo reunido para pesar o futuro de uma empresa, por exemplo, deveria conhecer bem a história da mesma, a força dos principais concorrentes, as importantes tendências que poderiam afetar os esforços da empresa agora e no futuro. Caso você esteja preparando uma apresentação para um novo cliente, por exemplo na área de consultoria, envie de antemão materiais relevantes que possam adiantar as discussões. Você poderia mandar uma breve análise dos problemas do cliente e dos concorrentes, bem como algumas idéias básicas para um projeto, incluindo suposições essenciais, sem excesso de pormenores, e a descrição de outros projetos semelhantes que tiveram bons resultados.

Se você espera gerar uma discussão criativa e produtiva sobre algum tópico particularmente controverso, talvez possa seguir o exemplo do pessoal do Public Conversations Project. Freqüentemente, eles conversam com os participantes antes da primeira reunião e pedem que sejam levados em consideração os seguintes pontos:

Qual é a história dos seus relacionamentos?
Quais são os impasses nas suas discussões?
Como foram as conversações anteriores?
Que progressos ou sucessos foram atingidos?
Que esperanças e preocupações você traz para o diálogo?

Quando ambas as partes se encontram, os mediadores podem utilizar a sua compreensão de velhos padrões como base para propor as regras fundamentais que evitarão que os antigos problemas possam sabotar essa nova tentativa de se chegar a novos entendimentos.

Estabeleça um relacionamento compensador entre duas pessoas para montar o palco para a união do grupo maior. Há certas coisas que precisam acontecer antes da primeira reunião em que você mostrará a sua colaboração. Pode-se entrar em contato com alguns indivíduos de importância vital, os "compassos de leme", para que reúnam as pessoas certas. (Quando você move o timão de um navio, ele movimenta uma pequena peça do leme chamada compensador, que por sua vez cria uma pressão na água que movimenta as peças maiores do leme.)

O pessoal do Projeto Fome, por exemplo, como mostraremos na próxima seção "Interlúdio", sempre entra em contato com os "convocadores", que são pessoas cuja finalidade é persuadir os demais a se reunirem à mesa. Além desses, convoca também os chamados "maduros". Terje Larsen, das negociações de paz de Oslo, foi apresentado a Yossi Beilin por um amigo comum. Os contatos entre eles deram início a um "canal alternativo de negociações", sob os auspícios do governo da Noruega.

Antes da primeira reunião, é importante reparar antigos erros com conexões fundamentais que possam atuar como um compensador do leme movimentando um grupo maior e aproximando as suas partes. Por exemplo, nas reuniões realizadas para a fusão entre a British Tele e a MCI, o diretor da British Tele decidiu encontrar-se pessoalmente com o diretor da MCI sem advogados e sem funcionários para apressar, em vez de retardar, o processo de discussões entre ambos os lados.

Esse procedimento poderia ocorrer também entre dois departamentos, especialmente naqueles onde predominam o preconceito e a manutenção de estereótipos. Por exemplo, consultamos o Genetics Institute, empresa onde havia um desentendimento entre dois dos seus diretores: Ed Fritsch, do departamento de Recursos e Pesquisa, e Carl Illian, do controle de qualidade para a FDA. Os dois nunca perceberam a atmosfera pesada que o seu relacionamento espalhava por toda a companhia. Nós proporcionamos o diálogo entre eles durante um seminário de Conversações Colaborativas, o que acabou por provocar uma grande abertura no seu relacionamento e eles começaram a se comunicar mais abertamente, mais honestamente e com maior regularidade. Ao modificar esse relacionamento, pareceu-nos que havíamos causado um impacto sobre muitas outras pessoas, servindo como um microcosmo de organização de aprendizado em vários níveis.

IV. Mediação

Dedique algum tempo para cultivar a confiança, começando por cumprimentar as pessoas à porta.

Uma das coisas mais estimulantes na idéia de colaboração é a possibilidade de encontrar pessoas de profissões, disciplinas e orientações políticas diferentes e envolvê-las num verdadeiro diálogo. Os cientistas e engenheiros do Projeto Marte adoraram a oportunidade que tiveram de ensinar a seus colegas as suas ocupações e aprender com eles, mutuamente. Os israelenses estavam curiosos sobre o que os palestinos pensavam, e vice-versa, apesar da costumeira atitude de defesa que ocorre nas declarações à imprensa. Os melhores profissionais de vendas estão sempre curiosos para saber o que os seus clientes pensam realmente.

Por outro lado, a colaboração criativa não é a mesma coisa que jogar ervilhas, cenouras e batatas numa panela. Ela representa um desafio para as relações humanas. Imagine o presidente de uma empresa que tenha a reputação de exercer uma liderança do tipo "comando e controle", dizendo à sua equipe que deseja utilizar uma abordagem mais associativa, embora reconheça que é difícil abrir mão do excesso de controle e ache que, sob pressão, ele possa querer retomá-la. Imagine trinta mil pessoas juntas num departamento como resultado de uma fusão súbita envolvendo dois grandes bancos, tendo de agir como uma equipe. Imagine um grupo de israelenses solicitado a negociar com palestinos que, na sua opinião, fazem parte de um grupo de terroristas que colocou bombas na sua cidade. Imagine uma mulher africana, anteriormente excluída de conversações para acabar com a fome, tendo a sua presença solicitada em uma reunião com os homens que a deixaram de lado durante anos.

Assim, um dos papéis fundamentais na viabilização das primeiras reuniões, e das seguintes, é começar devagar a construir relacionamentos. Isso significa adotar como prioridade a criação de uma atmosfera familiar na qual as pessoas sejam autênticas e vulneráveis. Isso é necessário para vencer estereótipos e preconceitos e construir a confiança, quer seja com refeições em comum ou tomando uma bebida juntos num bar, num ambiente bem-humorado, como Terje Larsen, nas conversações de Oslo, ou conseguir que todos se dirijam a um lugar afastado no qual se possa adquirir uma visão comum e fazer alguns exercícios de como constituir uma equipe. Fazendo é que se aprende. Como afirmou a esposa do embaixador norueguês Holst, Marianne Heiberg, "Quando Abu Ala e Uri Savir começaram a negociar, eram inimigos encarniçados. Quando partiram, eram como irmãos."

Embora possa parecer um pormenor sem importância, o modo como você cumprimenta os seus colaboradores pode determinar se o grupo começará com o pé direito ou não. Fale diretamente com cada um, dirigindo-se a cada participante pelo nome. Faça o possível para ser caloroso e hospitaleiro. Pergunte se eles têm alguma necessidade a ser atendida ou dúvidas a serem resolvidas imediatamente. O reconhecimento individual de cada participante ajudará a aliviar qualquer ansiedade que ele possa ter sobre sua capacidade de enquadrar-se no grupo. Para estabelecer um tom de igualdade, será interessante você reconhecer os membros mais eficientes ou conhecidos do seu grupo da mesma maneira pela qual você cumprimenta os menos conhecidos ou menos eficientes.

Apresentações. É importante pensar na primeira reunião como o momento para se construir a comunidade. Talvez seja útil considerar o primeiro encontro como uma reunião sem pauta, para que as pessoas simplesmente possam se conhecer mutuamente como seres humanos, não como meras posições numa discussão política ou funções num negócio. Nada sufoca mais a criatividade e o trabalho de equipe do que preconceitos, sentimentos reprimidos ou hostilidade aberta. Nada a incrementa mais do que encontrar um terreno comum a dois seres humanos, o que cria a sensação de pertencer a alguma coisa e o espírito de comunidade. As relações pessoais são os supercondutores das idéias criativas.

Descubra o que as pessoas são e o que é importante para elas. Se o grupo for novo, isso oferece a oportunidade para as pessoas devolverem estímulos, ficar à vontade e envolverem-se numa conversação informal que elas normalmente não teriam, e permite que elas se sintam à vontade e bem umas com as outras.

Muitas vezes, os mediadores pedem a seus debatedores para virem munidos de uma declaração inicial, que contenha um histórico da discussão, como o problema surgiu, como ele é encarado, por que ele é visto daquele modo e o que eles gostariam que acontecesse em seguida.

As conferências da Future Search começam com apresentações nas quais as pessoas declaram brevemente como se envolveram na questão em pauta, seus "orgulhos", isto é, suas realizações ligadas à questão e da qual estejam orgulhosos, e seus "arrependimentos", ou seja, algo que tenham feito e de que se arrependem.

Na AT&T, um grupo de empregados que nunca havia se encontrado antes reuniu-se para participar de um projeto para o qual haviam-se oferecido como voluntários. Um por um, apresentaram-se ao grupo, dizendo seu nome, posição, o motivo pelo qual estavam interessados no projeto e que tipo de especialidade e talentos ofereciam para a tarefa em questão.

A palavra mais importante. Um dos nossos exercícios favoritos de construção de comunidade é dar a volta pela sala e pedir a cada pessoa para dizer a palavra que ela considera como a mais importante e por que ela é a mais importante. Depois que identificar uma palavra, qualquer um pode explicar sua seleção ou sondar os outros com perguntas sobre a sua própria escolha. Uma conversa poderia desenvolver-se do seguinte modo:

MICHEL: Luc, você disse que a palavra mais importante para você é "desafio". Pode explicar o que você quer dizer com isso?

LUC: Quero dizer que pretendo alcançar objetivos importantes em áreas para as quais tenho talentos e interesses, como o desenvolvimento de produtos. Também quero desafiar a mim mesmo e à minha equipe para desenvolver produtos que ofereçam diferenças significativas, e não apenas as mesmas coisas que vinham sendo oferecidas antes, de um modo melhor!

MEDIADOR: Luc, há alguém no grupo cuja palavra mais importante o tenha deixado curioso?

LUC: Há sim, Hal. Quando você disse que sua palavra mais importante era "divertimento", o que você estava querendo dizer com isso?

HAL: Para mim, divertimento é trabalhar com pessoas novas para criar algo novo e diferente, algo de que eu não participaria normalmente!

Como eliminar os estereótipos e ressentimentos históricos. Se o grupo tem uma história de mágoas anteriores, como ocorre com israelenses e palestinos, grupos pró e antiaborto, ou engenharia e vendas, esse fato não pode ser ignorado.

É essencial criar uma atmosfera de verdadeiro diálogo, na qual as pessoas possam ver algo a respeito da outra pessoa pela primeira vez e que resulte na dissipação de estereótipos ou sentimentos negativos. É importante fazer algo para ajudar os participantes a se verem como verdadeiros seres humanos, com a sua própria visão original, suas incertezas e seus problemas pessoais. Do mesmo modo, é importante que as pessoas se tratem como pessoas que têm o seu próprio ponto de vista sobre questões apaixonantes ou controversas, em vez de tratar-se como representantes de uma determinada facção política ou de uma função profissional, com uma visão limitada e unilateral das coisas.

Ao criar uma comunidade de compromisso em torno de uma meta definida em grupo, comece dando a cada membro desse grupo a oportunidade para apresentar-se de forma pessoal e descontraída. O Public Conversations Project, que trata de questões apaixonantes como o crescimento populacional, o aborto e o meio ambiente, desenvolveu uma abordagem brilhante, passo a passo, para transformar relacionamentos carregados de estereótipos, questões altamente polarizadas e velhos padrões de conversações "emperrados". Eles começam as sessões, sobre o aborto, por exemplo, pedindo às pessoas que dividam um lanche, mas sem falar sobre qual é a sua posição na questão. Então, depois da refeição e de uma conversa informal, pedem a cada participante, isto é, pessoas que em geral estão em lados diametralmente opostos na questão, que dediquem alguns minutos para dizer alguma coisa a seu respeito, da sua pessoa, mas ainda sem explicar qual é a sua posição nessa questão.

Mais tarde, os participantes são convidados a dizer algo a respeito da sua relação pessoal com a questão, por exemplo, como se viram envolvidos nela. Eles são estimulados a falar, como seres humanos, sobre o seu ponto de vista particular, e não como representante de um dos lados. Eles são até mesmo levados a dizer onde existem áreas "de penumbra", ou conflitos de valor sobre a sua posição na questão. Em seguida, são feitas perguntas a respeito do que cada um disse que tenha enriquecido o diálogo.

O Public Conversations Project faz uso de formatos semelhantes para diálogos sobre outros problemas. Em cada caso, as pessoas são convidadas a deixar de lado a necessidade de persuadir os outros e, além disso, evitam tratar de questões retóricas. Essa estrutura encoraja os participantes a falar e a ouvir de um modo novo. O resultado é que começam a ver os outros como pessoas de verdade, semelhantes a elas mesmas, com preocupações que freqüentemente se justapõem, e não como extremistas que são contra os negócios ou contra o meio ambiente; nem como lunáticos com chifres na cabeça. Isso atua com eficiência para transformar a qualidade do seu relacionamento com os outros.

De acordo com Maggie Herzig, diretora-associada do Public Conversations Project: "A pessoa preocupada com o meio ambiente se dá conta de que as indústrias de madeira não são motivadas apenas pelo lucro, nem se voltam apenas para a destruição do meio ambiente a fim de acumular dinheiro. Elas também estão preocupadas com um futuro sustentável para as famílias e filhos de seus dirigentes; não querem prejudicar o meio ambiente e, na realidade, têm preocupações que se justapõem àquelas dos ambientalistas. De repente, o participante do movimento antiaborto deixa de ver a pessoa que é favorável a este como um assassino e passa a vê-la como um verdadeiro ser humano que se preocupa não apenas com o que pode acontecer a uma menina de 15 anos de idade que fica grávida, mas ao mesmo tempo demonstra seu interesse sobre o que acontece com a alma do bebê se ele for abortado."

Regras básicas para a mediação. Chegar a um acordo sobre as regras básicas para a discussão que seu grupo está para iniciar, também pode alimentar o espírito de colaboração. Sugerimos que você comece, propondo de início algumas regras básicas simples, regras essas que também sejam adequadas ao propósito específico da reunião. Por exemplo, nas conversações de Oslo, Abu Ala e Yair Hirschfeld concordaram a respeito das regras básicas quase que imediatamente. Isso teve um impacto enorme sobre as conversações. Como sabemos, elas incluíam:

(1) Criar um novo futuro; (2) Não se concentrar nas mágoas passadas; (3) Manter aberta a possibilidade de recuar, em todas as posições apresentadas; (4) Manter segredo total. Essas regras básicas mantiveram as discussões num caminho positivo e construtivo; evitaram a volta a polêmicas sobre o passado e viabilizaram a apresentação de idéias sem que os participantes temessem que elas fossem formalizadas imediatamente, ou que eles fossem apanhados pelos holofotes da imprensa.

É importante para o grupo ter as suas regras básicas. Se você estiver liderando o grupo, poderá dizer: "Isso é o que achamos que funciona, e é o que gostaríamos de propor." Uma vez que as pessoas escolham as regras básicas e as reconheçam, elas se tornam a base por meio da qual o mediador, caso haja um, poderá fazer intervenções apropriadas; essas regras básicas tornam-se também a base por meio da qual as pessoas poderão viabilizar a conversação por si mesmas.

Eis algumas regras básicas úteis para a mediação bem-sucedida de uma reunião colaborativa:

- *Tratar todos como colegas.*
- *Falar com boas intenções (nada do que você diz é neutro).*

- *Fazer perguntas a partir de uma curiosidade genuína, e não do cinismo.*
- *Discordar abertamente de qualquer pessoa do grupo.*
- *Evitar atribuir motivos e pensamentos aos outros.*
- *Inventar novas opções para romper pontos emperrados.*
- *Reter as propostas até que o acordo seja atingido.*
- *Encarar os fracassos parciais como parte do processo de resultados.*
- *Respeitar o caráter confidencial da discussão.*

Depois de fazer uma lista com as suas regras básicas, pergunte-se: "Seria preciso modificar as regras, acrescentar outras ou mesmo eliminar algumas?" Uma vez estabelecidas as regras básicas, elas tornar-se-ão a base sobre a qual o mediador, ou qualquer outro membro do grupo, poderá interromper uma discussão que não seja cortês ou produtiva, e trazê-la de volta aos trilhos.

À medida que o tempo vai passando e a comunicação entre os membros do grupo vai ficando mais complexa ou mais contenciosa, pode-se ampliar as regras básicas. Eis alguns exemplos de regras que outros grupos de colaboração acharam úteis:

- *Quando fizer uma declaração, dê um exemplo concreto.*
- *Reconheça todas as diferenças e aceite-as como reais.*
- *No final de uma reunião, discuta como a conversação evoluiu e o que o grupo aprendeu sobre a colaboração.*

Antes de adotar uma regra, lembre-se: o objetivo é simplificar a comunicação e não torná-la mais difícil. Assegure-se de que todas as regras básicas sejam simples e claras.

Comam juntos, vivam juntos e divirtam-se juntos, para transformar os relacionamentos. Michio Kushi, um filósofo japonês, disse certa vez: "Sonhar os mesmos sonhos, comer a mesma comida e viver no mesmo lugar resulta na experiência da comunidade." É inegável: essas três atividades humanas caminham juntas. Sonhar o mesmo sonho dá às pessoas o sentimento de um chamado comum, mesmo que antes tivessem sido inimigas. Viver juntas faz com que as pessoas se sintam parte de um mesmo mundo. Comer juntas não só enche o estômago mas é o reconhecimento implícito de que nós todos temos as mesmas necessidades fundamentais: o alimento. Afirma Russ McKinley, de Boise Cascade e membro da Applegate Partnership, uma colaboração de lenhadores, companhias madeireiras e ambientalistas: "São necessárias muitas bolachinhas, muitos bules de café, muitos almoços e muita ajuda mútua."

Muitas das colaborações que observamos, revelaram que a realização de objetivos elevados muitas vezes é viabilizada dividindo o alimento e a moradia.

Gier Pedersen, da equipe de Oslo, contou-nos como, todos os dias, depois de os palestinos e israelenses encerrarem uma dura negociação, eles tomavam juntos a refeição e algumas bebidas. Ele notou que esse companheirismo parecia ter um efeito eficaz na transformação das suas relações. Marianne Heiberg disse que o uso dos mesmos alojamentos teve efeito semelhante. Segundo ela: "Propositadamente, alojamos todos em pequenos e aconchegantes hotéis, de modo que eles não poderiam afastar-se uns dos outros." Rob Manning e Matt Golombek, do Projeto Marte, ressaltaram que o alojamento conjunto é um fator vital no tipo de comunicação amigável, cara a cara, que permitiu ao grupo resolver problemas sem recorrer aos canais formais. Douglas Dayton, da IDEO, que nos mostrou seus escritórios em Lexington, no Estado de Massachusetts, fez questão de mostrar também uma ampla cozinha, com *pizzas* chiando no microondas, pipocas estourando e a chaleira de café fervendo.

Criar uma nova atmosfera, estimulante e divertida, é também um importante fator de viabilização. Terje Larsen atenuou a rotina das negociações contando piadas a noite toda. Douglas Dayton também mostrou as motonetas, bicicletas e patins encostados na parede perto da cozinha.

INTERLÚDIO

Joan Holmes e o Projeto Fome

Quando um líder como George Bush enfrenta a nação na sala de imprensa da Casa Branca, na manhã seguinte à invasão do Kuwait por Sadam Hussein e diz: "Foi traçada uma linha na areia", isso se torna manchete. O número total de baixas em ambos os lados ficou em dezenas de milhares. Quando Joan Holmes, diretora executiva do Projeto Fome, assumiu uma posição contra a fome e a pobreza, há vinte anos, a tragédia da fome não se transformou em manchetes, mesmo que a devastação por ela provocada fosse muito maior que qualquer coisa que Hussein pudesse ter imaginado. Todos os dias, 35 mil pessoas morrem como resultado da fome crônica. Quase um bilhão de pessoas em todo mundo vive em condições de pobreza tão cruéis que não têm comida suficiente para satisfazer suas exigências alimentares diárias mínimas. Esse não é o tipo de fome que atrai a atenção da imprensa, como uma fome localizada; mas, como diz Holmes, é: "Um holocausto silencioso que continua dia após dia."

Há inúmeras razões pelas quais eu escolhi Joan Holmes e o Projeto Fome como exemplo de liderança lateral e de abordagem colaborativa.[1] Em primeiro lugar, a fome, como muitas preocupações da humanidade hoje, é uma questão de nexo. Ela está ligada inextricavelmente à resolução do persistente problema da pobreza, da instabilidade civil, da destruição ambiental e do crescimento populacional. Para enfrentar a epidemia mundial da fome, um líder deve enfrentar todos esses problemas e trabalhar com pessoas e grupos envolvidos em todas essas áreas. Ao contrário de Holmes, muitas das pessoas que lideram outros grupos humanitários se especializam numa das formas de sofrimento e afastam as demais. Muitas vezes elas competem por recursos e doações. Quando os problemas irromperam no Congo recentemente, por exemplo, grupos de ajuda se envolveram numa acirrada competição por doações, que lhes permitiria fechar seus orçamentos para o ano fiscal de 1997.

Em segundo lugar, a fome é um projeto que exige a colaboração criativa, pois as 35 mil mortes que ocorrem todos os dias são desnecessárias. O mundo tem comida mais que suficiente para alimentar as pessoas famintas do mundo. Como afirma Holmes: "A fome não é apenas um problema de comida, um problema técnico ou de produtividade, mas uma questão humana." Ela só existe porque os governos, os negócios e nós mesmos, como seres humanos, não nos organizamos de maneira que possamos assegurar que cada um tenha a oportunidade de saciar a própria fome. As agências filantrópicas e voluntários tradicionais, mesmo com as melhores intenções, muitas vezes tornam as coisas piores, agindo como se os pobres e famintos fossem impotentes, incapazes e improdutivos, o que reforça a situação atual, deixando de perceber que o que eles realmente precisam é de uma oportunidade.

O poder de se posicionar

O Projeto Fome é uma organização dedicada a criar uma nova pauta humana, que compreende muitas "iniciativas estratégicas" projetadas para tornar realidade a erradicação da fome e da pobreza no mundo. Quando Holmes foi escolhida como diretora-executiva, ela assumiu o compromisso pessoal de acabar com a fome até o ano 2000. Ela não estava fazendo simplesmente um gesto. Ela estava se comprometendo, realmente querendo fazer alguma coisa. Ela tinha de fechar todas as brechas na sua mente e tornar a definir muitas vezes suas posições: apesar de relutar em aparecer na mídia, passou a ser um porta-voz indispensável, deixando de ser uma americana autêntica no seu estilo e nas suas abordagens, para finalmente tornar-se uma pessoa global.

Perguntei-lhe como era assumir uma posição pela erradicação da fome e como isso havia afetado a própria vida. Ela disse que era muito estimulante deixar de projetar a sua identidade a partir de preocupações normais com trabalho e família, para assumir um objetivo maior que ela mesma. "Uma das coisas que percebi foi que as preocupações com os pequenos problemas, com as quais a maioria de nós se preocupa na vida profissional e pessoal, deixam de existir ou, caso surjam, desaparecem rapidamente", disse. "Por exemplo, reagir a pequenas ofensas e discordâncias, como 'Por que determinado líder do governo não veio a uma reunião?' ou 'Por que fulano não pôs a tampa no tubo de pasta de dentes?'" Diante do seu compromisso, essas trivialidades não podiam mais ter lugar na sua vida.

Das fanfarras ao desespero

Pouco depois que Holmes foi indicada como diretora-executiva, ela fez uma viagem à Índia, viajando em aviões fretados e vagões de segunda classe nos trens, permanecendo dentro do seu ponto de vista, mas com muito pouca pompa e circunstância ou recursos.

Quando chegou à Índia, onze mil pessoas morriam de fome e pobreza todos os dias, e ela se sentiu acabrunhada pela presença e pela experiência crônicas da fome. "Eu via as pessoas morrendo nas ruas de Bombaim", lembra-se. "Ao lado do feio espetáculo da fome, havia os sons e os odores ligados a ela. Em poucos dias, eu me senti esmagada pela imensidão da tarefa que tinha pela frente."

Ela visitou os escritórios dos burocratas indianos, acostumados com a tradição hierárquica da East India Company, que haviam tentado fazer alguma coisa para resolver o problema da fome mas fracassaram. "Sentimos muito", diriam, "estamos fazendo todo o possível." Holmes também viu que havia centenas de agências de ajuda humanitária que há muito tempo tentavam aliviar esse problema. No entanto, enquanto ajudavam os desafortunados, pouco realizavam para chegar às causas subjacentes. A persistência do problema chamou a sua atenção pelo fato de as pessoas comuns com quem ela conversou colocar a culpa no karma, o que, neste caso, era um tipo de desistência espiritual.

Quando Holmes voltou aos Estados Unidos, sentiu-se completamente desesperada. Ela havia assumido o compromisso de fazer algo de extraordinário, mas não tinha idéia de como tornar isso uma realidade. Ela nem sabia por onde começar. Tudo o que ela podia fazer era manter-se dentro da sua visão e do seu compromisso, que lhe diziam que, depois de retomar o contato com os amigos, patrocinadores e especialistas em diversas áreas, ela tinha de voltar à Índia. "Mesmo assim, seus sentimentos de medo e de desespero eram tão profundos", disse um membro de sua equipe, Michel Renaud, "que aqueles que a levaram ao aeroporto tiveram de ampará-la para entrar no avião."

Mudanças de paradigma

A viagem, no entanto, mostrou ser um divisor de águas. Joan Holmes mergulhara novamente nas cenas indianas: o contraste entre os hotéis internacionais, como o Bombay Hilton, os roteiros turísticos, com as suas glórias antigas e suas pretensões modernas, e as estações ferroviárias e as ruelas da cidade, nas quais as pessoas mendigavam de dia e, à noite, deitavam-se em seus cobertores para dormir. Essas cenas fortes levaram Holmes a ver a fome não como uma história de estatísticas, mas como uma história humana, que precisa ser tratada de forma humana.

Ela começou a definir seu papel de líder e a fazer o que ela dizia à sua equipe para fazer: pensar nas coisas em profundidade. Para eliminar a fome em lugares como Bombaim, uma liderança seria necessária, mas não o tipo de liderança dos burocratas que criavam formulários tão complicados para requisitar ajuda governamental que era mais fácil mendigar. Em vez disso, percebeu, seria necessário uma liderança mais colaborativa, dentro do contexto de uma organização que trabalha com muitos acionistas diferentes e reconhece a complexidade das questões que cercam a fome.

Seria necessária uma ajuda eficaz e a assistência de pessoas e de grupos de fora, mas não do modo que havia sido tentado no passado, o que essencialmente significava tirar a dignidade das pessoas ao tratá-las como seres indefesos e dependentes. Holmes reconheceu também que o contexto social, que permitia a persistência da fome em vez de tentar mudar as circunstâncias mediante ajuda, necessitava de alterações drásticas. Era preciso mudar os paradigmas, para ver as pessoas famintas como autores eficazes e criativos do seu próprio destino, e não como beneficiários passivos de uma ajuda externa.

Planejamento estratégico

Joan Holmes percebeu que, para conseguir criar um impacto, ela precisava desenvolver um processo de planejamento estratégico que produzisse resultados concretos. Junto com sua equipe e com colegas dos Estados Unidos e de outros lugares ela descobriu um método, que chamou de "planejamento estratégico em ação". Esse método consistia em se chegar a uma visão de conjunto para uma solução, avaliando qual seria o posicionamento do mundo em relação a esse ponto de vista e providenciando o que estava faltando e que poderia pesar na balança.

Hoje, o Projeto Fome criou nove "zonas livres de fome" na Índia, bem como em outras partes do mundo, que se concentram em pontos de influência para erradicar a fome. Em muitos deles, houve um progresso impressionante. O segredo é perceber o que está faltando, num sentido estratégico, e que poderia gerar uma solução, mais do que enviar algumas toneladas de trigo para um depósito que seria saqueado por guerrilheiros logo em seguida, ou que apodreceriam devido à ausência de infra-estrutura viária para fazê-las chegar às pessoas famintas.

Outra das questões tratadas pelo Projeto Fome foi o infanticídio feminino, ou seja, a morte de três mil meninas todos os anos. Elas não eram encaradas como uma bênção, mas como uma carga financeira para regiões que já estavam morrendo de fome. Esforços anteriores, que incluíam conversas com médicos e agências governamentais, mostraram-se inúteis. O Projeto Fome reuniu um amplo círculo de participantes e analisou o que estava faltando e que poderia modificar a situação. Era necessária uma mentalidade nova e atualizada, na qual as meninas seriam tão importantes quanto os meninos. O veículo e a estratégia para fornecer o que estava faltando eram a cobertura da imprensa.

Foi organizada uma grande conferência, reunindo poetas, compositores e produtores cinematográficos dos grandes estúdios de cinema. Juntos, eles se envolveram numa grande campanha para mudar a atitude do público a respeito das meninas. Eles criaram curta-metragens exibidos em todos os cinemas, quadros que eram mostrados diariamente na televisão e músicas que tocavam nas rádios. Esse extraordinário ataque da imprensa bombardeou a sociedade, durante um ano, com mensagens que diziam que as meninas eram, em todos os sentidos, tão valiosas quanto os meninos na sociedade moderna. As meninas podem tomar conta de você na velhice, exatamente como um filho. Num país onde os astros de cinema são "deuses", isso criou todo um novo conjunto de imagens das meninas e mulheres na sociedade. A campanha foi apontada como fator importante para a dramática redução da incidência do infanticídio feminino nas áreas que a imprensa foi capaz de alcançar.

No entanto, nas regiões mais remotas, a campanha não foi bem-sucedida. Assim, no ano seguinte foi criado um programa no qual os tradicionais teatros itinerantes iriam de aldeia em aldeia, levando o mesmo tipo de mensagem.

A liderança lateral é quase sempre invisível

Harry Truman disse, certa vez, que os homens fazem a História, e não o contrário, e que, quando falta liderança, a sociedade se paralisa. Perguntei a Joan Holmes sobre a liderança lateral, especialmente em relação a dotar pessoas de poder e fazê-las colaborar eficientemente. Ela respondeu que estava fascinada com a idéia da liderança lateral e da colaboração. Então ela disse algo que eu acredito ser esclarecedor, especialmente para aqueles que vêem a colaboração como um processo de grupo: "É preciso que haja liderança para criar a colaboração; ela não acontece simplesmente, como muitas pessoas acham, nos negócios, no governo e nas Nações Unidas."

Holmes nos relatou: "Nós desenvolvemos uma abordagem muito colaborativa. Muitas vezes, patrocinamos grandes conferências em todo o mundo para erradicar a fome ou para definir qual será o próximo passo." Todavia, ela enfatizou que 85% do seu trabalho não é simplesmente o que se passa nessas reuniões e conferências; em vez disso, procura conseguir que as pessoas colaborem no projeto ou procura reunir colaboradores díspares. Muitas vezes, é apenas uma questão de apresentar as pessoas umas às outras. De acordo com um membro da equipe: "As pessoas, em geral, não sabem quem são as outras ou qual o potencial que ambas têm para contribuir, mesmo que seja para uma vocação comum às elas duas." Afirma John Coonrod, a segunda pessoa mais importante do Projeto Fome: "Nós nos concentramos na questão de saber quem são os líderes, quem são as pessoas que reúnem os outros e quem tem o poder de decisão nos vários grupos para fazer com que as pessoas se sentem e conversem numa conferência. Nós também procuramos as pessoas que já estão 'maduras'."

Em outras oportunidades, esse trabalho envolve a eliminação das barreiras. Holmes exemplifica dizendo que burocratas do governo que haviam recusado conversar uns com os outros durante anos, poderiam ser levados a superar a sua própria mesquinharia e descobrir que têm preocupações comuns. Ou talvez inspirar funcionários do governo a dialogar com pessoas das organizações não governamentais (ONGs). Coonrod acrescenta: "Se pudermos ajudar um burocrata, encarregado de iniciar um programa de bem-estar social ou de cortar os gastos, a perceber como a participação de uma ONG pode ajudar a alcançar seus objetivos, suas atitudes podem mudar de maneira surpreendente."

Esse é um tipo de liderança diferente daquele a que estamos acostumados. Líderes carismáticos fazem manchetes, mas, com a mesma freqüência, assumem posições que criam uma oposição e dividem os grupos. "O segredo da liderança lateral é juntar as pessoas apesar dos desertos e montanhas que os estão separando", diz Coonrod. É interessante notar que o tipo de liderança lateral, que é a coisa mais importante nos acontecimentos, quando comanda as pessoas e eventos por trás das cortinas, em geral não aparecem. Embora isso tenha um impacto muito forte, as pessoas não estão conscientes de quem o está causando.

Coonrod assinala, no entanto, que só porque a liderança lateral talvez não se enquadre na nossa visão do que são líderes eficientes, não significa que ela não exista ou que não seja importante. Quando problemas complexos levam à criação de novos padrões de relacionamentos e atitudes, Coonrod acha que esse tipo de liderança é fundamental para criar um novo futuro para a humanidade no momento em que nos aproximamos do século XXI. É importante examinar essa liderança com rigor e decodificar seus princípios.

Coonrod considera Holmes e a si mesmo como exemplos de líderes laterais, mas ele também fala de pessoas com outros tipos de ocupação, como membros de equipes no Congresso, os quais, enquanto seus chefes pontificam e assumem posições, tomam a iniciativa de descobrir qual é a posição das pessoas nas questões, aplainam o terreno comum e esboçam a legislação que de fato será aprovada.

Rumo à organização colaborativa

Joan Holmes é uma executiva altamente qualificada, principalmente no trato com as pessoas. Certa vez, durante uma viagem ao Canadá, ela perguntou a Veronica Pemberton, que na ocasião era diretora nacional do Projeto Fome naquele país: "Como vão as coisas?" Veronica fez um relato dos últimos resultados e, então, começou a chorar dizendo: "Nada vai bem. Eu animo os voluntários, mas costumo ser dura com o pessoal e eles resistem à minha pessoa." Joan respondeu: "Você tem problemas por estar na posição que ocupa." Veronica respondeu: "Não pode ser. Eu digo e faço coisas o dia inteiro para que elas aconteçam." Joan retrucou: "Eu acho que você entendeu mal; eu disse que acho que você tem dificuldade por 'estar' na sua posição." "Então, eu entendi", concluiu Pemberton, "é quem você é na sua posição que conta, e não o que você diz ou o que você faz."

"Joan tem o dom natural de assumir toda a responsabilidade, de ser grata com autenticidade, de dar aos outros a dádiva da sua presença, que torna inspiradora a sua posição e dota os outros de poder para apoiá-la. Quando ela fala, você sente que é uma pessoa que pode ter um papel importante para pôr um fim à fome. Há alguns anos, na entrega do *Africa Prize*, Joan parou e conversamos por alguns minutos, e ela estava completamente presente para mim, antes que fosse levada ao palco para encontrar Bill Clinton e Nelson Mandela", explicou Veronica Pemberton.

Holmes fala constantemente do seu ponto de vista e do seu compromisso com o fim da fome, mesmo nas reuniões da equipe. Pemberton continua: "Eu não entendia isso no começo, mas depois vi que o que ela fazia era reestruturar nossa perspectiva para sair das nossas manias habituais e preocupações mesquinhas, e levar-nos de volta ao porquê do nosso ponto de vista. Ela também estava sempre agradecida e satisfeita, e apoiava qualquer pessoa que demonstrasse interesse em contribuir para o fim da fome. Se alguém agia tolamente, ela não dizia nada, e agia como se perguntasse 'o que está faltando' e que, caso ela fornecesse, poderia mudar o comportamento da pessoa. Embora eu nunca a tenha visto impor os seus pontos de vista ou dar uma ordem numa reunião, ela pode ser muito ríspida quando algo precisa ser feito."

De muitas formas, Joan Holmes projetou um tipo muito diferente de organização que está à frente do seu tempo. No início dos anos 80, muito antes que isto se tornasse uma divisa da Continental Airlines e da Burger King, ela falava sobre como a pessoa podia deixar a sua marca neste mundo. "Ela dava a cada pessoa na organização a sensação de que eles eram 'o projeto todo', de que eram responsáveis pela sua totalidade, e não apenas por uma parte dele."

Ao mesmo tempo, ela acredita profundamente que as questões estão relacionadas entre si. Nos primeiros dias da organização, muito antes que se tornasse moda falar em equipes e processos multidisciplinares, Holmes falava em alinhamento da totalidade, ou seja, todas as pessoas estariam envolvidas no projeto. Ela tornou essa perspectiva real por meio de conferências globais por telefone, numa época em que ninguém havia ouvido falar de conferências telefônicas, pelo correio eletrônico, antes de muitas pessoas terem ouvido falar na Internet e com longas reuniões projetadas para dar às pessoas uma idéia do quadro total. Ela criou um escritório global em Nova York, separado do escritório norte-americano, que era territorial. Criou uma infinidade de relacionamentos estratégicos com pessoas nos negócios, governos e organizações acadêmicas.

Trabalho de campo na zona livre de fome em Mpal, no Senegal

Criar uma combinação extraordinária de pessoas para acabar com a fome na África, por exemplo, significava procurar as mulheres africanas, que tradicionalmente são deixadas de fora dos papéis de liderança na sociedade. Isso representava alguns dilemas para Holmes e para outras pessoas do Projeto Fome. Michel Renaud fala de uma conferência realizada no Senegal com a intenção de apresentar o projeto às pessoas que estão no nível mais alto do governo e dos negócios, e para iniciar um plano estratégico para acabar com a fome naquele país. Dez aldeias da região de Mpal foram escolhidas para um projeto de campo, para uma aplicação inicial da metodologia da estratégia do "planejamento-em-ação". Aquelas vilas eram conhecidas como "as aldeias esquecidas do Senegal". Michel conta: "Convidamos vinte colaboradores de alto nível dos Estados Unidos, Europa e Canadá para que eles pudessem conferir em primeira mão o que estavam financiando e para que os habitantes do Senegal pudessem ver que pessoas de todo o mundo as estavam apoiando."

"Convidamos também ministros de governos que controlavam programas sociais, acadêmicos que elaboravam estratégias de política nutricional e agrícola, membros de organizações não-governamentais, homens de negócio e líderes de movimentos camponeses. Também convidamos as líderes de trinta grupos de mulheres, que nunca haviam participado de nenhuma discussão, embora sejam as mulheres que geralmente sofrem mais com a fome e têm a responsabilidade básica pelos cuidados com a saúde, educação e nutrição. A produção agrícola da África estava caindo, no final dos anos 80. Isso, em parte, porque os fazendeiros estavam sendo marginalizados. Descobriu-se que muitos dos funcionários das organizações de ajuda humanitária só conversavam com os homens e não sabiam que 90% dos agricultores eram mulheres.

"Recebi uma chamada do dr. Charlie McNeil, na noite anterior à grande reunião, alarmado com o fato de que nenhuma das mulheres havia respondido ao convite. Essas mulheres tinham razões muito boas para recusar-se a participar, pois jamais haviam sido convidadas antes e estavam ressentidas e particularmente preocupadas com o fato de que não seriam ouvidas. Charlie e eu pegamos o telefone e ligamos para cada uma delas e as convencemos a vir. No primeiro dia da reunião, elas se sentaram no fundo da sala. No segundo e no terceiro dia, elas se sentaram na primeira fila, e todo mundo reparou como elas conseguiram causar um impacto persuasivo e inteligente na reunião."

Michel conta a história de uma outra reunião que aconteceu em Mpal, depois dessa primeira: "Quando cheguei a Mpal, uma região deserta, tudo estava amarelado, coberto pela poeira do deserto. Não havia árvores nem colheitas e as pessoas andavam de forma vagarosa e cansada. Todos os jovens haviam deixado o local para ir a Dacar. Eles não viam nenhum futuro em Mpal."

Michel nos conta como ele teve de fazer as coisas de modo diferente: "A velha fórmula era muito 'de cima para baixo' e especializada. As pessoas das agências de ajuda humanitária chegavam e diziam: 'Temos o compromisso de alimentar vocês, pessoas famintas, e temos o conhecimento e a capacidade que vocês precisam seguir.' Estava implícita a noção de que: 'Você é uma pessoa faminta; você não fez um bom trabalho para alimentar a si mesmo, e agora você tem de nos ouvir.'

"Adotamos um modo de tratar o assunto totalmente colaborativo. Reunimos todas as pessoas — líderes da aldeia, agências estatais e organizações não-governamentais — e fizemos uma sessão de planejamento. Começamos perguntando aos líderes da aldeia: 'Do que vocês precisam? Com base nos compromissos, nos conhecimentos e na experiência de vocês, o que poderia ser importante para a erradicação da fome e da pobreza?' Fizemos a mesma pergunta a outras pessoas, encarando todos como participantes importantes. Produzimos um plano que representava a sabedoria coletiva de todos os envolvidos. Surpreendentemente, conseguimos fazer uma parceria com eles para fazer com que essas coisas acontecessem."

Michel disse que essa parceria abrangia o plantio de árvores frutíferas em lugares estratégicos para proteger o solo da erosão. Também envolvia providenciar a irrigação, junto com uma organização suíça que entrou como um terceiro elemento para trazer equipamentos de irrigação a custos baixos. As mulheres se organizaram para implantar algumas indústrias rurais que lhes permitissem comprar alimentos, sementes e utensílios agrícolas. Houve uma completa reviravolta na região.

Hoje, quatro anos depois, Mpal é um lugar diferente. A cor amarela do deserto foi substituída pelo verde das colheitas e pelo roxo, vermelho e amarelo das árvores frutíferas no horizonte. O gado é abundante. "A energia das pessoas mudou totalmente", argumenta Renaud. "Há uma nova atitude empreendedora. Os jovens não querem mais fugir para Dacar, pois vislumbram aqui um futuro para eles mesmos."

CAPÍTULO 5

O que acontece nas discussões: uma introdução

No trabalho que realizamos como líderes de aprendizado e em programas de transformação pessoal, durante mais de quinze anos, tivemos conversações extraordinárias com muitas pessoas, levando novas possibilidades para a vida delas, transformando seus relacionamentos e ajudando-as a quebrar os grilhões dos paradigmas que limitavam sua criatividade e eficiência. Houve um momento, com cada uma dessas pessoas, em que o seu rosto parecia iluminar-se radiante, quando seu coração se abria e elas tinham momentos de verdadeiras inspirações que lhes permitiam ver as coisas de forma diferente e alterar as suas ações.

Há alguns anos, imaginamos se seria possível ter as mesmas conversas extraordinárias com grupos de pessoas; por exemplo, uma assembléia de acionistas tentando conseguir algo impossível como explorar a superfície de Marte ou resolver algum problema inatacável, como a fome, ou solucionar algum conflito grave, como o entre palestinos e israelenses. Era um desafio, pois a maioria dos grupos estava sujeita a comunicações não autênticas, pensamentos fechados e rotinas de defesa.

Depois de anos de pesquisas com grupos de cientistas, empresários, funcionários do governo e de outros campos, podemos dizer que a resposta a essa pergunta é decididamente SIM! Nos próximos dois capítulos, apresentaremos um método prático de cinco fases para ajudar a desencadear essas conversas.

São conversas que têm o poder de transformar o que as pessoas são, bem como o seu modo de pensar e se relacionar, principalmente em diálogos que antes seriam considerados difíceis ou impossíveis.

Nessas conversas esclarecedoras, muitas vezes percebemos que o rosto de alguém no grupo se ilumina no momento em que ele rompe os estereótipos e os preconceitos, definindo metas comuns que resultam em pontos de vista desafiadores, agindo de forma harmoniosa e inovadora. Denominamos essas conversações extraordinárias de "conversa colaborativas". Nas páginas seguintes, daremos vários exemplos.

A colaboração acontece durante as conversas

Estamos falando de uma nova era, na qual a democracia e a Declaração da Independência, as revoluções científicas, como o desenvolvimento da bomba atômica, ou as rupturas geopolíticas, como a dos israelenses e dos palestinos em Oslo, os eventos marcantes das realizações humanas, raramente são o resultado de ações individuais, mas sim de pessoas que pensam e agem em conjunto, em algum tipo de colaboração.

O agente dessas colaborações é a conversação. É importante ver a colaboração não apenas como uma conversa, mas como uma rede de conversações. Esse série de conversas deve ajudar-nos a encontrar o caminho através do emaranhado inevitável de questões pessoais, visões e perspectivas conflitantes, até que possamos construir a base para um entendimento mútuo que resulte numa solução criativa.

Normalmente, a maioria das conversas que temos em reuniões de grupos concentra-se em tópicos tais como planejamento estratégico, resolução de problemas e conflitos e assim por diante. As conversas colaborativas focalizam os tópicos, mas focalizam também os processos. Descobrimos cinco fases, ou princípios, para uma conversação colaborativa que oferece linhas de idéias que mostram como nos orientarmos mais facilmente em qualquer tópico da conversação. Essa estrutura sólida, concisa e minuciosa permite a ocorrência de conversações mais criativas e colaborativas. A figura 5.1 mostra essas cinco fases. Mais adiante, examinaremos outros modelos de conversações que mostram como fazer um plano estratégico, resolver criativamente um problema, ou negociar um conflito, como parte do seu projeto de colaboração.

Como se desenvolveu a idéia das conversações colaborativas

O físico David Bohm, no livro *On Dialogue*, enfatizou a importância do diálogo na criação não apenas de um ponto de vista conjunto, mas na criação de um "significado conjunto que talvez levasse a algo de novo". Ele acreditava que isso poderia ser aplicado à solução de muitos dos problemas mundiais, principalmente aqueles que surgem da fragmentação, separação e incompreensão.[1]

Bohm, no entanto, estava mais interessado em usar o diálogo para reparar o dano causado pela excessiva fragmentação na nossa sociedade do que para criar ou realizar alguma coisa. Essa atitude foi resumida por um dos discípulos de Bohm, Bill Isaacs, que, numa conferência, à qual comparecemos, disse que o diálogo não serve para construir a comunidade, mas para pesquisar a natureza

Conversações Comuns se Concentram em Tópicos	Conversações Extraordinárias Equilibram Tópicos e Processos
• Indique possibilidades	1. Esclareça o objetivo da conversação
• Fale sobre estratégias	2. Reúna pontos de vista e perspectivas divergentes
• Resolva algum problema ou questão	3. Procure fazer com que os diferentes pontos de vista e perspectivas se dirijam para um entendimento comum
• Solucione algum conflito	4. Crie "novas" opções ao ligar os diferentes pontos de vista
	5. Produza conversações direcionadas para as ações

FIGURA 5.1
Diferenças entre conversações comuns
e conversações extraordinárias

da comunidade. As colaborações, pelo contrário, baseiam-se em visões inspiradoras e são profundamente significativas, mas concentram-se nas realizações práticas, rotineiras, resultantes das conversações.

Há alguns anos, indagamos como poderíamos incorporar o espírito de diálogo a essas conversações, mas com a visão voltada para a criação de novos valores e, de fato, realizando algo extraordinário. Dessa forma, isolamos o termo "conversações colaborativas".

Fomos inspirados por exemplos profundos, mas práticos, de conversações colaborativas, como os Acordos de Camp David, mostrados adiante, que encontramos no livro de Roger Fisher e Bill Yuri: *Getting to Yes*. Ambos também foram modelos muito úteis de como estruturar uma conversação difícil de forma a produzir resultados. No capítulo 7 daremos mais informações.

Os acordos de Camp David são um exemplo consumado de conversação colaborativa

O exemplo dos Acordos de Camp David, que mencionei no capítulo 1, merece ser descrito aqui, pois é essencial para compreender a natureza da conversação colaborativa. O ex-Presidente Jimmy Carter foi o mediador da conversação. Ambos os Chefes de Estado, Menachem Begin, de Israel, e Anwar Sadat, do Egito, queriam a paz, mas tinham opiniões estereotipadas a respeito um do outro e pontos de vista divergentes sobre questões espinhosas, como o que fazer com a Península do Sinai, que fora capturada por Israel na Guerra dos Seis Dias.

Mas havia algo diferente: apenas os dois homens, naquilo que Yossi Beilin denominou "contato básico", estavam cara a cara no cenário intimista de Camp David, o que constituiu um momento histórico. Conforme Beilin ressaltou: "Toda vez que as pessoas conversam e têm um diálogo, elas voltam e me dizem que ficaram admiradas ao descobrir que o inimigo não tinha chifres na cabeça." Essa descoberta cria um clima para que se tratem mutuamente como colegas que estão lidando com um problema comum.

Carter desempenhou um papel-chave ao possibilitar esse encontro, bem como ao criar condições para aquilo que Bush e Folger chamam de "potencialização" e "reconhecimento". Ele começou perguntando a Sadat o que o território ocupado do Sinai significava para o Egito. Sadat respondeu, com sinceridade e vulnerabilidade, que desistir do Sinai seria desmoralizar-se, que aquela região sempre fez parte do Egito e era o território sagrado dos faraós. Deu para notar na expressão de Begin que ele teve o que Joe Folger denomina de "momento de reconhecimento". Esse momento especial foi um exemplo de uma conversa colaborativa eficaz, da qual pode surgir um entendimento comum. Subitamente, começamos a ver a pessoa com a qual negociamos como um ser humano. Muitas vezes, isso altera o tom do diálogo, de preconceito e desprezo para compaixão e entendimento.

Depois disso, Carter perguntou a Begin o que o Sinai significava para Israel. Este respondeu com simplicidade que os israelenses não queriam ter a presença de tanques e mísseis a 15 quilômetros de sua fronteira. Novamente, Carter pôde ver a expressão no rosto de Sadat de que o entendimento comum havia se desenvolvido por meio de outro instante de reconhecimento.

Nesse ponto, Carter assinalou que os dois homens estavam autorizados a fazer escolhas pelos seus respectivos países, por todo o Oriente Médio e pelo mundo. Eles poderiam conviver com a profunda hostilidade que eles tinham um pelo outro, poderiam voltar a guerrear algum dia, ou então poderiam encontrar um modo de fazer a paz, abandonando a posição de "tudo ou nada" e levando em conta os interesses nacionais, de comunidade e de família. Carter pediu-lhes que apresentassem novas opções, por meio de reflexões mais intensas.

Tanto Begin quanto Sadat começaram com o objetivo comum de paz. Ambos tinham agora uma nova compreensão comum, que levou a uma idéia que jamais havia ocorrido a eles antes. O território seria devolvido ao Egito, mas seria criada uma zona desmilitarizada para dar a Israel a segurança reivindicada.

Essa solução abriu caminho para um tratado de paz em separado entre Egito e Israel e alterou dramaticamente o panorama político no Oriente Médio.

Nota: Os princípios da conversa colaborativa que vimos nesse exemplo podem ser usados não apenas em política internacional mas em qualquer departamento governamental, empresarial, universitário, escolar ou mesmo num escritório de advocacia. Eles também podem ser usados para atingir metas, resolver problemas complexos ou solucionar disputas.

Como antecipar as cinco fases de uma conversa colaborativa

Novas descobertas, em qualquer campo, surgem quando as pessoas anunciam possibilidades que nunca foram imaginadas anteriormente e colaboram para realizá-las. O objetivo de uma conversação colaborativa é aumentar a velocidade da transformação da possibilidade em realidade. Isso não envolve apenas atingir metas e resolver problemas práticos, mas também transformar o processo ou a maneira pela qual as pessoas pensam e se relacionam. Na realidade, embora freqüentemente tenhamos a intenção de ter conversações colaborativas, elas raramente acontecem. Isso nos traz inúmeros dilemas.

Como ter certeza de que falar e ouvir numa grande reunião programada terá um significado prático, e não será apenas falatório? Como estruturar um clima de confiança e de compreensão comum entre pessoas que vêem as coisas de modo completamente diferente umas das outras? Como conduzir conversações difíceis, nas quais há tópicos controvertidos, de forma a resultar numa solução renovadora e não num fracasso? Como levar a conversação, de um lugar no qual estamos tentando basicamente descobrir como fazer a mesma coisa um pouco melhor, para outro lugar, no qual façamos algo realmente criativo, inovador e diferente?

As cinco fases de uma conversação colaborativa serão uma eficaz ajuda na resolução desses e de outros dilemas. Elas representam, por um lado, um processo eficaz, estruturado, conciso, indicado passo a passo para assegurar que o pensamento criativo e o trabalho de equipe aconteçam de propósito e não por acaso, de forma que resultem na criação de novos valores. Por outro lado, as cinco fases representam um conjunto de idéias ou princípios diretivos que as pessoas podem ter em mente para quaisquer conversações.

Como uma boa tacada de golfe ou um bom saque de tênis, uma conversação colaborativa pode ser dividida em diversos componentes, cada um dos quais pode ser analisado e aperfeiçoado separadamente. Numa tacada de mestre, no entanto, cada movimento flui sem atrito até o próximo. A mesma coisa ocorre para a colaboração. No capítulo 6 exploraremos mais pormenorizadamente cada uma das fases de uma conversação colaborativa. Cada uma delas será mostrada por meio da abordagem do salto triplo e duplo, descrita no capítulo 2 e mostrada na Figura 2.1 — Aprendizado do salto triplo (ver pág. 80). Primeiro, observaremos *quem você precisa ser* nessa fase. Segundo, examinaremos os modelos mentais, as metáforas e as analogias úteis para guiar o seu *pensamento*. Terceiro, sugeriremos *coisas* a serem feitas e *armadilhas* que devem ser evitadas.

CAPÍTULO 6

As cinco fases de uma conversação colaborativa

Neste capítulo, analisaremos em maior profundidade cada uma das fases da conversação colaborativa. Em cada uma, daremos um exemplo de uma conversação extraordinária para ilustrá-la; mostraremos como você precisa ser; como você deve pensar, em termos de modelos mentais, metáforas e analogias; o que você pode fazer e as possíveis armadilhas para as quais deve estar alerta.

> 1. Esclareça o objetivo da conversação.
> 2. Reúna pontos de vista e perspectivas divergentes.
> 3. Procure fazer com que os diferentes pontos de vista e perspectivas se dirijam para um entendimento comum.
> 4. Crie "novas" opções, ao ligar os diferentes pontos de vista e perspectivas.
> 5. Produza conversações direcionadas para as ações.

FIGURA 6.1
As Cinco Fases de uma Conversação Colaborativa

PRIMEIRA FASE.

Esclareça o objetivo da conversação

Conversações extraordinárias

Na África do Sul, antes da recente resolução, a posição parecia ser uma clássica situação de ganhar ou perder. Os brancos iriam ganhar e os negros iriam perder, ou vice-versa. Então, à medida que o tempo passou, F. W. DeKlerk e Nelson Mandela perceberam que a situação, baseada nas relações antagônicas das pessoas, iria se *transformar muito rapidamente em perder ou perder, com ambos os lados sofrendo as conseqüências disso.*

DeKlerk pensou que os brancos manteriam o poder apenas pela pura coerção da força física, oprimindo os negros e não ouvindo suas preocupações. Ele perguntou a si mesmo: "Que tipo de país teremos se continuarmos pensando assim? Não seria uma nação na qual negros e brancos estariam acorrentados juntos pela violência e pelo ódio?"

Mandela percebeu que a maioria negra, que compõe cerca de 80% da população do país, venceria; mas então, que tipo de África do Sul herdariam? De qualquer maneira, parecia que seria uma nação em ruínas. Dessa forma, em 1990, os dois líderes começaram a pensar na possibilidade de um futuro diferente, realizando uma série de conversações, algo que exigiu uma enorme coragem, considerando os respectivos representantes.

Até ali, o objetivo que motivava as conversações entre Mandela e DeKlerk era o de conseguir o controle do futuro da África do Sul. Na realidade, esse objetivo orientava todas as ações e discussões entre negros e brancos nesse país. Agora, entretanto, esses dois homens viam a necessidade de esclarecer, ou de alterar, o propósito ou a natureza de suas conversações.

Eles começavam a falar e a ouvir em termos de: "O que podemos criar juntos, em benefício da África do Sul", e não tentando conseguir a vitória para seus respectivos lados. Mandela mencionou em sua autobiografia que, ao longo do tempo, ele percebeu uma mudança na maneira como DeKlerk o ouvia. Durante uma das visitas de DeKlerk a Mandela no presídio de Robben Island, Mandela disse a DeKlerk que desejava a paz e estava igualmente preocupado com o reconhecimento do Congresso Nacional Africano (CNA) e com a reação da minoria branca a isso. DeKlerk respondeu que queria reconhecer o CNA, mas pediu a Mandela que levasse em consideração os direitos da minoria. Tocado por esse intercâmbio sincero, alguns dias depois, DeKlerk libertou quase todos os prisioneiros políticos da África do Sul.

Essas primeiras conversações levaram a discussões posteriores, nas quais os dois homens criaram uma visão da África do Sul, na qual brancos e negros construiriam juntos uma nova sociedade. Foi preciso uma grande coragem, de ambos os lados, numa época em que uma colaboração desse tipo seria inimaginável e fora de cogitação. Não foram apenas esses dois líderes que alteraram a sua conversação e o seu relacionamento; eles levaram com eles os seus partidos, na direção de um projeto para criar uma África do Sul que pudesse competir no mercado mundial e satisfazer as necessidades de todo o seu povo, brancos e negros.[1]

Tornar claro o propósito da conversação é uma questão de definição

Uma conversa colaborativa é uma conversação dotada de um objetivo pela sua própria natureza. Ela sugere pessoas com diferentes visões e formações pensando e se relacionando, mas também criando e produzindo algo que nunca existira antes. Nós nos envolvemos em conversações colaborativas para realizar algo com que nos preocupamos apaixonadamente; por exemplo, uma visão comum para uma empresa, tal como resolver o problema da poluição ou eliminar conflitos familiares. Então, uma conversa colaborativa é diferente das conversações nas quais nos damos ao luxo de dar a nossa opinião sobre coisas pelas quais não somos responsáveis; é diferente também de apontar o dedo ou de bisbilhotar a vida alheia.

É importante esclarecer que o objetivo específico da conversação é eficiente e diferente de qualquer outra conversação que possamos ter. Por exemplo: "Estamos aqui para falar do nosso ponto de vista, fundamentado numa imagem de aspirações elevadas ou meramente para falar da complexidade, totalmente desencorajadora, da situação? Falaremos a respeito de uma solução rápida para os problemas, ou nos aprofundaremos nas suas causas fundamentais e nas suas soluções? O objetivo atua como a luz de um farol, que nos permite navegar através do processo, muitas vezes confuso, de fazer brotar novos pontos de vista, chegar a conclusões comuns em diversos assuntos e trazer idéias criativas. É importante compreender que a maneira como se "enquadra" o objetivo, terá um impacto significativo sobre se teremos conversas animadas, altamente motivadoras e catalisadoras, ou se você vai encontrar fracassos mais adiante.

Exemplos de Objetivos para Conversações Colaborativas:

- *Declarar novas possibilidades e novas oportunidades*
- *Criar uma comunidade de compromissos, que se posicione sempre em favor de alguma possibilidade*
- *Criar um plano estratégico*
- *Atingir metas, resolver problemas ou solucionar uma disputa*
- *Melhorar a forma pela qual as pessoas do grupo pensam e a maneira pela qual se relacionam entre si.*

O que você precisa ser nessa fase

Descobrimos que "quem você é" em geral conta mais numa situação do que apenas "o que você faz". Para ser eficiente em cada fase da conversação colaborativa é importante pensar no que você quer criar com os outros e depois perguntar a si mesmo como você poderia representar um fator de diferenciação. Isso mudará automaticamente o seu comportamento.

Por exemplo, se eu busco a minha identidade a partir do compromisso de ser o centro das atenções e falar muito, darei sempre um jeito de conseguir a palavra, mesmo que esse comportamento desvie o rumo da conversação. Por outro lado, se eu retiro a minha identidade do meu compromisso de ser uma pessoa profunda, objetiva, lúcida e concentrada, eu me comportarei de maneira bem diferente. Pense a respeito disso e pergunte a si mesmo: "O que eu preciso ser?" Uma vez que você tenha estabelecido esse ponto, entre na conversação a partir dessa postura, ou então, mais simples ainda, tente pensar num novo papel durante a conversação.

Modelos mentais, metáforas e analogias

Pense no objetivo como a lâmpada de um farol de navegação. Já falamos de um metáfora que nos ajudará a entender a natureza do objetivo, ou seja, pensar nele como numa luz que nos ajuda a ver onde estávamos, onde estamos agora e para onde estamos indo na conversação. Eis aqui algumas outras maneiras de se pensar a respeito do objetivo, que permitirão, a você e ao seu grupo, construir um modelo mental em grupo que ressalte a importância de se dedicar algum tempo a essa fase. Na realidade, em geral ela dura mais do que as pessoas imaginam.

Imagine o esclarecimento do objetivo como o foco de um raio *laser* sobre a conversação. David Bohm assinalou no seu livro *On Dialogue* que a maioria das conversas em grupo é incoerente.[2] As pessoas entram numa sala e começam a dar a sua opinião, sem prestar atenção na opinião dos outros ou questionar sobre as suas pressuposições. A conversação não tem direção; ela apenas preenche o espaço, como uma luz difusa numa sala. As pessoas não estão pensando em voz alta, elas estão pensando à parte. Esclarecer o objetivo da conversação capta toda essa energia e luz num só foco, como a luz vermelha de um raio *laser*.

Imagine o objetivo como se este estivesse dentro de um *contêiner* que pode armazenar o que quer que apareça na conversação. Um objetivo é como um *contêiner* para a conversação, no sentido em que ajuda as pessoas a pensar numa conversação em particular, em vez de misturá-la com outras. Ele lembra às pessoas que devem falar de maneira objetiva, bem como dar aos demais a dádiva da sua presença, ou seja, uma alta qualidade de atenção e escuta. O *contêiner* é uma imagem útil para reconhecermos que a conversação colaborativa poderá esfriar ou esquentar. O *contêiner* tem de ser resistente, tanto ao frio quanto ao calor, grande o suficiente para conter discussões razoáveis bem como as disputas aos gritos, nas quais as pessoas discordam e onde existe uma ebulição emocional. Essa escala de emoções pode ser parte do processo de se atingir o objetivo pretendido.

Exemplos de como esclarecer o objetivo da conversação

Que objetivo a colaboração pretende alcançar? Um bom exemplo da importância de se definir o objetivo da conversa, ou de uma série de conversas, foi dado por Bill Gates, da Microsoft que, quando fundou sua empresa, teve uma conversa com o seu sócio sobre o futuro do negócio. O parceiro começou a falar a respeito de vender tanto computadores como programas. Gates disse, em essência, que não queria ter esse tipo de conversa pois, quando o mercado de computadores estiver saturado, o de programas poderá expandir-se ilimitadamente. Ele preferia conversar sobre programas. O sócio compreendeu a sabedoria dessa abordagem. E o resto já é História. Do mesmo modo, nos primeiros dias da Intel, Andy Grove e os dirigentes da empresa tiveram uma conversa, na qual decidiram que não havia muito mercado para o computador pessoal e, em vez disso, decidiram concentrar-se na fabricação de microprocessadores. Depois dessa conversação, a Intel jamais construiu um único computador pessoal; no entanto, a etiqueta com a inscrição "Intel Inside" pode ser vista em quase todos os microcomputadores.

Nota: É importante aqui não confundir "esclarecer o objetivo da conversa" (primeira fase) com "esclarecer o objetivo ou determinar a meta do projeto de colaboração". A conversação para esclarecer o objetivo do projeto significa passar por todas as cinco fases de uma conversa colaborativa. O que estamos enfatizando é que, cada conversa deveria ter um objetivo claro e definido.

Esclareça como você pretende "enquadrar" o objetivo. Quando o Projeto Fome foi formulado, 35 mil pessoas morriam de fome todos os dias e abundavam as organizações encarregadas de tratar do problema. Elas tentavam resolver o problema da fome crônica e das pessoas que morriam, "oferecendo ajuda", ou seja, fornecendo alimentos. O Projeto Fome via a limitação desse procedimento, como ilustrada pelo velho ditado: "Dê ao homem um peixe e ele terá fome no dia seguinte; ensine-o a pescar e ele será capaz de alimentar-se por si mesmo." Eles criaram o projeto de uma "organização estratégica" bastante diferente, ou seja, uma organização dedicada a erradicar a fome permanentemente, e não para dar alívio temporário. Eles também criaram uma Declaração de Princípios que sustentava o projeto. Entre eles: ver as pessoas como plenamente capacitadas e não como beneficiárias, e resolver os problemas em colaboração com diferentes especialistas, em vez de trabalhar isoladamente. Esses princípios forneceram uma estrutura para literalmente milhares de conversações e influenciaram a maneira pela qual as pessoas passaram a agir no dia-a-dia.

Coisas que podemos fazer

Questões públicas para ajudar a esclarecer o objetivo da conversação. Se você tem dúvidas sobre o objetivo ou a forma da conversação, convoque o seu grupo de colaboradores e faça as perguntas relacionadas abaixo. Responder a esse tipo de pergunta exige adotar uma atitude de reflexão, o que não é simplesmente seguir uma receita.

- Há um objetivo claro para a conversação que seja coerente com aquilo que interessa a todos nós?
- Estabelecemos um objetivo passível de ser atingido? As questões e os problemas que definimos têm solução?
- A maneira pela qual definimos o objetivo ou problema poderá fornecer o resultado que queremos?
- A conversação levará adiante a colaboração e o aprendizado?

Armadilhas potenciais desta fase

- Fique atento para o desequilíbrio entre a construção de uma comunidade e as conversações orientadas para as tarefas.
- Fique atento para que não sejam definidos objetivos demais para uma conversação.
- Fique atento para não perseguir um objetivo que não esteja bem definido.
- Fique atento para não se envolver em conversações que não tenham objetivo ou que minem os esforços de colaboração, tais como bisbilhotices e maledicência.

---

1. Esclareça o objetivo da conversação.
2. **Reúna pontos de vista e perspectivas divergentes.**
3. Procure fazer com que os diferentes pontos de vista e perspectivas se dirijam para um entendimento comum.
4. Crie "novas" opções, ao ligar os diferentes pontos de vista e perspectivas.
5. Produza conversações direcionadas para as ações.

FIGURA 6.2
As cinco fases de uma conversação colaborativa

SEGUNDA FASE

Reúna pontos de vista e perspectivas divergentes

Conversações extraordinárias

Dora Sytek, porta-voz da Assembléia de New Hampshire, reuniu um pequeno grupo de pessoas interessadas em discutir a justiça juvenil. Conhecido como "Chá das Cinco", elas se encontravam nas casas umas das outras para se afastarem da arena legislativa. Fazia parte do grupo o Vice-Comissário de Correções, o Diretor de Divisão do Serviço de Crianças e Jovens (DSCJ), o Presidente e Vice-Presidente do Comitê de Correção e Justiça Criminal e a assessoria legal do DSCJ.

"Havia a idéia, entre os eleitores, de que os delinqüentes juvenis escapavam depois de levar apenas uma reprimenda quando cometiam um crime sério", diz Sytek. "O surpreendente é que as atitudes que eu esperava que os meus colegas levassem para a mesa de reunião não eram as que eles tinham de fato. O representante do DSCJ disse: 'Esses delinqüentes, na verdade, precisam de castigos mais severos do que eles estão recebendo sob o meu sistema.'

"O encarregado de correção para adultos, que todo mundo esperava que dissesse: 'Vamos dar umas pauladas nesses meninos de 17 anos', disse, ao contrário: 'Eu acho, que na verdade, eles precisam de tratamento.' Era uma reversão total das minhas expectativas. Mas eram pessoas práticas, que não estavam interessadas apenas na sua posição, mas sim em solucionar um problema comum.

"É muito fácil para as pessoas chegar à unanimidade quando todo o grupo vê as coisas sob a mesma perspectiva", diz Sytek. "Mas não é tão fácil quando as pessoas enxergam de diferentes lados da cerca."[3]

Encare as visões diferentes como uma fonte de poder

Na primeira fase de uma conversação colaborativa, o seu grupo pode ter estabelecido um desafio ou um objetivo para uma busca apaixonada, ou ter decidido atuar num determinado problema. O seu desafio durante a segunda fase é: reunir pontos de vista e perspectivas divergentes, o que significa assegurar-se de que você tem todos os diferentes interessados reunidos à mesa e conseguir que dividam seus conhecimentos e experiências de maneira criativa e produtiva.

Pense nos seguintes casos. Israelenses e palestinos estão numa sala e, devido a muitos anos de proibição de contatos oficiais, estão de fato curiosos para conhecer os pontos de vista uns dos outros. Em outra sala, você tem republicanos de direita, como Phil Gramm, ao lado de democratas liberais, como Ted Kennedy, que se olham com desprezo. Você tem uma equipe multidisciplinar numa empresa, mas alguns estão pensando: "O que o pessoal de vendas tem a dizer para os engenheiros?" Finalmente, você tem na mesma sala pais que apóiam a atual diretoria da escola, e, no mesmo local, pais que querem demiti-la. Como essas pessoas podem trabalhar juntas?

O que você precisa ser nessa fase

Dê uma olhada na sala e veja a extraordinária combinação de pessoas que estão reunidas ali. Você pode querer descobrir *quem você é* em conversações como essas, que podem levar a resultados não planejados. Por exemplo, apresente-se como alguém que domina a conversação e não dá atenção aos outros; ou então, como alguém que trata a verdade das outras pessoas como um fator inimigo; ou talvez, ainda, como alguém que possui uma tendência a ser frio, distante, superior ou fechado. Pergunte a si mesmo de que modo você precisa se transformar para produzir os resultados que você desejaria. Então, comece a pensar em si mesmo de maneira diferente, como se fosse uma pessoa calorosa, social, gregária, aberta, simpática e agradável, e que, além de tudo, encara a verdade alheia como algo para se aprender, que não é obrigada a ganhar e que pode apenas ouvir. Claro que você tem de ser você mesmo, mas assuma o compromisso de tentar novos papéis para essa parte da conversação.

Modelos mentais, metáforas e analogias

Dotar de poder. Adote uma atitude na qual um dos seus princípios seja dotar as pessoas de poder, não apenas para que elas venham até a mesa, mas também para falar com autenticidade e vulnerabilidade. Muitas vezes haverá divisões hierárquicas na reunião, de modo que será importante tratar todos como colegas, reconhecendo os possíveis obstáculos. Você poderia dizer: "Como presidente, eu realmente tenho de ouvir qual a sua posição quanto a essa nova aquisição, mas receio que vocês me digam o que pensam que eu quero ouvir. Isso me faz imaginar que tipo de clima de comunicação eu consegui criar por aqui." Simplesmente por reconhecer esses sentimentos e diferenças você começa a superá-los. Também é importante reconhecer as questões não resolvidas, como por exemplo: "Há dois anos, compareci a uma reunião e você me pediu sugestões. Comecei a dá-las e você me interrompeu e descartou todas elas. Depois dessa vez, eu não disse mais nada. Não sei se posso confiar em você." Criar um acordo de confiabilidade também pode ser vital para dotar alguém de poder.

Reconhecimento. Quando as pessoas se apressam a participar de uma conversação colaborativa, elas também precisam sentir-se reconhecidas. Isso é importante, pois as pessoas não têm idéias apenas; elas se identificam com as próprias idéias. Elas são as suas idéias. Desse modo, se a pessoa apresenta uma idéia e ninguém a ouve ou responde a ela, ela sentirá que não está sendo reconhecida e se retirará do grupo, causando problemas. Outra dimensão para o reconhecimento é a de que, se quisermos reunir diferentes visões e perspectivas, será importante reconhecer a validade de diferentes opiniões e suposições. Lembre-se: a esta altura é mais importante conseguir que as divergências sejam apresentadas do que concordar com elas.

Um fundo mútuo de informações. Em vez de pensar que colocar os diferentes pontos de vista e perspectivas na mesa possa levar a um confronto, pense em como criar um fundo mútuo de informações, no qual opiniões, quadros de referência e dados são necessários para chegar a uma conclusão. Isso ajuda a se distanciar de suas opiniões e fatos, de modo a ser capaz de considerar as dos outros. Por exemplo: "Eis o que eu penso. Como vocês vêem essa questão?" ou: "Eis os meus exemplos e dados. Vocês têm outros que seja necessário levar em consideração?" Também ajuda se formos capazes de adotar uma mentalidade de iniciante e uma atitude básica de aprendizado. Se surgir um conflito, não fique muito preocupado. Mantendo essa imagem de fundo mútuo de informações na mente, você poderá descobrir que, à medida que ouve os outros, suas opiniões e suposições unilaterais podem começar a desmoronar. Quando você começa a abraçar outros pontos de vista, você vê a verdade brotando de um choque de opiniões discordantes.

Exemplos de como reunir pontos de vista e perspectivas divergentes

John O'Rourke, diretor de *marketing* da Adidas nos Estados Unidos, foi indicado para desenvolver uma nova linha de tênis e calçados esportivos para basquete. O'Rourke tinha poucos recursos orçamentários para o projeto e seu desenvolvimento. Em vez de contratar uma grande firma de projetos, ele contratou duas pequenas empresas, e pediu-lhes para colocar seus projetistas mais jovens e talentosos em cada uma das linhas. Ele se encontrou com cada um dos projetistas e disse que selecionaria os calçados que lhe parecessem os melhores, sendo muito franco sobre o que faziam. Os dois projetistas fizeram seus desenhos, e então encontraram-se, no mesmo dia, com um grupo de análise, quando eles viram o trabalho um do outro pela primeira vez. O grupo de estudos forneceu informações sobre cada linha e sobre o desenho de cada um dos dois. O'Rourke, então, pediu-lhes para trabalharem juntos no projeto final dos calçados. O resultado foi um sucesso estrondoso.

Coisas que podemos fazer

Criar espaço para "comunicações caóticas". Há sempre um certo caos nessa fase das conversações colaborativas, que surge da enorme quantidade de "informações novas" produzidas por pessoas que conversam umas com as outras pela primeira vez. Diz Margaret Wheatley, assessora da Future Search: "Descobri que só depois de passar por várias pesquisas é que pude entrar confiante no caos e na confusão e saber que eles poderiam servir para um propósito determinado." Ela observou ainda: "Foi durante esse período que aprendi com cientistas naturais que o caos e a confusão fazem parte do caminho que conduz a formas mais elevadas de ordem. Há uma característica de auto-organização nas pessoas que dividem informações. À medida que diferentes pessoas de um sistema adquirem novas informações, elas ampliam seus pontos de vista, bem como a visão daquilo que elas são. A ordem não deriva de um mediador que impõe controles a partir de processos de grupo muito rígidos. Podemos viabilizar a criação da ordem fazendo com que as pessoas dividam informações no mesmo ambiente. É como uma energia que dá voltas, criando novas formas e novos formatos que se adaptam ao presente. É muito simples... o resultado são as visões sincrônicas e estimulantes criadas pelo grupo. Isso acontece sem que ninguém tente controlá-la."[4]

Desista da necessidade de concordar. O segredo para criar uma verdadeira forma de diálogo é ensinar as pessoas a desistir da necessidade de concordar. Ajude as pessoas a ver que a discordância muitas vezes é necessária para acender a centelha da colaboração criativa, e que isso não levará a um desentendimento se aprendermos a não fazer dela algo pessoal. Tenha em mente que uma conversação colaborativa é um esforço para romper velhos padrões que mantêm separados os modelos mentais divergentes. O objetivo é ouvir um novo conjunto de vozes que nunca foi ouvido antes. Sim, haverá dissonâncias, mas, no desenvolver das conversações, haverá harmonia, novas idéias e novas soluções.

Diminua o ritmo da conversação. Todos já vimos: tipos expressivos que falam depressa, entrando sem serem chamados num grupo de conversação, com seus pensamentos ricocheteando pelas paredes e nos outros, zumbindo em volta das pessoas que não conseguem acompanhá-los. Durante todo esse tempo, os tipos silenciosos ficam quietos, observando tudo. Numa discussão de grupo com gerentes da AT&T, minha sócia Susan propositadamente diminuiu a velocidade da conversação para dar a todos a oportunidade de falar. Uma mulher, que ficara quieta a maior parte do tempo, disse: "Eu nunca me senti bem falando, porque processo devagar as informações. Eu nunca tenho tempo para descobrir o que penso durante uma reunião. Mas hoje consegui." As outras pessoas na sala sentiram-se gratificadas ao ouvi-la. Um homem falou por todo o grupo, ao dizer as seguintes palavras: "Você sempre foi um ponto de interrogação para mim, pois eu nunca soube qual era sua posição." Nessas situações pode ser interessante propor: "Vamos fazer um intervalo de alguns minutos para digerir mentalmente tudo isto."

Passar algum tempo na "sala de confusão" muitas vezes é o caminho mais rápido para se chegar ao esclarecimento. Qualquer um que tenha escrito um ensaio ou apresentado um tópico qualquer, ou elaborado um plano de tratamento, ou se tenha envolvido em qualquer outra ação criativa, sabe que há um período de confusão antes que o produto final seja descoberto e montado. Mas, geralmente, tentamos esconder essa parte do processo e fingir que ela não aconteceu, em vez de celebrá-la. O período de caos e confusão desempenha um papel vital na resolução de problemas complexos. Como o físico Richard Feynman observou em sua palestra ao receber o Prêmio Nobel: "A verdadeira ciência é dúvida e confusão, ambição e desejo, uma marcha através da neblina... a ineficiência, a adivinhação das equações, a prestidigitação dos pontos de vista alternativos da física, são a chave para a descoberta de novas leis."[5]

Possíveis Armadilhas desta Fase

- Tome o cuidado de não se relacionar hierarquicamente; em vez disso, aja como um colega.
- Fique atento para não pensar que a diversidade seja uma questão de minorias, em vez de estilos de pensamento.
- Fique atento para não deixar de incluir os pontos de vista de pessoas brilhantes que lidam com as coisas mais devagar.
- Fique atento para evitar que uma ou duas pessoas monopolizem toda a discussão.

---

1. Esclareça o objetivo da conversação.
2. Reúna pontos de vista e perspectivas divergentes.
3. **Procure fazer com que os diferentes pontos de vista e perspectivas se dirijam para um entendimento comum.**
4. Crie "novas" opções, ao ligar os diferentes pontos de vista e perspectivas.
5. Produza conversações direcionadas para as ações.

FIGURA 6.3
As Cinco Fases da Conversação Colaborativa

TERCEIRA FASE

Procure fazer com que os diferentes pontos de vista e perspectivas se dirijam para um entendimento comum

Conversações extraordinárias

Rene Jaeggi, Presidente da Adidas, com a bela aparência e os ombros largos de um Steve Segal, e André Kolizinski, seu Vice-Presidente na Europa Ocidental, um polonês, loiro, com um cavanhaque triangular e pontudo, falavam e os olhos e os ouvidos dos outros executivos estavam voltados para eles. Eu havia sido convidado para essa reunião participando de um grupo de altos executivos. O cenário era o restaurante de um espetacular hotel à beira do lago Teegensee, perto da Floresta Negra, na fronteira entre a Áustria e a Alemanha.

"Estamos em guerra", disse Jaeggi, ao começar a reunião naquela manhã. A empresa travava uma dura batalha com as suas concorrentes, a Reebok e a Nike. Jaeggi havia organizado a reunião há vários meses, para apresentar uma estratégia conjunta e falar sobre questões operacionais, tais como marcas e recursos, bem como proporcionar às pessoas a oportunidade de se expressarem de fato.

JAEGGI: *(depois de um dia inteiro de polidas discussões executivas)*: Esta conversa é muito superficial. *(Ele apontou para o espelho na parede da sala.)* É melhor que nos preparemos para sermos francos e honestos, como quando olhamos para o espelho e deparamos com uma coisa feia refletida nele!

KOLIZINSKI: Está bem, eu começo. Quando você me mandou para a Europa Oriental para reduzir os custos, você disse que me respeitava porque eu era esperto e duro, mas também humano. Para fazer o que você me pedia, descobri que teria de fechar algumas fábricas. Mas tão logo o fiz, você começou a colocar toneladas de obstáculos no meu caminho. Isso não apenas está me atrapalhando, mas está ferindo também a minha dignidade e o meu orgulho. Por favor, ajude-me a compreender os motivos!

JAEGGI: *(visivelmente emocionado)*: Você está certo em trazer isso à tona. Está absolutamente certo. A razão pela qual coloquei tantos obstáculos no seu caminho não é porque você não seja um bom líder ou um bom administrador. Talvez seja porque eu seja mole demais. Eu simplesmente não tenho coragem para fechar as fábricas e jogar um monte de gente na rua, como se não fôssemos também responsáveis pelos problemas que levaram a isso!

KOLIZINSKI: *(enxuga os olhos e levanta o seu dedo indicador para o céu)*: Você acaba de me devolver a bola. E agora entendo como você se sente. Precisamos cortar os custos de produção, mas, você está preocupado com as pessoas que trabalham naquelas fábricas. Talvez eu possa reaproveitá-las, bem como remanejar algumas que participam das nossas operações do Extremo Oriente para as nossas próprias fábricas!

JAEGGI: Sim, eu posso apoiá-lo nisso, mas temos de conversar com o nosso escritório de Hong-Kong para fazê-lo corretamente!

KOLIZINSKI: *(secamente)*: Você acaba de devolver a bola de novo para mim. *(Ele se levanta, dirige-se a Jaeggi, dá-lhe um abraço e estende-lhe a mão. Depois de um aperto de mãos entre os dois, Kolizinski se senta novamente. Ele então dá um soco na mesa.)* ESTA sim, foi uma verdadeira conversação!

A compreensão conjunta torna possível concordar a respeito dos objetivos e aplainar os conflitos

Notamos claramente, à medida que as pessoas começam a expressar os diferentes pontos de vista e perspectivas, que novos objetivos comuns são atingidos, mesmo entre pessoas muito chegadas. Isso acontece porque as pessoas começam a explicar seus pontos de vista sobre as questões em pauta. Torna-se claro que os desentendimentos anteriores foram o resultado de falsas pressuposições sobre as posições de cada um. Muitas vezes, ouvimos as pessoas dizerem, como Kolizinski no jantar daquela noite, depois da reunião do dia: "René sempre fala duro. Nunca pensei que ele tivesse essa compaixão pelas pessoas."

No entanto, reunir pontos de vista divergentes pode resultar em discussões acaloradas sobre pressuposições negociáveis, reações emocionais e todo um conjunto de rotinas defensivas; como pode levar, por outro lado, a um criativo trabalho de equipe. A terceira fase implica caminhar para uma compreensão conjunta, analisando o pensamento de cada um, expressando as emoções de maneira construtiva e eliminando as rotinas de defesa.

Nesse estágio, é muito importante ter a curiosidade de saber como as pessoas encaram o mundo, a si mesmas, a situação na qual estão envolvidas, o que desejam realizar e como. Quando as pessoas aprendem a deixar de lado suas posições por um momento, e começam a fazer perguntas e a ouvir atentamente, para caminhar para uma compreensão conjunta, elas começam a ver coisas, sobre elas mesmas e sobre os outros, que não haviam percebido antes. Essa nova consciência pode criar novas aberturas para novas possibilidades e novas ações.

O Que Você Precisa Ser Nesta Fase

Em vez de se considerar como um peso-pesado numa competição, pense em si mesmo e nos outros como colegas tentando resolver um problema comum. Em vez de considerar a si mesmo como alguém que precisa dominar a conversação gritando com os outros ou tentando levá-los a aceitar o seu próprio ponto de vista, pense em si mesmo como alguém que está curioso e faz perguntas interessadas, bem como alguém que de fato aprecia ouvir. Quando começar a ver a si mesmo dessa maneira, ajuste o seu comportamento de forma correspondente, novamente tentando colocar-se nesses novos papéis e deixando de lado os antigos, pelo menos enquanto durar a conversação.

Modelos Mentais, Metáforas e Analogias

Autenticidade e vulnerabilidade. Muitas vezes, as pessoas não falam de maneira autêntica, com medo de que isso as deixe, ou aos outros, numa posição incômoda e leve a um desentendimento. Ou então se pavoneiam, numa exibição de força, não admitindo quaisquer dúvidas sobre os seus próprios pontos de vista, e nem demonstrando quaisquer sentimentos. Isso provoca a mesma reação do outro lado. Falar autenticamente dá às pessoas informações válidas, sem as quais não pode haver entendimento mútuo. Mostrar vulnerabilidade, como por exemplo questionando a si mesmo ou às suas posições, ou então revelando seus sentimentos, faz com que as pessoas enxerguem além da aparência e vejam você como um ser humano. Algumas vezes, as pessoas temem que as emoções as façam parecer fracas. Todavia, para eliminar os mal-entendidos, revelar pouca emoção pode ser pior do que o contrário. As emoções podem agir como supercondutores da comunicação para penetrar numa mente ou coração fechados.

Como ouvir com a mente e o coração abertos. Muitas pessoas se dirigem para uma conversação dizendo que estão com a mente aberta, mas na realidade não estão. Elas vêem as coisas por meio de uma estrutura de interpretação cheia de estereótipos e preconceitos, distorcendo as idéias ainda mais, imbuindo-as de um significado particular. Para superar as atitudes hostis e reações emocionais assim criadas, deixe de lado os estereótipos e os preconceitos e sente-se junto aos seus "inimigos" e ouça com o coração aberto. Isso significa posicionar-se para ver quem eles são. Encare suas ações passadas com compaixão e compreensão, como o resultado de pressões, circunstâncias ou acontecimentos nos quais eles foram envolvidos, e não como algo pessoal. Da mesma forma, adote a posição de ouvir o que as pessoas estão dizendo agora, com a intenção de compreender em profundidade, e não julgando-as ou avaliando-as. É surpreendente o efeito que isso pode ter para evocar uma resposta semelhante e criar novas possibilidades para um mútuo entendimento.

Equilibre a persuasão com a certeza e o questionamento com a curiosidade. A maioria das pessoas criativas defende apaixonadamente seus pontos de vista, mas muitas vezes deixam de questionar o seu raciocínio ou de fazer perguntas sobre o ponto de vista alheio. Equilibrar a defesa e o questionamento é um antídoto eficaz. Isso começa quando fazemos afirmações e depois explicamos as nossas argumentações e solicitamos que façam perguntas. Urs Althaus, um executivo que entrevistei na Europa, defendia apaixonadamente o seu ponto de vista sobre uma questão e depois perguntava subitamente: "Diga-me se você vê isso de forma diferente." Equilibrar defesa e questionamento também significa fazer perguntas às pessoas sobre como elas desenvolveram os seus pontos de vista, com o intento de se chegar à compreensão mútua. "Você pode me explicar como chegou a essa conclusão?" ou "Houve quaisquer acontecimentos ou exemplos significativos que pudessem ter contribuído, de alguma forma, para o desenvolvimento dessa sua maneira de pensar?" A "escada das inferências", que será mostrada na Figura 6.4, é um instrumento que ajuda nessa análise. (A escada das inferências será discutida mais pormenorizadamente no capítulo 7.)

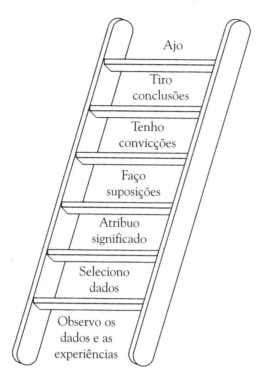

FIGURA 6.4
A Escada das Inferências

Como estabelecer uma zona de negociação. Quando você colabora com pessoas com pontos de vista e experiências diferentes, você cria um contexto comum de trabalho, como, por exemplo, atingir um objetivo ou resolver o problema de um consumidor, que o leva além dos limites da sua profissão. Nessas situações, é interessante pensar na metáfora da zona de negociação, na qual você pode trocar alguma coisa de valor sem ter de concordar com tudo ou mesmo compreender as suposições básicas do outro. Por exemplo, um profissional de vendas e um engenheiro não precisam olhar-se no olho para coordenar suas atividades para fazer um produto sob encomenda para um cliente. E nem dois representantes eleitos. Ted Kennedy, democrata liberal de Massachusetts, e Orrin Hatch, republicano de Utah, são adversários declarados que discordam de muitas coisas e estão distantes filosoficamente. No entanto, muitas vezes eles criam uma zona de comércio e trocam diversos tipos de assistência para se ajudarem mutuamente na elaboração e na votação de algumas leis, deixando de lado o que os preocupa e concentrando-se no que têm em comum.

Exemplos de Como Construir Acordos Conjuntos: Sentir Como É "Ser um Deles"

Esse exemplo foi dado por Bill Ury, co-autor do clássico sobre negociação, *Getting to Yes*. Em 1996, Ury estava envolvido numa conversação entre turcos e curdos, que estavam se matando uns aos outros na Turquia, de forma alarmante. Embora a imprensa não desse muita atenção ao caso, era uma guerra sangrenta, na qual mais de 25 mil pessoas haviam sido mortas e milhares de aldeias destruídas. Ury declarou: "Eu estava tentando viabilizar uma negociação informal entre um grupo de dirigentes turcos e outro de curdos, ambos compostos de nacionalistas extremados. Alguém na reunião me confidenciou que um dos turcos havia declarado: 'É mais fácil atirar num curdo do que conversar com ele'." De alguma maneira, Ury conseguiu manter todos na sala falando uns com os outros e, o que é mais importante, ouvindo uns aos outros, até que houve um momento de verdadeiro reconhecimento.

Segundo Ury, "O turco que havia sido descrito como um nacionalista de extrema direita, devido à sua violência, disse que queria fazer uma declaração. E ele disse: 'Em toda a minha vida, jamais procurei saber o que é ser curdo; isso jamais me ocorreu.' Os curdos não podiam falar a língua dele, sua cultura foi suprimida e, como conseqüência, eles queriam separar-se e formar o seu próprio Estado. O turco continuou dizendo que, o fato de estarem juntos, conversando, por dois ou três dias, e tomando as refeições juntos, havia-lhe causado insônia e criado um conflito no seu íntimo, pois de repente ele viu o outro lado da história."

O turco continuou dizendo: "Se alguém me dissesse, há dois meses, que eu estaria nesta sala conversando com alguns curdos sobre essas coisas, eu pensaria que estava tendo um pesadelo. Agora eu sinto que estou vivendo um sonho." Um sonho no qual ele podia divisar um novo futuro. Então, ele publicamente se levantou e agradeceu a seu adversário por ajudá-lo a ver que havia um outro lado na questão. Ury nos contou: "Para mim, tudo isso aconteceu devido ao poder de uma conversação colaborativa."

Coisas que Podemos Fazer

Ouvir as histórias alheias. É impossível resolver as diferenças sem compreendê-las. Mal-entendidos e problemas são sinônimos. Em vez de pretender que você entende os outros o suficiente, pretenda que precisa compreendê-los ainda mais. Ajuda se pensarmos que o mal-entendido ou problema atuais são o resultado de duas histórias: a sua e a deles, para as quais existem interpretações diferentes. Você compreende bem a sua história, mas não a deles. Portanto, faça perguntas que revelem como os outros vêem as coisas, quais as suas prioridades e preocupações. Lembre-se do exemplo de André Kolizinski: "Jamais pensei que o presidente Jaeggi realmente se preocupasse com as pessoas daquelas fábricas que iríamos fechar." Você também precisa contar aos outros a sua história. É um erro supor que as pessoas saibam como você vê as coisas, ou quais sejam as suas prioridades e preocupações.

Ouça o que eles dizem; *ouça* **o que eles querem dizer e entenda como eles pensam.** Essa distinção é muito importante para ajudar as pessoas a procurar um entendimento comum. Num nível básico, não é importante apenas "ouvir" as palavras das pessoas, mas também "procurar ouvir" o que elas querem dizer, para poder chegar a um entendimento comum. Como por exemplo: "Quando estávamos reunindo os diferentes pontos de vista e perspectivas sobre as visões e valores da empresa, você apenas disse que estava comprometido com serviço, qualidade e inovação. Você pode me ajudar a compreender exatamente o que tinha em mente com essas palavras?" Ou então, em vez de simplesmente ouvir as conclusões alheias e discordar das mesmas, novamente faça perguntas e procure os processos de raciocínio, emoções e acontecimentos testemunhados subjacentes por meio dos quais eles chegaram àquelas conclusões: "O que o levou a ter esses pontos de vista?" "Pode me dar algum exemplo, para que possamos trabalhar no mesmo âmbito?" (Ver novamente o exercício da "escada de inferências" na pág. 189.)

Discuta o indiscutível. Muitas vezes, ao ouvir as pessoas contar a sua história ou dividir seus pontos de vista, percebemos que elas começam por enfeitá-la ou evitar determinados assuntos que estão na mente de todos. Nas conversas normais, as pessoas tornam indiscutíveis os pontos controvertidos, não falando neles ou enviando mensagens confusas. Isso é uma defesa, criada para evitar embaraços ou ameaças para nós mesmos ou para os outros. Todavia, nas conversações extraordinárias, as pessoas se concentram na discussão do indiscutível. Tom LeBrecque, Presidente do Chase Bank, certa vez convidou seu grupo executivo para uma reunião fora da empresa sem revelar as razões. Quando eles chegaram, ele disse que o objetivo da reunião era: "Atacar os pontos que não havíamos atacado entre nós." De acordo com um executivo, o primeiro dia foi "um banho de sangue". O segundo e o terceiro dias foram "uma cura milagrosa". O exercício da coluna à esquerda, mostrado na Figura 6.5, constitui um instrumento que nos ajuda a discutir os pontos indiscutíveis de forma positiva e construtiva, sem danificar os relacionamentos. Uma explicação mais pormenorizada do exercício da coluna à esquerda está no capítulo 7.

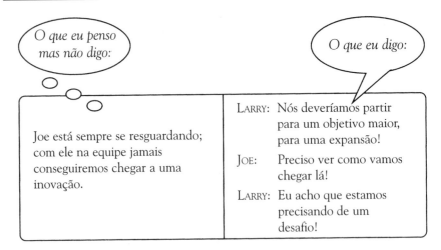

FIGURA 6.5
Exercício da Coluna da Esquerda

Use aikidôs verbais: "Você não se preocupa nada com a qualidade", disse o executivo de uma firma de biotecnologia. "Não, *você* é que não se preocupa nada com a qualidade ou com a possibilidade de que, se fornecermos esses medicamentos sem bons ensaios clínicos, poderíamos todos ir parar na cadeia", disse outro. Em discussões acaloradas, com mal-entendidos, alguém pode começar a fazer considerações maliciosas sobre você ou sobre os seus motivos. Em vez de achar que você tem de reagir à altura dessa energia hostil e responder na mesma moeda, o que atrairia ainda mais essa energia, use aikidôs verbais. Isso significa dar um passo para o lado e deixar a energia hostil passar sem resposta. Ou então significa usar, de algum modo, a força do ataque da outra pessoa para mudar a conversação. Por exemplo, você pode dizer: "Nós temos metas comuns, mas discordamos sobre como alcançá-las, o que agora está começando a levar a uma animosidade pessoal. Olhem aqui: em vez de ficar fazendo considerações maliciosas uns contra os outros, vamos diminuir o ritmo da conversa e procurar compreender-nos melhor nessa questão. Eu tenho uma pergunta ..." A resposta provável deverá ser: "Você está certo. Na verdade, eu não quis dizer aquilo. Vamos encontrar uma maneira de progredir juntos. Qual era mesmo a sua pergunta?"

Armadilhas Potenciais Desta Fase

- *Cuidado para não fazer uma defesa passional dos seus pontos de vista, sem indagações.*
- *Cuidado com pessoas que falam muito depressa sem compreender; para chegar a um acordo rapidamente, diminua o ritmo da conversação.*

- Cuidado para não pensar que vocês chegaram a um entendimento comum, quando questões indiscutíveis esperam para serem discutidas.
- Cuidado para não enviar mensagens confusas, ou fingir que não recebeu nenhuma delas.

---

1. Esclareça o objetivo da conversação.
2. Reúna pontos de vista e perspectivas divergentes.
3. Procure fazer com que os diferentes pontos de vista e perspectivas se dirijam para um entendimento comum.
4. **Crie "novas" opções, ao ligar os diferentes pontos de vista e perspectivas.**
5. Produza conversações direcionadas para as ações.

FIGURA 6.6
As Cinco Fases da Conversação Colaborativa

QUARTA FASE

Crie "novas" opções, ao ligar os diferentes pontos de vista e perspectivas

Conversações extraordinárias

Quando pessoas com visão e formação diferentes colaboram num objetivo comum, muitas vezes elas têm crenças incompatíveis e assim encontram dificuldade para "falar a mesma linguagem". O estudo sobre culturas limítrofes de Peter Galison, professor da Universidade de Harvard, oferece uma compreensão desse problema. "O que acontece no limite entre linguagens diferentes?", perguntei a Galison durante uma das nossas entrevistas. "Em geral, não é apenas uma questão de se encontrar um tradutor, mas do estabelecimento de um novo dialeto local ou de uma língua comum na 'zona de comércio' entre elas, que lhes permita pensar e se relacionar juntos." Essas novas linguagens tornam possível ligar diferentes quadros de referência e inovar ou criar algo que nunca existiu antes.

Um exemplo histórico de uma zona de comércio bem-sucedida na qual isso aconteceu foi o grande grupo de pessoas reunidas no Rad Lab do MIT, para inventar o radar durante a Segunda Grande Guerra. Nesse grupo havia físicos e engenheiros de rádio, nenhum dos quais sabia coisa alguma sobre a construção de aparelhos de rádio. Os físicos conheciam algumas técnicas para a quantificação de padrões de microondas. Os engenheiros de rádio conheciam algumas maneiras de fazer os cálculos, baseados nos aparelhos domésticos que usavam circuitos de fios de cobre que poderiam deixar vazar as ondas do radar. Era complicada a conversa entre eles, mesmo com tradutores que entendiam a matéria de ambos os campos. A guerra teria acabado antes que eles produzissem algum resultado.

De acordo com Galison: "A primeira coisa que fizeram foi reestruturar o desenho do Rad Lab 4-133, de maneira que os físicos, engenheiros de rádio e o pessoal da administração, que antes trabalhavam em andares diferentes, em pequenos cubículos, fazendo pesquisas abstratas, trabalhassem em uma ou duas salas, como o Antennae Lab e Receiver Lab. A idéia era colocar todos os envolvidos no projeto no mesmo lugar, para que pudessem pensar e se relacionar e as discussões se dirigissem a produzir componentes específicos para o dispositivo do radar. Eles raciocinaram que isso seria melhor do que a tática anterior de fazer apresentações que não eram suficientemente bem descritas ou redigir trabalhos que eram descritivos demais."

Então, eles fizeram algo criativo e descobriram um tipo de linguagem comum baseada na interpretação física das equações de Maxwell sobre a teoria das ondas e algumas técnicas de cálculos que os engenheiros de rádio usavam para fins práticos. Galison explica: "As descobertas conjuntas sobre o radar, surgidas de idéias de ambos os lados, foram muito importantes para o esforço de guerra."[7]

Isso e o Projeto Manhattan começaram a transformar o que era então chamado de "ciência pura", na qual as pessoas trabalhavam isoladamente, num processo muito mais colaborativo. "O mais interessante", diz Galison, "é que os dois grupos aprenderam tanto com o resultado da colaboração que nem a física das ondas e nem a engenharia de rádio voltaram a ser as mesmas."

Como Explorar a Criatividade Por Meio da Colaboração

Na seção anterior discutimos como "chegar a um objetivo comum", de modo que as pessoas pudessem expandir seus pontos de vista e perspectivas para incluir os dos outro e sintonizar a mesma onda durante a conversação ou durante uma série delas. A quarta fase de uma conversação colaborativa envolve a atuação ou a procura de maneiras de ligar criativamente diferentes pontos de vista ou perspectivas, para criar soluções drasticamente novas, surpreendentes e até agradáveis.

Como mencionamos no primeiro capítulo, Arthur Koestler, o controvertido filósofo e autor de trabalhos científicos, no seu importante livro, *The Art of Creation*, afirma que a maior parte do pensamento humano é o resultado de um único quadro de referência. Embora a pessoa possa estar familiarizada com muitos pontos de vista e perspectivas diferentes, a maioria lida com um quadro de referência de cada vez. A criatividade ocorre quando uma pessoa, ou um grupo delas, consegue relacionar pontos de vista e perspectivas geralmente diferentes, num lampejo de percepção a que Koestler chama de "dissociação". "O ato criativo, ao ligar dimensões e experiências anteriormente não relacionadas", afirma Koestler, "é um ato de liberação — a derrota do hábito pela originalidade."[8]

O exemplo mais famoso de todos os tempos foi o de Arquimedes, a quem o rei pediu que medisse o volume de uma coroa de ouro. Arquimedes disse ao rei que a única maneira de fazer isso seria derreter o ouro novamente para fazer uma barra. Seu pensamento estava preso pelo quadro de referências, que lhe dizia que o volume é determinado pelas dimensões do recipiente que alguma coisa preenche (um litro, um galão, etc.). Mais tarde, quando tomava banho, ele notou que a água se deslocava e gritou: "Heureca!" Ele havia conectado os dois quadros de referência: o volume da coroa e a água na banheira, que se deslocou quando ele entrou na mesma.

Uma das premissas básicas deste livro é que o ato da criação (ou de dissociação) tem maior probabilidade de acontecer quando pessoas com diferentes quadros de referência pensam e trabalham juntos num objetivo comum ou com vistas ao mesmo problema. O dilema é que essas pessoas, com diferentes quadros de referência, podem não produzir, no final, uma *tensão criativa*, mas sim *tensão emocional*, o que resulta em desilusão para com todo o processo, especialmente quando as posições ou pontos de vista parecem irreconciliáveis. Dessa forma, essa fase da conversação colaborativa pretende ajudar a enfrentar essas emoções conflitantes.

Quem Você Precisa Ser Nessa Fase

Você é o autor do seu próprio destino. Você é um criador ou um inventor, e não um produto das circunstâncias, um relatório direto ou um consumidor passivo. Pense em si mesmo como em alguém que tenha a capacidade de inventar novas opções ou escolhas a cada momento, sejam quais forem as circunstâncias e condições, e não como alguém que está preso pela total e desencorajadora complexidade da situação. Considere-se como um sintetizador criativo, justapondo combinações malucas de pessoas e idéias, e não como alguém que só gosta de tratar com pessoas e idéias conhecidas. Finalmente, pense em si mesmo como em alguém que cria algo de novo, inventa uma tradição e deixa um legado de algo benéfico e uma vida cheia de satisfação.

Modelos Mentais, Metáforas e Analogias

Criação *versus* criatividade artística. Alguns leitores, a esta altura, podem perguntar: "Como posso fazer parte de uma colaboração criativa se não sou uma pessoa criativa? Não sei desenhar. Não sei escrever bem. Para ser totalmente honesto, caio no sono no segundo ato do *Fantasma da Ópera*." Nossa resposta é que existe uma diferença muito clara entre criação e habilidade artística. "Capacidade de criar" significa trazer à existência algo que não existia antes. "Criação" é algo possível em qualquer campo, na ciência, nos negócios, no governo, e não apenas nas artes. Ela tem mais que ver com a paixão necessária para realizar alguma coisa, de trabalhar em combinações malucas, ou talvez com uma necessidade desesperada de se obter novas respostas do que com qualquer outra coisa. Todas essas condições juntas constituem o que Henri Poincaré chamou de "condição de maturidade". Da mesma forma, enquanto normalmente se pensa que a criatividade vem de pessoas criativas, a nossa pesquisa, em lugares tão díspares quanto as companhias de programação do Vale do Silício, o Newport Jazz Festival ou as salas do Congresso, mostra que a criatividade acontece, de maneira freqüente, com as pessoas que colaboram em grupos.

Explore o espaço em branco para criar "o que está faltando", em vez de apenas melhorar o que já existe. Imagine que, há duzentos anos, os direitos humanos não existiam. Imagine um país sem televisão, como diz um anúncio da rede de televisão ABC. Imagine que metade da população mundial nunca recebeu uma chamada telefônica. A questão é que pessoas corajosas e criativas não se concentram meramente no que já existe, isto é, no rei ou no governo despótico, no botão do rádio ou nos terminais telefônicos convencionais. Elas estão muito ocupadas explorando os "espaços em branco" entre as coisas que já existem e inventando "que está faltando", que nunca existiu antes, como por exemplo, a Declaração de Direitos do Homem, as TVs computadorizadas, os sistemas de telefonia móvel global (GMS ou celular), que permite que você chame a sua esposa de uma loja de departamentos em Cingapura ou da mesma rua, perto da garagem do seu vizinho. Tenha em mente que é difícil criar algo novo se, em vez de nos concentrarmos "no que está faltando e que tornará as coisas melhores", estivermos sempre olhando "o que está errado". Como Jimmy Ballard, o renomado treinador de golfe me disse certa vez: "É fácil encontrar o defeito. O difícil é encontrar a cura."

Invente novas opções, ampliando o seu ponto de vista para incluir outros. As pessoas que tentam colaborar, muitas vezes deparam com problemas, dilemas e enigmas maldosos, para os quais não existem respostas simples e óbvias. Isso pode levar a brigas, raiva, depressão ou desânimo. Existem sempre mais possibilidades e opções do que as pessoas imaginam, ainda que elas estejam convencidas do contrário. O segredo de criar ou inventar novas opções é ampliar o seu ponto de vista para incluir visões opostas, que, à primeira vista, parecem incompatíveis. Isso significa concentrar-se naquilo que realmente importa e deixar de lado aquilo que não é necessário; ou concentrar-se nas áreas que coincidem e deixar de lado aquelas que não podem ser resolvidas no momento. Um bom exemplo é a emenda sobre o equilíbrio do orçamento. Tanto os democratas quanto os republicanos desejavam equilibrar o orçamento, mas discordavam sobre os cortes que atingiam os programas sociais. Então se concentraram em criar um orçamento equilibrado, que causaria um mínimo de problemas aos programas sociais e, na realidade, aumentariam os gastos com a educação.

Um Exemplo de Como Criar Novas Opções Ligando Pontos de Vista Diferentes

Nas conversações de segurança que antecederam às de Oslo, que tratavam de questões tais como conduzir um acordo de paz entre israelenses e palestinos, algumas posições eram aparentemente incompatíveis. De acordo com o professor Everett Mendelssohn, que foi fundamental na mediação dessas conversações: "Os palestinos diziam que precisavam ter acesso aos lugares sagrados de Jerusalém. Os israelenses diziam que precisavam de segurança. Então começamos a imaginar como esses dois conceitos se relacionavam. Eu disse aos palestinos: 'Se vocês tiverem acesso total e houver pessoas nas suas fileiras que queiram causar danos, então vocês criarão problemas para a segurança de Israel, os quais, se vocês estivessem no lugar deles, não haveriam de considerar aceitáveis.' Em seguida, eu disse para os israelenses: 'Se vocês negam ao povo o acesso aos lugares sagrados e aos túmulos dos seus ancestrais, como vocês podem esperar que haja segurança? Foi, em parte, para ter esse acesso que vocês lutaram para criar um país aqui.'

"Então", continuou, "você mostra a situação de outro ângulo: 'Há alguma maneira para formular a situação para que possamos criar acesso e ter segurança, na mesma medida? Qual seria essa maneira, a seu ver? E como seria?'" Ele nos relatou que encontraram várias maneiras pelas quais tanto a segurança quanto o acesso poderiam ser conseguidos, sem que qualquer um dos dois lados tivesse de abrir mão daquilo que era realmente importante para ele. Essa discussão levou a alguns planos, bem como a um processo de pensamento colaborativo, que ajudou a modelar as negociações que levariam aos extraordinários Acordos de Oslo.[9]

Coisas Que Podemos Fazer

Coloque o desafio ou o problema numa frase. Essa é uma parte importante do processo criativo que envolve *formulação, preparação, iluminação* e *verificação*, de acordo com a Figura 6.7. George Lois, um gênio da propaganda que criou as campanhas da Lean Cuisine e da Avis "We Try Harder", enfatiza que o primeiro estágio da criatividade, a *formulação*, significa resumir a definição de um problema numa sentença. Certa vez, a Volkswagen pediu a Lois para projetar uma campanha de anúncios. Lois disse que precisava de tempo para pensar. Depois de uma semana, o cliente o chamou, e disse: "Você já a aprontou?" Lois retrucou: "Ainda não; ligue para mim dentro de uma semana." Na semana seguinte, Lois animadamente ligou para o cliente: "Eu já tenho!" "A

FIGURA 6.7
O Processo Criativo

solução?" perguntou o cliente. "Não, o problema", respondeu Lois: "Como vender um carro nazista numa cidade judia." Isso levou a uma solução bem-sucedida: a idéia do "Volkswagen Besouro", ou "fusquinha", um projeto cuja intenção era a de humanizar um carro contra o qual, na época, as pessoas poderiam ter preconceitos.[10]

Proponha um conselho com a finalidade de descobrir opções múltiplas. O conselho é considerado, algumas vezes, um processo onde não aparecem reflexões sobre o problema em questão, no qual as pessoas simplesmente lançam idéias sobre o papel. Na IDEO, David Kelly criou, para os conselhos, um processo estruturado de discussões que resultou em alguns projetos premiados, como o *mouse* da Apple, o tubo de pasta de dentes Crest, que fica em pé, e o Flipfone da Motorola. Ele junta toda a equipe de projeto em uma sala — é uma honra ser convidado — e faz com que todos se relacionem mutuamente, colocando as idéias num quadro. A sessão do conselho começa com a definição do problema numa única frase. Então as pessoas começam a propor muitas opções, de acordo com as seguintes regras: (1) Debater um assunto de cada vez; (2) Encorajar idéias extravagantes; (3) Tomar cuidado e proteger, em lugar de julgar. As pessoas então fazem um intervalo e um resumo e retornam para uma reavaliação geral. A intenção é ver se, ao relacionar as principais categorias de idéias, resulta em diferentes associações de uma nova idéia ou mesmo a um novo modo de ver o problema como um todo. "A maioria das combinações de idéias formadas assim seria totalmente estéril", diz Henri Poincaré. "Mas algumas dentre elas, certamente raras, são as mais proveitosas de todas."

Use metáforas para incubar, cuidar e alimentar idéias. Atingir os objetivos e resolver os problemas significa pensar com criatividade. As metáforas são um método intuitivo de idéias, que permite que as pessoas expressem o que elas sabem de forma vaga e intuitiva, mas não conseguem expressar. As metáforas criam uma conexão entre duas coisas que parecem estar ligadas apenas remotamente. O filósofo Max Black descreve isso como "duas idéias numa frase", como, por exemplo, uma *voz cálida*, um *sorriso doce* e uma *luz penetrante*.

Pessoas com diferentes pontos de vista e visões de mundo, quando participam de uma colaboração criativa, em geral usam metáforas que empregam símbolos coloridos para ajudar os outros a compreender intuitivamente o que elas desejariam criar mas acham difícil colocar em palavras. As metáforas conseguem isso, combinando duas áreas de idéias diferentes numa imagem ou numa representação simbólica: *uma organização enxuta, um recinto reservado para o seu computador pessoal, médicos sem fronteiras*.

Para os nossos objetivos, as metáforas podem ser criadas conscientemente e usadas por uma pessoa ou grupo de pessoas quando surgem desafios ou problemas, para dar partida no processo de pensamento criativo. Quando as pessoas conseguem expressar a visão representada pela metáfora, o trabalho concilia seus significados contraditórios. Ao ligar suas diferentes experiências e quadros de referência de forma nova, o resultado, muitas vezes, é uma visão do tipo Heureca!

De acordo com Ikujiro Nonaka, professor da Universidade Hitotsubashi, perto de Tóquio, uma equipe da Honda, no Japão, recebeu a incumbência de projetar um carro baseado no princípio de "Vamos jogar". O líder do projeto, Hiro Watanabe, criou uma metáfora para um novo tipo de carro que desafiou o pensamento de Detroit. Ele a chamou de "Teoria da evolução automobilística". Essa metáfora combina duas idéias diferentes que normalmente não ocorrem a ninguém: o automóvel, isto é, uma máquina, e a evolução, que se refere às coisas vivas.

Ele e a equipe postularam que, se um carro tivesse de evoluir, ele o faria em termos de "o mínimo de máquina e o máximo de gente"; maior e mais barato, mas também mais confortável e sólido do que os carros tradicionais. A tendência evolucionista, articulada pela equipe, materializou-se na imagem de uma esfera, menor no comprimento do que na altura, que daria maior espaço ao passageiro e ocuparia menor espaço para estacionar na congestionada Tóquio. Isso deu origem ao City Car da Honda, ou "Tall Boy", um carro muito popular no Japão.[11]

Use analogias para distinguir o que está faltando e resolver problemas práticos. Enquanto uma metáfora pode desencadear o processo do pensamento criativo, as analogias são úteis para resolver problemas práticos. Elas oferecem um processo mais estruturado para distinguir "o que está faltando e poderia ser decisivo", ao combinar numa frase se duas idéias são semelhantes ou não.

Nonaka dá um bom exemplo de analogia que surgiu com a equipe da Canon que desenvolveu a revolucionária minicopiadora. Eles sabiam que, para que a copiadora fosse bem-sucedida, ela deveria ter o mínimo possível de falhas. Para garantir isso, decidiram tornar descartável o cilindro de cópias foto-sensível do produto, que é a causa de 90% de todos os problemas de manutenção. Para ser descartável, precisaria ser barato e fácil de fazer. Mas como eles poderiam construir um cilindro para "jogar no lixo"?

A palavra Heureca! foi pronunciada um dia quando o líder da equipe, Hiroshi Tanaka, mandou pedir algumas cervejas. Enquanto o grupo conversava a respeito das questões do projeto tomando cerveja, Tanaka pegou uma das latas e pensou em voz alta: "Quanto será que custa para fazer esta lata?" A pergunta levou a equipe a imaginar se o processo de fazer a lata de cerveja poderia ser usado para fazer um cilindro fotocopiador.

"Depois da reunião de um conselho para decidir sobre se o cilindro da copiadora era ou não parecido com uma lata de cerveja, a equipe foi capaz de encontrar um processo tecnológico para fabricar um cilindro de copiadora de alumínio, a um custo baixo."[12]

Possíveis Armadilhas Desta Fase

- *Fique atento para não pensar prematuramente que já exauriu todas as opções possíveis.*

- *Fique atento para não tentar simplesmente melhorar o que já existe, em vez de criar algo novo.*

- *Fique atento para não se concentrar no que está errado, em vez de se encontrar no que está faltando e poderia ajudar.*

- *Fique atento para não avançar no processo criativo sem dar tempo de formular a idéia. Prepare-se, enchendo a mente com muitos fatos e dando tempo suficiente para que eles se desenvolvam.*

---

1. Esclareça o objetivo da conversação.
2. Reúna pontos de vista e perspectivas divergentes.
3. Procure fazer com que os diferentes pontos de vista e perspectivas se dirijam para um entendimento comum.
4. Crie "novas" opções, ao ligar os diferentes pontos de vista e perspectivas.
5. **Produza conversações direcionadas para as ações.**

FIGURA 6.8
As Cinco Fases de uma Conversação Colaborativa

QUINTA FASE

Produza conversações direcionadas para as ações

Descobrir objetivos mútuos, significados mútuos e soluções criativas é essencial para a colaboração. Ainda assim, falta uma peça, sem a qual nada dará frutos. Essa peça que falta está relacionada com a ação. O meio para se entrar em ação, uma vez mais, é uma conversação. Da mesma maneira que saímos de uma impossibilidade para uma possibilidade ao fazer uma declaração, isto é, um compromisso mútuo com o objetivo de colaborar, transformamos uma possibilidade em realidade, ao agir experimentalmente e fazer promessas e reivindicações positivas.

É interessante pensar no processo criativo como uma espiral que gera novas idéias, que não conseguimos expressar e que depois são desenvolvidas com metáforas e analogias e, finalmente, culminam num esboço, num protótipo ou num modelo em escala. Isso se torna um espaço de trabalho mútuo, que nos permite verificar se temos uma compreensão conjunta do que pretendemos criar, bem como testar as idéias do nosso espírito por meio de um protótipo para verificar se funciona realmente.

Os irmãos Wright conseguiram ter a idéia de que o avião deles voaria porque eram excelentes construtores de modelos. Os Beatles discutiam uma idéia para uma música e depois iam para o estúdio, tarde da noite, para tocar e gravar. Programadores de computador, como os que realizaram o Projeto Microsoft, muitas vezes traziam gerentes de projetos e usuários para verificar se aquilo que os engenheiros definiam como um "grande código" era algo que eles realmente poderiam usar.

Com a experiência, descobrimos que, além da ação experimental, existe uma linguagem que promove essa ação, em oposição à reflexão. Nesta seção, analisaremos como o fato de fazer afirmações e exigências ousadas nos leva à ação, e que tipos de linguagem fazem o contrário.

Quem Você Precisa Ser Nesta Fase

Pense em si mesmo como alguém que não apenas mostra novas possibilidades, mas também faz reivindicações positivas e promessas baseadas no seu compromisso, e não em alguém que só promete quando tem a garantia ou as evidências que fazem com que a promessa possa ser cumprida. Pense em si mesmo como alguém que, quando diz que fará alguma coisa, honra a sua palavra, em vez de alguém que honra seu estado de espírito, suas razões ou suas desculpas. Pense em si mesmo como num herói pragmático, uma pessoa não necessariamente envolvida na parte dramática ou visível do projeto, mas alguém cujo comportamento, obsessivo e compulsivo em todos os aspectos, pode ser responsável pela diferença entre uma realização e outra idéia que não deu em nada. Pense em si mesmo como uma pessoa inquieta, com vontade de agir, que constrói alguma coisa aos poucos, e não como um tipo caprichoso que facilmente se enfastia com os pormenores.

Modelos Mentais, Metáforas e Analogias

Fale de um modo criativo. Normalmente, a maioria das pessoas e grupos usa a linguagem para fazer previsões, dizendo coisas como: "Farei o melhor possível!" "Vou tentar!" ou: "Isso é um talvez definitivo!" Eles não distinguem essa maneira de falar e de ouvir de uma atitude na qual se fazem promessas ou reivindicações claras. Além de fazer previsões, essas pessoas ou grupos de pessoas usam a linguagem para representar ou descrever o que já existe, ou para explicar o seu modo de lidar com as coisas, não percebendo que isso não cria nem produz nada. Há uma outra maneira de falar e ouvir, baseada no uso da linguagem de forma criativa, que vai além das previsões, das descrições e das explicações. Essa maneira de falar e ouvir pode criar uma nova possibilidade entre os espaços em branco; pode trazer à tona a paixão que existe na mente e no coração das pessoas, levando-as a entrar em ação.

Conversações que visam a possibilidade. John Kennedy declarou que os Estados Unidos "colocariam um homem na Lua até o final da década". Colin Marshall, presidente da British Airways, declarou que a sua empresa se tornaria a primeira companhia aérea do mundo. Declarar uma visão que representa o triunfo do espírito humano sobre a resignação nos torna poderosos. Todavia, para realizar uma possibilidade, precisamos usar um tipo diferente de poder. Como diz Tracy Goss no seu livro *The Last Word on Power*: "O poder é a velocidade com que convertemos a possibilidade em realidade."[13] Note que nada acontece até que as pessoas entrem no mundo da ação.

Conversações que visam a ação. O poder de transformar uma possibilidade em realidade é aquele por meio do qual fazemos promessas e exigências ousadas, que nos levam ao mundo da ação. Podemos falar de qualquer tipo de possibilidades e entusiasmar as pessoas a respeito delas, ou até mesmo montar uma comunidade com vistas a um projeto. Mas, se solicitarmos às pessoas que nos acompanhem num projeto ou se começarmos a trocar uma série de promessas e exigências, nada acontecerá.

Conjunto de compromissos, comunicação e apoio. Numa colaboração, a estrutura hierárquica em geral se torna irrelevante. A autoridade baseia-se em conhecimento e não em posição, e as coisas são prioritárias de acordo com o que virá a seguir no projeto. É normal o administrador do projeto ficar trabalhando para um subordinado seu. Quando as pessoas fazem promessas e exigências aos demais no grupo, como, por exemplo: "Você pode me ajudar com isto?" a cadeia de comando é substituída por uma série de compromissos, comunicações e apoio. É como passar uma esfera de energia para a frente e para trás, até que o projeto de colaboração seja completado. Há uma estrutura organizada por si mesma implícita nesse conjunto de compromissos e que vai além de qualquer tabela ou organograma.

Protótipos rápidos *versus* planejamento elaborado; frenesi criativo *versus* passos lentos. Há uma história sobre como os motores de aviões são construídos. Todos os novos motores de avião precisam passar no "teste das galinhas", para provar que não irão sugar pássaros durante o vôo e sofrer um acidente. Isso significa que os controladores dos testes precisam ir ao supermercado para comprar algumas dúzias de galinhas e jogá-las no motor na pista de decolagem. Há alguns anos, a Rolls Royce construiu um motor no qual investiu 250 milhões de dólares. O problema foi que esse motor não passou no "teste das galinhas". A idéia é fazer esse teste o mais cedo possível, ou seja, quando ainda não tiverem sido investidos mais de 25 milhões de dólares, e não quando já tiverem gasto 250 milhões.

Os membros do Projeto Marte não tinham tempo para planejar e preparar tudo elaboradamente. Em vez disso, eles usaram um sistema, conforme afirmou o engenheiro-chefe, Rob Manning, baseado em protótipos, testes e erros rápidos. A seqüência era a seguinte: "Nós formávamos um grupo e dizíamos a ele: 'Isso aqui é do que precisamos.' Testávamos e nos reuníamos novamente para procurar descobrir o que saíra errado e como poderíamos começar, juntar os pedaços e de novo começar uma nova seqüência. Fazíamos isso inúmeras vezes, em ciclos de cinco ou seis vezes, às pressas e dentro de um orçamento apertado." Um ritmo criativo e alucinado era a norma durante o projeto.[14]

Exemplo de um Protótipo Colaborativo e de um Processo de Aprendizado

Por volta de 1990, projetistas de utensílios domésticos da Matsushita Electric, em Osaka, Japão, trabalhavam numa nova máquina de fazer pão que pudesse fazer a massa da maneira correta. Eles ficaram frustrados, pois não importava quantas vezes tentassem, a casca do pão saía marrom-escuro e dura, e a parte de dentro mole e pesada demais. Os membros da equipe ficavam malucos tentando encontrar a causa do problema, até mesmo tirando raios X da massa preparada pela máquina e da massa fabricada por profissionais nas padarias.

Finalmente, um programador, Ikuku Tanaka, propôs uma solução criativa: observar como trabalhavam os padeiros do Osaka International Hotel, que tinham a reputação de fazer o melhor pão da cidade. Talvez eles pudessem ser usados como modelo de aprendizado. Tanaka, então, começou a trabalhar como aprendiz com o chefe dos padeiros, para aprender como amassar o pão. Ele percebeu que o padeiro tinha uma técnica especial para abrir a massa. Depois de um período de tentativas e erros, trabalhando junto com os engenheiros do projeto, Tanaka desenvolveu as especificações para a máquina de fazer pão, que tinha varetas especiais para esticar a massa que reproduziam a técnica do padeiro-chefe e a massa saborosa que era feita no hotel de Osaka.[15]

Coisas Que Podemos Fazer

Altere suas estratégias e planos à medida que você entra em ação. Você sempre terá de ajustar a sua estratégia e os seus planos, com base no que você afirma que vai fazer, no que você realizou e nos fracassos ou oportunidades que você não previu. Quando há uma inovação a ser conseguida e você está fazendo algo que nunca fez antes, você precisa entrar em ação para ver o que isso produz e, então, recuar para ver se é necessário alterar um pouco a sua estratégia. Ao atingir uma meta num negócio, você talvez descubra que há uma falha no seu pensamento e que, em vez de tentar por conta própria, você precisa estender a mão para conseguir um parceiro de estratégia. Você pode entrar numa negociação numa boa posição e descobrir que, à luz da sua conversa com outros e as suas respectivas posições, o que você está querendo não é viável. Em vez de se concentrar na sua posição, você precisa se concentrar nos seus interesses.

Faça promessas audaciosas. Fazer promessas audaciosas tem um impacto eficiente na transformação de possibilidades em realidades. Se você consegue manter todas as suas promessas, ou elas não são suficientemente grandes ou você está desempenhando um papel muito pequeno na vida. A Missão Pathfinder para Marte envolveu promessas cujo cumprimento os membros dos grupos não poderiam garantir. "Na verdade, nós constituíamos um grupo muito louco de pessoas", diz Bob Anderson, geólogo-chefe. "Nós declaramos: Realizaremos uma missão para desenvolver uma nova técnica de pouso e cortaremos os custos em cerca de 90%." Essa promessa audaciosa, que se tornou a base de um "orçamento e cronograma imutáveis", resultou em outras promessas, em todos os aspectos, que empurraram toda a missão para a frente, levando as pessoas a pensar fora dos padrões e a entrar em ação de maneira criativa e audaciosa.

Quatro condições necessárias para tornar viável uma promessa:

- *Um orador comprometido: alguém que faça uma promessa audaciosa e depois procure cumpri-la*

- *Um ouvinte comprometido: alguém que o considere confiável e o encoraje a fazer promessas audaciosas para expandir sua mente e suas habilidades*

- Condições de satisfação: O que será realizado? O que será produzido?
- Um prazo

Faça reivindicações audaciosas. Muitas pessoas têm dificuldade para pedir aquilo de que precisam ou a ajuda para consegui-lo. Elas fazem reivindicações de maneira muito educada. Elas fazem insinuações e parecem esperar que os outros leiam-lhes a mente. Elas têm medo que os outros as rejeitem. Se você faz uma reivindicação e as pessoas dizem "sim", a possibilidade que você pleiteia pode ir adiante. No entanto, mesmo que elas recusem, a possibilidade também avança na direção da realização. Por exemplo, essa recusa pode trazer à superfície outras questões que precisam ser discutidas, ou fazer com que você se dê conta de que é preciso encontrar outra maneira de atingir o resultado desejado. Uma reivindicação leva outras pessoas a entrar em ação. Da mesma maneira que uma promessa, uma reivindicação não precisa ser realizada para empurrar a sua colaboração para a frente. Para ser viável, ela requer as mesmas condições:

- Um porta-voz e um ouvinte comprometidos
- Condições para satisfação ou realização
- Um prazo

Dê às pessoas o direito de dizer "não". Nenhuma promessa é feita com honestidade, nenhuma exigência é aceita legitimamente se a pessoa que assume a tarefa não tiver o direito de recusá-la. Qualquer ação coercitiva ou participação involuntária provavelmente prejudicará a sua colaboração mais adiante, se não o fizer de imediato. O que torna possível às pessoas cumprirem suas promessas e assumirem o compromisso íntimo de fazê-lo? É a certeza de que fizeram uma escolha honesta e livre. O que faz com que elas concordem honestamente com uma exigência? É a sensação de que têm o direito de recusar, livre e honestamente. Essa liberdade realmente fortalece tanto quem exige quanto aquele a quem a exigência é feita. O "não" não deve ser interpretado necessariamente como um sinal de que a pessoa não está comprometida com o projeto, mas, talvez, como uma base para outras indagações. "Eis por que eu lhe pedi que fizesse isso. Eu respeito a sua decisão de recusar, mas será que você poderia esclarecer melhor os seus motivos? Existe talvez outra maneira de encarar o problema?"

Possíveis Armadilhas Para Esta Fase

- *Fique atento para não estabelecer metas muito ambiciosas e depois reduzi-las, quando a ansiedade começa a aparecer.*

- *Fique atento para não fazer promessas vagas ou não explícitas aos outros colaboradores.*
- *Fique atento para não reclamar ou falar de uma maneira que não seja animadora; faça isso em vez de fazer reivindicações.*
- *Fique atento para não planejar demais, antes de fazer um teste-piloto.*

CAPÍTULO 7

Treinamento, aplicações práticas e instrumentos para a colaboração criativa

Eu gostaria que você lesse este capítulo e dissesse: "Puxa, eu posso fazer isso!" Não é preciso ser um gênio ou um profissional altamente treinado para mediar uma conversação colaborativa ou um projeto. A primeira parte deste capítulo final ajuda a compreender isso, por meio de uma entrevista que tive com Bill Ury, que havia voltado do Amazonas e do Kalahari, depois de estudar de que maneira os povos indígenas viabilizavam conversações difíceis. Ela também oferece algumas sugestões simples, mas eficazes, para mediações, que podem ser utilizadas por qualquer pessoa. A segunda parte traz alguns modelos de conversação, estruturados passo a passo e facilmente aplicáveis para finalidades específicas, tais como planejamento estratégico, resolução criativa de problemas ou solução de conflitos. A terceira parte oferece algumas idéias de instrumentos colaborativos que servirão para concentrar a conversação, criar um modelo mental de conjunto e tornar possível agir de forma criativa e eficiente.

PRIMEIRA PARTE.

Treinamento e mediação

Como o homem das selvas viabiliza as conversações difíceis

Perguntei ao meu colega Bill Ury, que se considera um "antropólogo renegado", sobre seus trabalhos mais recentes. "Há pouco tempo, participei de uma expedição para um lugar ao qual eu não iria normalmente. Meu interesse era saber como os indígenas fazem para atingir suas metas e resolver seus problemas. Fiz algumas entrevistas e apenas observei." Isso é algo que Ury já tinha feito anteriormente em outras partes do mundo como, por exemplo, os índios papua, da Nova Guiné e os bosquímanos do deserto de Kalahari, na África.

Ury percebeu que, embora cada uma das quinze tribos que ele estudou, de cerca de duzentas a trezentas pessoas, tivesse sua própria língua e sua própria cultura, quando tinham algum problema a resolver, basicamente todas elas o solucionavam mediante um entendimento mútuo, com a finalidade de chegar a um verdadeiro consenso. "Poderia ser um conflito de personalidade, inveja ou um problema de terras. Elas debatiam as questões de maneira exaustiva; algo que nós, americanos ou europeus impacientes, não fazemos. "A impaciência", disse Ury, "pode ser uma verdadeira barreira para se conseguir conversações colaborativas."[1]

Os mais velhos atuam como líderes mediadores. Tudo o que acontece é objeto de debates. Seja a questão de onde plantar um campo, uma caçada, tudo isso é discutido por homens e mulheres, sentados em círculo. Ury diz que os mais velhos têm um papel especial como líderes mediadores. "Em geral, um dos líderes ouve por um longo tempo, procura descobrir qual é a opinião do grupo, e espera até o final da conversação para resumir a decisão do grupo." Em outras palavras, a decisão dos mais velhos não é unilateral. Depois que o mais velho termina de falar, as pessoas ainda podem discordar. Ele está resumindo basicamente a sabedoria coletiva do grupo. Por exemplo, ele pode exigir um pedido de desculpas, se for o caso.

Quando os bosquímanos têm algum assunto a resolver, todos os adultos, homens e mulheres, sentam-se em volta da fogueira, todos têm a oportunidade de falar e todos são ouvidos. "Isso pode ser muito passional no começo, com acusações de lado a lado, roupa suja sendo lavada em público, e assim por diante", explica Ury. "De vez em quando, as pessoas falam ao mesmo tempo. Pode levar dois ou três dias para se chegar ao fundo da questão. O importante é que eles não deixam o assunto de lado até que surja um verdadeiro entendimento mútuo a respeito do problema, e até que o relacionamento seja reatado."

Perguntei o que acontecia quando os bosquímanos, ou outro grupo, se encontravam num impasse. "Para começar", disse Ury, "eles não acreditam em deixar as coisas como estão ou abandonar a questão antes que tudo seja resolvido." Se a discussão chegar a um impasse, um dos anciãos poderá intervir. Há uma certa hierarquia, mas é um tipo de liderança mediadora, no sentido da pilhéria antropológica que diz que "Uma palavra do chefe e todos fazem o que querem".

As pessoas ouvem os mais velhos e valorizam suas opiniões, devido ao trabalho que eles fizeram ao longo dos anos para construir relacionamentos e argumentar com os outros. Um ancião poderá pedir a opinião de alguém que seja tímido ou tenha receio de falar perante o grupo, isto é, apoiar essa pessoa, ou então reformular determinado ponto, de maneira que os outros compreendam melhor.

Nada de retiradas estratégicas. Uma das funções dos mais velhos é conter o grupo, para que ninguém saia até que uma solução tenha sido tomada. "Eles acreditam que, se encerrarem prematuramente uma conversação sem resolver uma questão, ela voltará para assombrá-los mais tarde", diz Ury. Eu vi isso acontecer inúmeras vezes em negócios, com um impacto devastador, tanto nos resultados quanto nos relacionamentos.

"Ao contrário dos americanos", diz Ury, "os selvagens não se apressam em usar uma retirada estratégica e encerrar prematuramente a conversação, ou fazer coisas como bater o telefone e sair." Relembrei a história de Oslo, quando todos queriam se retirar e como Terje Larsen os manteve juntos, de mil maneiras diferentes. Também lembrei-me de um acontecimento que teve lugar pouco antes da assinatura do acordo de Oslo na Casa Branca. Arafat não havia gostado de um dos aspectos do acordo e disse que, se não fosse mudado, iria fazer as malas e ir embora. Peres, sem se abalar, disse: "Eu ainda nem desfiz as minhas e estarei no aeroporto antes de você." Arafat recuou e o acordo foi assinado.

Danças em transe. Se os homens da selva não acreditam em lutar, para não prejudicar os relacionamentos, e nem em fugir, como é que eles resolvem os impasses? Ury disse que eles continuavam a conversar o dia inteiro, até que surgisse algum tipo de resolução. Então acontece algo de extraordinário: "Eles iniciam uma dança em transe, como uma maneira de encontrar a sabedoria de que necessitam para chegar ao fundo das coisas, ou curar o relacionamento de qualquer tipo de feridas que possam ter sido abertas." Essas danças normalmente acontecem ao redor de uma fogueira, à noite. O professor Ury testemunhou uma delas, entre os Kalahari. "Os homens batem os pés e as mulheres ficam sentadas, batendo palmas. Alguns homens também ficam sentados batendo palmas. Depois de uma hora ou mais batendo os pés e cantando, alguns deles caem no chão, em transe. Como eles mesmos dizem, estão pedindo aos deuses respostas para os problemas que estão perturbando o grupo. Quando acordam do transe, eles comunicam a sabedoria que obtiveram do mundo dos espíritos."

A importância do treinamento e da mediação

Quando as pessoas querem encontrar soluções, reunir combinações extraordinárias de pessoas é uma excelente maneira de produzir uma tensão criativa, a qual, por sua vez, é liberada pelo envolvimento em conversações colaborativas. Como o maestro numa orquestra, o mediador pode desempenhar um papel importante para atrair as pessoas, chegar a entendimentos mútuos e ajudar as pessoas a chegar a entendimentos eficientes, de modo que o todo se torne maior que a soma das partes.

Ao mesmo tempo, reunir combinações extraordinárias de pessoas com formações, pontos de vista e perspectivas divergentes, também pode resultar numa tensão emocional contraproducente. Como resultado, conversações colaborativas muitas vezes podem ser difíceis, e um mediador pode desempenhar um papel importante para torná-las mais fáceis. Na realidade, a definição de mediador (*facilitator*, em inglês) é: "aquele que torna as coisas mais fáceis".

Hoje, uma das principais funções do mediador daquilo que John Seely Brown, da Xerox, denomina "ecologias de conhecimento de diferentes especialistas" é agir como um tradutor e criador de linguagens que oferece às pessoas um léxico a fim de ajudá-las a se comunicarem. Nesse caso, é interessante ser especialista e ao mesmo tempo saber "generalizar". Lembre-se do que disse Rob Manning: "Minha única prerrogativa como engenheiro-chefe é poder andar por aí fazendo todas as perguntas que eu quiser." Isso não só permitia que ele verificasse se as pessoas estavam no caminho certo e ajudá-las fazendo mais perguntas, mas ficar sabendo o bastante sobre o trabalho de cada departamento, para poder ajudar os outros a ver o quadro geral.

No início do projeto, Manning também dedicou algum tempo, para que cada um dos membros dos diversos departamentos explicasse a sua função e de que forma encarariam essa tarefa em particular. Eles diziam: "Ah, então é assim que um engenheiro eletrônico, ou mecânico, pensa realmente. Eu jamais havia entendido."

Criar linguagens comuns, ou jargões e metáforas também pode ter uma utilidade. Douglas Dayton, da IDEO, contou-me um caso dos primeiros tempos da Apple Computer. Steven Jobs procurava uma forma para explicar ao pessoal da equipe do MAC qual o tipo de computador que ele queria construir. Ele queria explicar aos engenheiros, cientistas de computação, projetistas industriais e pessoal de programação o que deveria ser feito, bem como permitir que eles coordenassem suas ações na zona de comércio do primeiro MAC.

Finalmente, Jobs criou a metáfora de "uma bicicleta encostada na parede da garagem". Ele queria que desenhassem um computador simples de manusear, facilmente encontrável e que pudesse ser atualizado no decorrer do tempo. Dayton recorda que ficou animado com a metáfora e que ela lhe permitiu, como projetista industrial, coordenar suas ações enquanto trabalhava no primeiro *mouse* junto com outros membros do projeto.

Em termos mais pessoais, um treinador ou mediador pode fazer muita coisa numa conversação colaborativa, simplesmente comparecendo e dando às pessoas a dádiva da sua presença, ou seja, a qualidade da atenção. Por exemplo, as pessoas com opiniões firmes sobre determinado assunto, e que entram em disputas, sempre têm sentimentos fortes. Por baixo do paletó e gravata e do seu ar de confiança e invulnerabilidade, há um ser humano que gostaria de saber que pelo menos uma pessoa naquela sala compreende seus sentimentos.

Além disso, as pessoas querem saber que exista pelo menos uma pessoa que realmente ouve o que elas dizem e que entende seus pontos de vista em profundidade. Não importa que o mediador seja neutro, desde que essa necessidade emocional primária seja satisfeita. E é claro que a simples presença de um mediador na sala, mesmo que ele não tenha grandes habilidades para a mediação, terá o efeito de evitar demonstrações extravagantes de emoções e atitudes e pensamentos pouco razoáveis.

O que significa treinamento e mediação?

*O papel de um treinador é criar um relacionamento
entre pessoas e grupos, no qual a capacidade das pessoas
de produzir os resultados que eles querem,
esteja realmente em contínua expansão.*

Imagens de aspirações. Ron Lippet, um dos fundadores do Organization Development, descobriu, ao realizar conferências sobre construção de comunidades, que as pessoas em comunidades querem se reunir, mas não sabem como. Ele disse que uma das melhores maneiras de unir um grupo é o treinador ou mediador concentrar as discussões nas "imagens de aspirações", orientadas para o futuro, em vez de tratar de "problemas ou queixas passados".

Concentrar-se em imagens de aspiração, tais como a luta pela paz, a erradicação da fome, uma estratégia para duplicar os negócios, faz com que as pessoas se concentrem no desejo de produzir um impacto sobre o seu próprio trabalho. Concentrar a conversação nos problemas, ou na totalidade da complexidade desencorajadora da situação presente, ressalta aquilo que as pessoas não desejam. O mediador desempenha um papel fundamental para assegurar que as pessoas declarem e afirmem que é possível encontrar uma solução, apesar das aparências em contrário. Isso leva as pessoas a sentimentos que são divididos por todos os participantes, não obstante as suas diferenças.

Isso nos dá uma boa oportunidade para participar das mais interessantes colaborações que descobrimos no decorrer do nosso trabalho.[2] De acordo com um artigo que lemos, esse exemplo "envolve uma improvável colaboração entre Jack Shipley, apaixonado ambientalista; Jim Neal, antigo lenhador do norte do Estado de Oregon, e outros, como representantes do Bureau of Land Management, BLM, dos Estados Unidos, e de companhias madeireiras como a

Boise Cascade, com vistas à administração da Applegate Watershed, uma área de meio milhão de acres no sudoeste do Oregon".

Juntos, Shipley e Neal, que se sentiam frustrados com as várias polarizações do grupo, decidiram que deveria haver um modo melhor de tratar das questões que envolviam a administração dos recursos, principalmente a madeira, do que o impasse, o antagonismo e as batalhas legais nos quais se debatiam. Eles passaram seis meses discutindo, em grupo e individualmente, alimentando a idéia de que poderiam realizar transações com madeira que fossem econômica e ao mesmo tempo ecologicamente viáveis. Eles descobriram que havia uma grande área de interesses comuns entre o que eles queriam e as necessidades dos grupos ambientalistas e industriais. E acharam que valeria a pena reunir todos os interessados e dissecar os problemas na frente deles. A reunião contou com a presença de sessenta pessoas.

De acordo com o que Jack Shipley declarou, eles iniciaram a reunião pedindo às pessoas que se apresentassem pelo próprio nome, e não pelo da sua empresa ou organização, e falassem um pouco sobre si mesmos e sua família. Ficou claro que todos tinham objetivos semelhantes em relação à comunidade. A idéia era criar uma parceria colaborativa, que buscasse soluções criativas para administrar os recursos naturais na área. Mas logo surgiu uma briga para ver quem faria parte da diretoria.

Alguém se levantou e disse: "Se quisermos fazer isso direito, não fará diferença qual a origem das pessoas, nem qual a sua experiência, desde que queiram encontrar soluções. Se nos concentrarmos apenas nos problemas, não sairemos do lugar." De acordo com Shipley: "Havia lógica nisso. Nós poderíamos ir além da representação individual de cada grupo. Ele expressou o que todos tencionávamos dizer, mas não sabíamos como."

Foi um momento decisivo e eles conseguiram traçar rapidamente algumas linhas-mestras e escolher uma comissão de nove pessoas, representando as corporações, os madeireiros, o pessoal do BLM, os ambientalistas e diversos grupos de interesses comunitários. Com reuniões semanais durante três meses consecutivos, não demorou para que estabelecessem um diálogo real, que levou à elaboração de um documento de trinta páginas, definindo o território no qual trabalhariam e uma declaração de qual seria a sua missão. O documento incluía um perfil de cada membro, seus objetivos e prioridades.

O grupo então continuou a testar as suas intenções numa série de projetos bem-sucedidos, nos quais eles realmente romperam as barreiras: uma venda de madeira um tanto incomum, tal como suspender as árvores por meio de helicóptero e projetos de restauração de bacias hidrográficas em terras particulares. Esses fatos somente aumentaram esses sentimentos positivos que cercam a parceria na comunidade.

A Applegate Partnership continuou a se reunir semanalmente durante os últimos quatro anos e meio. Em cada encontro, alguém se propõe a mediar. O trabalho do mediador é manter a discussão nos trilhos e assegurar-se de que as pessoas sejam educadas umas com as outras. De acordo com Shipley: "No começo, esquecíamos os objetivos comuns e dávamos algumas escorregadas, fugindo ao assunto ou ocasionalmente atirando dardos venenosos uns nos outros. Um dos motivos pelos quais isso acontecia é que todos queriam tanto trabalhar que tinham medo de dizer alguma coisa desagradável ou de expressar seus sentimentos. Dessa forma, tudo fugia dos eixos. Cada membro tinha a função de mediador auxiliar, para assinalar quando isso acontecesse e dizer: 'Está bem, mas não vamos ficar dando voltas.' E isso era muito gratificante."

"Aprendemos que era bom discordar. Podíamos conversar a respeito disso e, em geral, chegávamos a algum tipo de acordo. Na realidade, nós nos habituamos a ter conversações adversas. Realmente, encorajamos as pessoas a expressar os seus diferentes pontos de vista; a diversidade é a nossa força. Numa reunião, por exemplo, alguém da BLM foi o mediador. Então, quando apareceu uma questão sobre a qual ele tinha opiniões muito firmes e que causariam um impacto na BLM, ele pediu para deixar a função e para que outra pessoa a assumisse, com o objetivo de participar plenamente da reunião."

Como construir um relacionamento entre os membros do grupo, sendo o seu mediador

É difícil enfatizar a importância de construir um verdadeiro relacionamento com todos os participantes da colaboração. O fato é que as pessoas não autorizarão alguém em quem não confiem, admirem e respeitem, para treiná-las. Embora algumas pessoas possam granjear esse respeito apenas pelo fato de serem profissionais treinados, em muitos casos isso não será suficiente.

O doutor Everett Mendelssohn, da Universidade de Harvard, contou que ele foi escolhido como mediador nas conversações de segurança entre israelenses e palestinos porque "Há muito tempo que estou nesse negócio. Eu havia conversado com vários líderes israelenses e com Arafat. Eu falava um pouco ambas as línguas. Estudei toda a região durante um longo período."[3]

Terje Larsen passou mais de dois anos percorrendo as ruas, entrevistando de trezentas a quatrocentas famílias, para conhecer as pessoas e construir o seu conhecimento acerca da região. Ele ouvia e depois dizia: "Eu compreendo. A Noruega compreende." Se uma pessoa for um bom mediador, ambas as partes acharão que ele está do seu lado, ao mesmo tempo em que respeitam o fato de que o mediador precisa agir de forma imparcial. Num típico grupo dentro de um governo, companhia, escola ou hospital, o mediador deveria ser alguém que não apenas comanda, mas também que seja apreciado e respeitado, uma pessoa amistosa e franca, de mente aberta e ao mesmo tempo compassiva.

É importante saber alguma coisa sobre as pessoas entre as quais você está servindo de mediador, e entender seus objetivos e aspirações. Também é importante conversar com elas a respeito da maneira que você procederá nas conversações colaborativas. Finalmente, assegure-se de que, tanto os indivíduos quanto o grupo sintam que têm o poder de dizer "não" à sua oferta de mediar. Dar às pessoas a possibilidade de dizer "não", em geral lhes dá o poder de dizer "sim".

Como expandir a capacidade do grupo de produzir os resultados desejados: o básico versus *a mediação desenvolvimentista*

O papel do mediador numa conversação colaborativa envolve muitas coisas, mas deve resultar na expansão da habilidade do grupo de atingir suas metas. Há uma importante distinção a ser feita entre "mediação básica" e "mediação avançada ou desenvolvimentista".[4] A mediação básica pode ser a melhor delas, quando as pessoas do grupo estão sob pressão para produzir um determinado resultado, como um plano ou decisão estratégicos, e precisa de alguém para melhorar a sinergia e remover os obstáculos, mas não tem tempo ou inclinação para intervenções mais profundas, que podem ser mais pessoais. A mediação avançada ou desenvolvimentista também envolve capacitar o grupo a atingir um certo resultado nessa reunião, mas inclui intervenções mais profundas, que ajudarão as pessoas a desatar o nó dos pensamentos e atitudes contraproducentes.

Usaremos o tratamento das emoções como um exemplo de como a mediação básica e a desenvolvimentista podem atuar. Digamos que Hans, engenheiro de produção, negou um pedido de Roddy, Vice-Presidente de *marketing*, para ajudá-lo numa questão com um consumidor. Roddy, que acha razoável a sua requisição, fica muito zangado e bate na mesa: "Você não se preocupa com os clientes. Você não quer cooperar. Você só se preocupa consigo mesmo..." O mediador "básico" responderia da seguinte maneira a essa explosão emocional: "Vamos deixar que Roddy expresse os seus sentimentos." Todos os sentimentos são válidos, e talvez não seja uma boa idéia tentar eliminá-los. Na verdade, o mediador prefere desviar-se do comportamento de reação. Essa abordagem transacional, ou de salto único, visa mudar o comportamento de reação de Roddy, e não o pensamento ou as atitudes que o causaram.

Na abordagem *avançada*, o mediador prefere *nomear ou envolver* o comportamento de reação, com vistas à compreensão do pensamento e das atitudes subjacentes que o causaram. "Roddy, você obviamente está irritado, zangado e acusou Hans. Tem certeza de que não tirou conclusões apressadas quando ele disse 'não'? Tem certeza que elas se baseiam em algo sólido, ou foi apenas uma reação sua? Por que não verificar e perguntar a Hans por que ele se negou?" Essas questões levam Hans e o grupo na direção de um aprendizado transformacional ou de salto duplo e triplo.

Os mediadores e o domínio dos valores dos líderes que colaboram

Para criar um grupo baseado no princípio da liderança lateral, conversações colaborativas, etc., há três valores que governam e que você, como mediador, pode querer adotar e propor ao grupo fazer o mesmo. Isso se torna a base da maneira como você age no seu papel de líder mediador e constitui-se numa plataforma para suas intervenções.[5]

1. Compromisso com a verdade (ou informação válida). Um dos papéis de maior persuasão que um mediador pode desempenhar é o de encorajar o grupo a falar sinceramente, de forma que conheçam o que cada um realmente pensa e sente. Um outro é encorajar o grupo a expressar não apenas seus pensamentos e sentimentos, mas também a testar pressuposições e deduções implícitas que podem não ser válidas. No nível mais básico, o mediador pode fazer com que as pessoas estejam de posse dos fatos necessários, fazendo uma análise fatual da situação. Finalmente, isso pode ser usado para esclarecer a sua maneira de agir.

2. Escolha livre e bem-fundamentada. As pessoas se sentem dotadas de poder quando têm alternativas e destituídas de forças quando não o têm, o que pode levar a atitudes ou comportamentos contraproducentes. Faz parte do trabalho do mediador dotar as pessoas de poder, lembrando-lhes que elas têm alternativas. Por exemplo, elas podem optar entre falar ou calar-se, e nesse caso serem mal-interpretadas. Elas podem optar por um mediador que tenha uma abordagem básica, do tipo "vamos ver o que temos hoje", ou outro que tenha uma atitude mais profunda, que explore sentimentos e atitudes. Elas podem escolher entre compartilhar seus sentimentos e pensamentos autênticos ou mantê-los para si mesmas. O mediador deve mostrar-lhes que elas podem escolher o tempo todo.

3. Compromisso interior. Se as pessoas têm informações válidas e estão comprometidas com a verdade, de modo geral elas estão comprometidas internamente com o processo.

Os papéis do mediador: quem você é na conversação

Aquilo que somos, a nossa maneira de ser, molda mais fortemente o que fazemos do que qualquer técnica ou lista de tarefas. Assim, é importante pensar sobre "quem você é" ou sobre "quem você precisa ser" para cumprir o objetivo da conversação ou da colaboração. Por exemplo, se a colaboração exige reunir pessoas com perspectivas estereotipadas, ou até mesmo adversárias, você precisará ser um construtor de comunidades e ser muito sociável, para ajudar os outros a construir pontes, conhecer-se mutuamente e construir a confiança. Não é essencial que você seja especialista em cada papel para poder se sobressair na reunião, mas uma combinação de dois ou três papéis, apropriados à situação, podem ser de utilidade. Reveja os quatro papéis abaixo e pergunte-se qual deles reflete melhor quem você é e qual deles lhe parece mais natural. Depois, indague se um dos papéis está faltando na sua maneira de agir e que, se for desenvolvido, poderá ser importante para a sua função: (1) Construtor de comunidades, (2) Criador de espaços, (3) Interventor e (4) Intermediário.

1. Como construir uma comunidade de compromisso. No episódio de Oslo, Terje Larsen teve uma experiência iluminadora quando percebeu que poderia ser importante na questão do Oriente Médio. Ele foi um eficiente construtor de comunidades nas conversações de Oslo, porque não era apenas um visionário comprometido mas também uma pessoa muito sociável, para quem era natural reunir os outros. A paixão que ele demonstrou fez cair por terra a idéia de que mediador é uma pessoa neutra.

Larsen acreditava apaixonadamente naquilo que estava realizando e no seu papel. Ao mesmo tempo, ele sabia que o seu sucesso como mediador dependia de sua capacidade de construir uma comunidade de compromisso entre as diferentes pessoas envolvidas: noruegueses, árabes e israelenses. Seu papel era *manter a intenção* durante todo o processo, para propiciar um ambiente para a conversação. Ele fez isso ao assegurar a possibilidade de uma solução inovadora, apesar de tudo o que estava acontecendo, ao organizar os alojamentos num local afastado e aconchegante, com boa comida e encorajando as pessoas a não desistirem.

O mais interessante é que, embora seu papel nas negociações, bem como o da sua esposa, não pudesse ser subestimado, eles estiveram fora da sala de conferências a maior parte do tempo. Ele achava que não era um mediador capacitado, e observou que, quando estava na sala, tornava-se parte da platéia para a qual os dois lados estavam representando. Em geral, ele corria de um lado para outro, recebendo mensagens pelo fax ou verificando se todos tomavam café, providenciando algo para comer e fazendo com que todos tomassem as refeições juntos, ou seja, uma forma eficaz de construir uma comunidade.

Conforme afirmou Yossi Beilin, uma simples refeição traz em si o propósito latente de reunir as pessoas: construir a confiança e verificar que elas não têm chifres na cabeça. No Applegate Watershed Project, Jack Shipley contou-nos que o primeiro encontro, de mais ou menos sessenta pessoas, aconteceu no quintal da sua casa, para um churrasco.

Russ McKinley, da madeireira Boise Cascade, relatou a história dos problemas e mudanças ocorridos na área da Applegate: "Acho que o maior problema da BLM, antes da parceria com a Applegate, era que eles não iam até as comunidades locais para ouvir as pessoas. Eles exigiam que elas os procurassem e trouxessem dados, sem nenhuma oportunidade para um diálogo. Mas eu acredito que, se você quiser conquistar o apoio dos moradores locais, você precisa comer os seus biscoitinhos, tomar o seu café e conversar com eles, na casa deles, nos salões comunitários, ou fazer pescarias com o caniço na mão e cortar madeira junto com eles. Isso é que é preciso."[6]

2. Como criar espaços. Criar espaços é um dos elementos mais importantes de uma conversação colaborativa. Nas conversações de segurança entre israelenses e palestinos, as quais, como dissemos anteriormente, foram uma prévia para as negociações de Oslo, o professor Everett Mendelssohn disse que o sucesso só foi possível devido à criação de um espaço físico. Isso significa dar ao grupo um local para conversar, longe da imprensa, e no qual os membros se sentissem seguros.

O colega de Mendelssohn, Jeff Boutwell, da Academy of Arts and Sciences de Cambridge, Massachusetts, contou-me uma história divertida sobre as conversações de segurança: "Uma noite, em Londres, depois de termos feito progressos significativos sobre a segurança e o acesso dos palestinos aos lugares sagrados, soou um alarme no hotel. Fomos logo conduzidos para fora do hotel, ainda em pijamas. Descobrimos que havia sido uma ameaça de bomba por parte do IRA ao hotel."[7]

Em escritórios do governo, empresas e escolas, no dia-a-dia, o espaço físico pode significar diversas coisas, como ter um aposento disponível onde se possa conversar sem interrupções. Uma das idéias é que cada organização tenha uma sala, chamada de "Laboratório de diálogos", que permita às pessoas travar diálogos realmente de qualidade. Ele deveria contar com quadros e tabelas, bem como ter instruções na parede para diversas finalidades e abrir a possibilidade de convidar um mediador quando fosse necessário.

Há dois outros aspectos para a obtenção do espaço físico. Primeiro, como diz Mendelssohn, é dar às pessoas um "espaço intelectual". Isso significa chegar a um acordo no qual todos possam explorar as possibilidades, expor as idéias mais estapafúrdias, soltar "balões de ensaio", concordar com alguma coisa "só para ver se funciona", sem que seja necessário pô-la em prática só porque houve um acordo. Isso significa a possibilidade de retratação até que seja alcançado um acordo final.

Em segundo lugar, criar espaço significa mediar o próprio diálogo, de forma a encorajar as pessoas com idéias e perspectivas diferentes para que se abram e conversem sobre as questões que são importantes para elas. Conheci muitos mediadores que na verdade encerraram a conversação ao impor ao grupo um protocolo estruturado demais, com excesso de intervenções e falta de confiança na sabedoria do grupo para encontrar o caminho no meio do caos.

Harrison Owen, fundador do Open Space Technology, criou um método simples que todos os grupos podem usar para criar espaço para que as pessoas se abram e conversem.[8] As regras fundamentais são as seguintes: (1) As pessoas que vierem à reunião deverão ser as mesmas previstas, (2) As pessoas discutirão aquilo de que elas gostam, e (3) Se você achar que não está contribuindo nem recebendo valores da reunião, levante-se e saia.

Em geral, no Open Space as pessoas se dispõem num círculo, no início da reunião, e declaram suas paixões. Em seguida, o grupo se divide em subgrupos interessados naquele tópico. Depois de concluídas as tarefas, todos voltam ao grupo maior.

Harrison, que entrevistei há alguns anos, contou-me uma história interessante sobre o funcionamento desse processo. Ele foi contratado para mediar a reunião de um conglomerado de grandes organizações que estavam fazendo uma parceria, no México. Ele expôs as regras básicas e como as pessoas deveriam escrever sobre o que eram apaixonadas e depois dividir-se em grupos menores. Depois disso, ele saiu, colocou um *sombrero* e tirou uma soneca debaixo de uma árvore. A soneca foi longa. Alguns representantes das diversas empresas o encontraram e acordaram no fim do dia. Eles estavam empolgados para relatar como haviam encontrado soluções inovadoras para alguns dos problemas.

3. Como intervir. Descobrimos que a criação de espaço muitas vezes deve ser contrabalançada com intervenções hábeis. Quando estiver servindo como mediador e perceber que um grupo está saindo dos eixos, lembre-se do velho ditado chinês: "Se você não mudar de direção, provavelmente acabará chegando ao lugar desejado." A intervenção envolve diálogo e declarações, ou o levantamento de novas perguntas com vistas ao adiantamento dos objetivos da conversação.

Essas intervenções poderiam tomar formas diferentes, como, por exemplo, pedir ao grupo que esclareça o objetivo da conversação ou a maneira pela qual o formularam. Ou então, perguntar às pessoas que não estejam participando que dêem uma opinião honesta sobre algum tópico controverso, assegurando-se de que os seus pontos de vista sejam compreendidos. Ou, ainda, a intervenção poderia significar a descoberta de um comportamento particularmente defensivo e chamar a atenção da pessoa, ou do grupo, para ele.

Há uma história interessante sobre Chris Argyris, de Harvard, que estava numa reunião com o presidente de uma grande empresa. Este levantou-se e disse: "Não quero antecipar as observações de ninguém, mas..." Argyris, que estava na reunião há dois minutos, interrompeu: "Desculpe, mas quando falou, tinha ou não tinha a intenção de antecipar alguma coisa?" Argyris teve a impressão de que o presidente, que havia solicitado uma reunião colaborativa, no fundo queria dizer a todos o que deveriam fazer.

Os valores governantes que mencionamos antes: compromisso com a verdade, ou seja, informações válidas, escolhas livres e bem-informadas e compromisso interior, são apoiados pelas seguintes regras fundamentais que podemos usar para mediar qualquer reunião. O grupo também pode ajudar a mediar, conscientizando-se dessas regras básicas.[9]

Regras Básicas Para Grupos Eficientes

- Teste as suposições e as inferências.
- Informe o grupo de todas as informações relevantes.
- Concentre-se em interesses e não em posições.
- Seja específico, use exemplos.
- Concorde com o que as palavras importantes querem dizer.
- Explique as razões que estão por trás das declarações, perguntas e ações.
- Discorde abertamente de qualquer membro do grupo.
- Faça declarações e depois incentive as perguntas e comentários.
- Projete conjuntamente formas para testar as discordâncias e soluções.
- Discuta os pontos indiscutíveis.
- Mantenha a discussão concentrada.
- Não faça piadas nem distraia a atenção do grupo.
- Todos os membros devem participar de todas as fases do processo.
- Troque informações com outras pessoas fora do grupo.
- Tomem decisões por consenso.
- Faça autocrítica.

Exemplos de Como Intervir

- **Qual é o problema?** Quando membros do grupo estiverem se dirigindo aos outros de forma imperiosa ou tratando-os como subordinados.
- **Como intervir:** Interrompa. Aponte o comportamento. Sugira que, para que haja escolhas livres e bem-informadas, é importante que todos se tratem como colegas.

- **Qual é o problema?** A conversação está esquentando, com defesas apaixonadas e sem questionamentos. As emoções estão explodindo e surgem mal-entendidos.

- **Como intervir:** Interrompa. Aponte o comportamento. Modere a conversação fazendo perguntas que ajudem a chegar a um entendimento mútuo. Peça aos membros que expliquem o seu raciocínio ou dêem exemplos, de forma que todos estejam agindo no mesmo nível.

- **Qual o problema?** Os membros do grupo indicam, por meio de suas declarações, que não se sentem à vontade para falar abertamente, ou confundem as mensagens.

- **Como intervir:** Interrompa. Aponte o comportamento. Sugira que não será possível conseguir um diálogo sem uma conversação autêntica. Lembre que há uma regra básica sobre a liberdade para discordar com franqueza e discutir assuntos indiscutíveis. Sugira a coluna da esquerda, que discutiremos mais adiante.

A figura 7.1 mostra um útil ciclo de diagnóstico-intervenção.[10]

4. Seja um intermediário. Em geral, não é uma boa idéia ter conversações sérias com um grupo ou com um membro do grupo, enquanto o outro grupo não

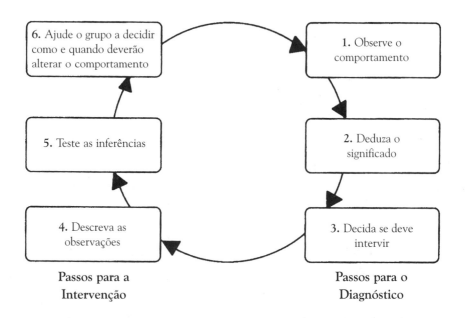

FIGURA 7.1
Ciclo de Diagnóstico-Intervenção.

estiver presente, pois isso poderá levar a desconfiar do mediador. É particularmente importante não aceitar o tipo de papel no qual alguém o aborda no começo da reunião para sugerir que você diga alguma coisa a outra pessoa, porque ele mesmo não se sente bem em fazê-lo. Caso você o faça, poderá inadvertidamente conspirar contra as rotinas de defesa do grupo, o que poderá levar a mensagens confusas ou a tornar indiscutível algum assunto importante.

Todavia, o mediador habilidoso poderá ter necessidade de quebrar as regras, alterá-las ou criar regras novas, a fim de favorecer os objetivos do grupo. Assim, haverá ocasiões em que você desejará abandonar o papel de mediador e agir como intermediário.

Roger Schwarz, mediador profissional, por exemplo, estava numa reunião na qual ele tentava ajudar a administração e os trabalhadores a resolverem uma disputa. O encontro havia começado amigavelmente; depois as pessoas recuaram para posições rígidas, com piadinhas e xingamentos de ambos os lados. A reunião ameaçava explodir. Schwarz notou que poderia, ou continuar como mediador neutro e ver se perder o que havia sido conseguido até ali, ou então deixar o papel de mediador e agir como intermediário, ou seja, conselheiro. Ele conversou separadamente com os sindicatos, ajudando os grupos a verem algo que não haviam notado anteriormente, e a disputa foi resolvida.

Terje Larsen tentou atuar com neutralidade nas conversações de Oslo, mas algumas vezes teve de assumir o papel de levar mensagens de um grupo para outro. Isso se deu, em parte, porque entre as fases das negociações os israelenses e palestinos não tinham como se comunicar: as linhas telefônicas de Israel para Túnis (quartel-general da OLP), haviam sido bloqueadas pelo fato de os dois países não se reconhecerem mutuamente. Na realidade, Israel nem constava dos mapas nos países árabes. Larsen afirmou: "Muitas vezes eu tinha de torcer um pouco o que havia sido dito, para manter uma atmosfera positiva nas negociações." Por exemplo: "Eles querem a paz realmente?" "Eu acho que sim", ou: "Rabin está informado?" "Provavelmente, sim."

Merece menção o fato de que um intermediário às vezes precisa tolerar alguma tensão emocional, pois ambas as partes esperam que esse tipo de mediador expresse os seus pontos de vista, e poderão atacá-lo se acharem que isso não foi feito adequadamente. "O senhor ligou para eles? O que eles disseram? O senhor transmitiu a mensagem? Seu idiota!" Conforme disse Larsen: "Levamos algumas surras." Ele se lembra de certa ocasião em que, às três horas da manhã, depois de falar com Abu Ala, que o havia tratado assim, estava esperando um telefonema dos israelenses. Ele percebeu que, ao pegar o fone, suas mãos tremiam, pois ele tinha medo de explodir com a primeira pessoa que falasse com ele. Note-se que, durante a assinatura dos acordos de paz, as linhas telefônicas foram reativadas e os mapas redesenhados.

SEGUNDA PARTE.

APLICAÇÕES

Receitas de conversações para projetos colaborativos

Descobrimos que as cinco fases de uma conversação colaborativa eram excelentes linhas gerais, mas outras receitas de conversações são necessárias para aplicações específicas, tais como o planejamento estratégico, a resolução criativa de problemas ou a solução de conflitos. As idéias, métodos e instrumentos dos mediadores convidados são usados aqui para apreciação.

APLICAÇÃO Nº 1.

Como Transformar Conversas de Equipe

Como mencionamos na Introdução, as pessoas que participam de grupos muitas vezes se sentem presas a velhos e improdutivos padrões de conversação. Como diz o dr. Louis Koster, de Venice, Califórnia, que treina grupos em diversas organizações, como por exemplo a Médicos sem Fronteiras, na Bósnia: "Cinqüenta por cento da comunicação nos grupos são mexericos e queixas."

Essa maneira de falar e de ouvir impede que as pessoas percebam o desejo dos outros de serem importantes ou percebam a possibilidade da colaboração criativa. O dr. Koster acredita que o segredo para mudar a forma do grupo se relacionar é assegurar-se que cada um possa distinguir as conversações produtivas das quais participam, e nas quais falar e ouvir seja importante, daquelas ocasiões em que se limitam a dar opiniões, fazer queixas ou fofocas.

Quando as pessoas começam a manter uma nova forma de conversação, mais criativa e produtiva, o grupo se sente livre para fazer planejamentos estratégicos, resolver problemas complexos e solucionar conflitos aborrecidos. Koster sugeriu a seguinte receita de conversação, que poderá ser usada por qualquer assembléia de interessados ou por qualquer equipe dentro de uma organização.

1. Peça aos membros que digam qual a cultura do seu grupo, o que nele funciona e o que não funciona.

2. Peça aos membros que expliquem como aquilo que dizem, ouvem ou a maneira como agem, contribue para aquilo que não funciona na cultura, por exemplo, queixas e mexericos.

3. Peça a outros membros do grupo que descrevam o que uma determinada pessoa faz e de que forma isso contribui para a eficiência do grupo.
4. Provoque um diálogo sobre o que você quer que o grupo consiga no futuro, tanto em termos de resultado quanto da cultura do grupo.
5. Assuma compromissos pessoais e grupais.

Linhas mestras para o mediador. Nesse tipo de processo, é essencial distinguir entre a forma das pessoas falar normalmente, ou seja, dar palpites, bisbilhotar e se queixar, e as conversações mais produtivas, que elas considerem uma abertura para novas possibilidades de falar de modo positivo e eficiente, em oposição a verem nisso uma avaliação ou um julgamento.

Ademais, para que isso não seja apenas uma conversa interessante que será esquecida logo depois, peça que anotem sobre quais pessoas têm queixas ou fazem bisbilhotices. Se for o caso, dê-lhes uma oportunidade para reconhecer isso publicamente ou, se for mais apropriado, em particular.

O mediador também deveria apontar que, embora a maioria da equipe esteja pronta para falar sobre a necessidade de mudanças estratégicas e estruturais, hesitam em observar como o seu comportamento contribui para aumentar os problemas do grupo e de que forma precisam mudar. Reconhecer isso no segundo passo é uma forma de eliminar rotinas de defesa da organização, isto é, aquelas coisas que as pessoas fazem para evitar embaraços ou ameaças, como tornar alguns assuntos indiscutíveis, por exemplo.

Quando for o caso de reconhecer a contribuição das pessoas, discuta a importância de não ter vergonha de ser generoso no reconhecimento dos outros. Afinal, já foi dito que a História é uma luta pelo reconhecimento.

APLICAÇÃO Nº 2.

Planejamento Estratégico em Ação

Joan Holmes, do Projeto Fome, falou-me da importância de ter objetivos estratégicos, mas diz que ela prefere as "intenções estratégicas". Isso significa procurar áreas nas quais você gostaria de provocar impacto, analisar o estado atual e declarar objetivos ampliados que sejam considerados "impossibilidades" e nos quais existe um descompasso deliberado entre as aspirações e os recursos.

Pode ser assustador o poder de um grupo interessado em manter o seu ponto de vista, ao mesmo tempo em que indaga o que está faltando para a sua realização, e agir criativa, ousada e eficientemente. Isso se torna a base daquilo que Holmes denomina "planejamento estratégico em ação", um processo que se aplica a várias colaborações.

Comece por perguntar, a si mesmo ou aos membros do grupo, sobre o que desejam colaborar, em termos gerais: rápido crescimento da empresa, uma nova legislação sobre educação, erradicação da fome, e depois use o seguinte modelo:

1. Descreva a realidade corrente: uma análise dos fatos "O que é assim?"
2. Declare um objetivo ampliado ou uma possibilidade.
3. Pergunte: O que é que está faltando e que, caso seja fornecido, tenha importância?
4. Delineie os marcos principais, as prioridades, o cronograma e o orçamento.
5. Entre em ação. Verifique o que foi cumprido e o que não foi. Procure saber o que você vê agora e que não via antes. Faça ajustes.

Linhas mestras para o mediador. Encoraje as pessoas a perguntar "o que é assim?" em relação àquilo que você deseja conseguir, para que reconheçam honestamente o que está funcionando e todos os fatos e circunstâncias que colaboram para o sucesso do projeto. É importante que as pessoas saibam quais são as forças, fatos e circunstâncias que concorrem para o sucesso. Vejamos, por exemplo, uma linha aérea: "Os passageiros procuram uma linha aérea que ofereça um bom serviço com tarifas baixas. Nossas tarifas são boas, comparadas com as das concorrentes."

Do mesmo modo, incentive as pessoas a reconhecer o que não está funcionando: pessoas, forças, fatos e circunstâncias que atuam contra o sucesso do projeto. É importante fazer isso de maneira a ajudar a compreender o que não está funcionando, para que as pessoas se sintam encorajadas a agir. Por exemplo: "Nossa linha aérea tem o pior desempenho quanto às aterrissagens dentro do horário e quanto à satisfação dos clientes. É assim que as coisas estão. Se encararmos isso como uma oportunidade e não como uma invalidação, poderemos tomar medidas para sanar o problema."

Ao permitir que as pessoas escolham um objetivo ampliado ou uma intenção estratégica, incentive-as a optar por alguma coisa realmente instigante que amplie seus talentos, capacidades e modos de ser. Ao mesmo tempo, ajude-as para que selecionem um objetivo viável e não algo irreal, como por exemplo: "Ser a linha aérea preferida no mundo inteiro."

Ao procurar o que está faltando e que poderá pesar na balança, identifique os elementos mais impulsionadores, ou as pequenas ações que possam ter um grande impacto, e não faça apenas uma "lista de coisas a serem feitas". Use esses fatores impulsionadores como ponta-de-lança do projeto, alocando os recursos e o orçamento adequadamente.

APLICAÇÃO Nº 3.

Como Resolver Problemas Complexos

Conversando com Roger Fisher, co-autor de *Getting to Yes*, perguntei-lhe quais eram as suas idéias sobre a conversação criativa. Ele ficou intrigado com duas idéias que mencionei. A primeira, esclarecer o objetivo da conversação e a segunda, possibilitar que as pessoas em grupos pensem e trabalhem juntas. Disse ele: "O aspecto mais importante é fazer com que elas trabalhem juntas para atingir um objetivo ou resolver algum problema."

Fisher tinha uma maneira interessante de entender esse processo. Ele disse que há dois desafios principais a serem enfrentados quando ajudamos grupos adversários a pensar juntos para resolver problemas. Por exemplo, um representante eleito encara o problema por uma perspectiva política; um executivo o encara a partir de um ponto de vista de negócios; um psiquiatra já vê o problema de uma perspectiva psicológica. A questão é que, enquanto uma pessoa está falando sobre o problema, o outro fala sobre a solução, enquanto um terceiro está procurando idéias para entrar em ação.

O segundo desafio é determinado pelo fato de que o diálogo pode ser caótico, pulando de um tópico para outro, de uma constatação do problema para uma sugestão de solução, e assim por diante. A tabela da Figura 7.2 poderá ser usada para criar novas pontes na compreensão mútua, bem como pôr ordem na discussão, para que as pessoas possam pensar juntas.

1. Qual é o problema fundamental?
2. Qual é a causa fundamental?
3. Qual é a solução fundamental?
4. Idéias para ação

Linhas mestras para o mediador. Coloque na parede da sala de reuniões quatro pedaços de papel em branco, ou divida um quadro em quatro partes, como o da Figura 7.2. Cada pedaço de papel, ou parte da figura, será usado para registrar declarações que se enquadrem em cada uma das seguintes categorias: (1) Definições do problema, (2) Causas do problema, (3) Solução do problema, (4) Idéias para ação.

Peça às pessoas que se sentem de frente para o quadro e que não fiquem olhando umas para as outras. Isso cria uma atmosfera que as fará sentir-se como colegas que pensam e trabalham juntos no mesmo problema, e não como oponentes.

Comece a discussão seguindo as regras básicas para que todos falem, um de cada vez. Quando alguém se manifesta, o mediador simplesmente escreve aquilo que está dizendo no pedaço de papel apropriado, sem tentar controlar a discussão dizendo, por exemplo: "Primeiro, vamos analisar o problema e depois encontrar a solução", numa forma linear que pode reprimir o surgimento das idéias.

Definição do Problema	Causas do Problema
Soluções para o Problema	Idéias para Ação

Figura 7.2
Resolução de Problemas Complexos

Fisher afirma que, uma vez que todas as idéias tenham sido expostas e a conversação entre em ponto morto, o mediador repassará cada uma das idéias mais importantes. De acordo com Fisher: "Eu os conduzo pela escada da inferência." Fazendo isso, as pessoas vêem não apenas as idéias dos outros como também as perspectivas e os processos de raciocínio a partir dos quais essas mesmas idéias brotaram. Uma pessoa poderá perguntar à outra, por exemplo: "Qual é o seu ponto de vista sobre essa questão? O que o levou a isso? Em quais exemplos você se baseia?" A Figura 6.4 mostra a "Escada da Inferência", um instrumento útil para ajudar as pessoas a se conscientizarem e se integrarem no processo de raciocínio que está por trás de suas conclusões, crenças e ações.

Depois de ter oportunidade de repassar o processo e definir um objetivo comum, coloque quatro novos pedaços de papel, nos quais as pessoas responderão novamente às perguntas. Afirma Fisher: "O resultado, muitas vezes, é uma solução inédita."

APLICAÇÃO N<u>º</u> 4

Negociação Criativa e Resolução de Conflitos

*Sempre que houver duas posições numa negociação,
a solução jamais surgirá de uma delas. Uma solução bem-
sucedida depende de encontrar uma terceira posição,
a qual deverá ser criada ou descoberta.*

— Shimon Peres, 1997

Pedi a Bill Ury que descrevesse resumidamente o seu comportamento numa negociação na resolução de um conflito, durante os últimos quinze anos. Eis a sua resposta: Primeiramente, faça as pessoas falar sobre como elas vêem a situação, como vêem a si mesmas e como se vêem mutuamente. É importante fazê-las falarem essencialmente sobre percepções e as suas emoções. Eu gosto de ter a certeza de que existem, nas negociações, algumas oportunidades estruturadas para que as pessoas façam perguntas e ouçam não apenas o que os outros dizem mas o que elas próprias dizem. Isso possibilita que elas identifiquem o principal interesse que está por trás das posições de cada uma e quais são as verdadeiras preocupações delas. Isso também cria uma plataforma para as pessoas se engajarem num processo de reflexão a fim de procurar maneiras de reformular o problema, de modo a atender aos interesses de ambos os lados. Eu peço a elas que se concentrem na identificação das opções mais promissoras, ao mesmo tempo em que trabalhamos juntos para torná-las práticas e servirem como opções na tomada de decisões."

Exercício Conjunto de Reflexão

1. Converse com um companheiro que está do outro lado do conflito. Cumprimente-o, converse sobre assuntos pessoais, família, etc. Esteja preparado para apresentá-lo ao restante do grupo.
2. Converse novamente com o seu companheiro sobre algum assunto no qual você esteja sendo mal-interpretado.
3. Escreva uma declaração sobre os interesses do outro lado, de uma forma que você acha que seria aceitável para eles.
4. Se estiver em grupo, consolide essas declarações de forma que ninguém possa discordar delas.
5. Envolva-se numa sessão de reflexão para encontrar soluções.

Linhas mestras para o mediador. O exercício abaixo pode ser feito por duas pessoas, por um grupo no qual haja conflitos ou nos conflitos entre grupos. Ele foi sugerido por Roger Fisher, que mediava um diálogo entre representantes do Equador e do Peru durante um cessar-fogo na guerra sobre fronteiras. Da mesma forma que em Oslo, os participantes não estavam autorizados a se comprometerem com qualquer pessoa ou organização, mas foram encarregados de tentar compreender as perspectivas, idéias e pontos de vista comuns.

As cadeiras foram colocadas em semicírculo e os participantes de um país, ou grupo de interesses, sentaram-se alternadamente, enquanto os participantes do outro país ocuparam as cadeiras entre eles. Depois, Fisher deu-lhes as seguintes tarefas:

1. *Converse por meia hora com a pessoa ao seu lado e esteja preparado para apresentá-la ao restante do grupo.*

No fim do prazo, cada um dos pares terá estabelecido o início de um relacionamento com a pessoa mais próxima, a que pertencia ao grupo contrário, e que havia dito algo positivo a seu respeito para o resto do grupo: o que ele faz, como é a família dele, qual o seu nível de educação e algo de caráter pessoal.

Fisher continua sugerindo que reconheçam que há um problema entre os dois lados e que a comunicação ou a colaboração está enfraquecida nesse ponto. "Você provavelmente acha que o outro lado o interpretou mal." Depois, cada um é colocado perto de outra pessoa do grupo oponente. A instrução seguinte é:

2. *Você tem uma hora para conversar, sem interrupções, e dizer a essa pessoa algo que você acha que eles interpretaram mal.*

Tudo o que podem fazer é perguntar. As perguntas devem ser atenciosas, como: "O que o levou a se sentir assim?" ou: "O que o levou a pensar dessa forma?" Depois, revertem-se os papéis, e a pessoa que falou antes tem de ouvir e fazer perguntas.

Em seguida o grupo é dividido em dois ou mais grupos menores, compostos apenas por um dos lados. No caso de Fisher, peruanos ou equatorianos. É dada a nova instrução:

3. *Faça uma lista de quais você acha que sejam os interesses do outro lado, de modo que eles possam aceitar como grupo.*

Os peruanos escreveram coisas como: "Eles têm medo de uma invasão. Eles acham que o nosso exército é duas vezes maior que o deles. Eles acham que nós queremos lutar no território deles para espioná-los."

4. *Assim que cada grupo tiver uma declaração, os grupos se juntarão na frente de um quadro e tentarão criar uma declaração conjunta que ambos possam aceitar.*

Disse Fisher: "Tendo passado tanto tempo pensando nos interesses do outro lado; agora os grupos estão em posição de participar de uma processo conjunto de reflexão."

5. *Reflita em conjunto para encontrar soluções.*

Automaticamente, a primeira coisa que criam são opções para enfrentar os receios do outro lado. Por exemplo: "Isso é uma loucura. Eles não confiam nos nossos militares. Vamos fazer com que eles se encontrem." Afirma Fisher: "Eles inventam opções para atender às preocupações do outro lado."

TERCEIRA PARTE

Instrumentos de colaboração

> *Em vez de perguntar: "Que informação é importante e como administrá-la com eficiência?", as companhias devem começar a indagar: "Que relacionamentos são importantes, e como a tecnologia pode apoiá-los mais eficientemente?"*
>
> — Michael Schrage
> Wall Street Journal, *março de 1990*

O deslocamento de hierarquias para redes não significa apenas deixar de olhar as pessoas como coisas, mas também olhar para as ligações entre elas. Observamos que os instrumentos de colaboração podem oferecer um excelente veículo para que as pessoas façam conexões e possam concentrar-se em conversações nas quais elas definam objetivos comuns e tragam idéias criativas e inovadoras. Eis aqui alguns exemplos de instrumentos que achamos úteis e que estão à disposição de qualquer um, com relativamente pouco trabalho. Alguns dos leitores talvez já conheçam a maioria deles, mas ao colocá-los juntos num mesmo lugar, talvez estejamos possibilitando o surgimento de idéias novas.

Instrumentos para concentrar a conversação: aprofundamento e discussões para a tomada de decisões

Os instrumentos mais simples para concentrar uma conversação são uma agenda e uma sala. Todavia, a agenda poderá estar muito carregada para oferecer um espaço intelectual que possibilite a expressão de novas idéias. É bom equilibrar as reuniões com agendas (nos casos em que o grupo tenha de tomar decisões) e as reuniões sem agenda (nas quais o grupo possa explorar as questões com maior profundidade). A agenda para uma conferência de um ou dois dias poderá facilmente ser montada para dividir as questões que precisam de discussões em profundidade em duas categorias: aprofundamentos e discussões para a tomada de decisões. Ver figura 7.3.

Agenda para Reuniões	
1. Qual é a nossa estratégia?	Aprofundamento
2. Valores da empresa	Aprofundamento
3. Parcerias	Discussões para a tomada de decisões
4. Rever o planejamento de *marketing*	Discussões para a tomada de decisões

Figura 7.3
Agenda para Reuniões de Aprofundamento e
Discussões para a Tomada de Decisões

Instrumentos para transformar o caos criativo em ordem: adesivos

Quando as pessoas exploram um terreno criativo ou de colaboração, surgem novas idéias que são difíceis de expressar. Da mesma forma, muitas vezes fragmentos de informações flutuam a esmo na nossa mente. Um bom artifício para extrair e ordenar idéias e informações é um maço de adesivos. Art Kleiner, por exemplo, que colaborou com Peter Senge no livro *The Fifth Discipline*, encontrou-se com ele no porão de sua casa e pediu-lhe algumas idéias para o livro. Enquanto Senge falava, Kleiner anotava cada uma das idéias proferidas por aquele num adesivo. Quando as idéias principais foram expressadas, Kleiner organizou-as em cinco colunas. Para Kleiner, essas colunas pareciam habilidades ou disciplinas. Por esse motivo é que o livro recebeu o título de *The Fifth Discipline*, a quinta disciplina.

Instrumentos para definir um objetivo comum: guardanapos, tabelas, quadros em branco

Os melhores instrumentos para definir um objetivo comum e manter concentrada a conversação são aqueles que permitem que esta seja representada num espaço físico. Isso inclui guardanapos, quadro negro ou branco, tabelas, etc. Os rabiscos ou desenhos de cada pessoa tornam-se a base para que os outros falem sobre a sua compreensão da situação para definir em comum novos objetivos, bem como aquilo que John Seely Brown chama de "construção de percepções", isto é, novas percepções sobre uma situação que até ali não existiam. Se você duvida da importância desses instrumentos de colaboração, tente elaborar um de projeto de colaboração sem eles. Fui convidado a desenvolver um seminário de treinamento e o primeiro passo era criar uma estrutura no computador. Era um grupo de três pessoas e aquela que estava no computador ficava perdida no espaço, enquanto as outras duas batucavam no teclado, rolavam os olhos ou caíam no sono.

Instrumentos para o local de trabalho eletrônico: conferências telefônicas e eletrônicas

Um dos instrumentos mais negligenciados para conversações de colaboração entre pessoas em diferentes lugares do mundo é uma simples "conferência telefônica". Elas permitem às pessoas de grandes empreendimentos ou grandes companhias conectar-se, trocar idéias e criar soluções inovadoras a baixo custo. Hoje, a maioria dos telefones já conta com esse recurso. É possível interligar até uma centena de pessoas ao mesmo tempo.

A Internet torna possíveis as reuniões eletronicamente distribuídas no tempo e no espaço, com colegas, outros grupos, organizações e regiões, nas quais as pessoas podem enviar mensagens e responder quando for mais conveniente, em vez de serem obrigadas a comparecer num horário determinado. É importante ter em mente que, embora a conferência eletrônica aumente a quantidade de conexões por meio do telefone ou do fax, não melhora a qualidade, necessariamente. Algumas pessoas relatam que se sentem dispersas, desligadas e confusas.

De acordo com Peter e Trudy Johnson-Lenz, que criaram o termo, conferência eletrônica significa "grupo de processos intencionalmente escolhidos mais programas de apoio". Existem diversos pacotes de programas projetados para facilitar aos grupos a definição dos objetivos comuns, a escolha de papéis na equipe, bem como o estabelecimento de linhas para os mediadores. Um dos que tive oportunidade de examinar chamava-se "Lotus Teamroom". Caso você utilize a conferência eletrônica, invista nas conexões humanas; como, por exemplo dizer "alô" ao entrar na "sala da equipe", e não se limite aos protocolos rígidos de políticas e procedimentos.

Instrumentos para administrar conversações colaborativas difíceis

Os instrumentos que acabamos de descrever oferecem o espaço físico que tornará possível uma conversação colaborativa. Os instrumentos seguintes ajudam a fornecer o espaço intelectual e emocional para conversações colaborativas difíceis.

Use a "escada de inferências" para penetrar nas ilusões e definir objetivos comuns. A escada de inferências é um instrumento que pode ser usado para argumentações mais criativas e produtivas, construir um modelo mental conjunto ou desfazer preconceitos de um grupo em relação ao outro. A escada é um instrumento simples, mas eficiente, para ajudar a compreender as etapas dos nossos processos de argumentação, enquanto tentamos descobrir o que está acontecendo, antes de entrar em ação.(Ver Figura 6.2, no sexto capítulo.)

A escada de inferência está colocada no topo de um campo ou conjunto de dados que consiste em tudo o que as pessoas dizem e fazem. Nosso processo de raciocínio começa selecionando os acontecimentos ou dados que temos de considerar e tratar como algo importante. Os dados estão no primeiro degrau da escada. Por exemplo, eu me concentro no fato de Jill chegar tarde para uma reunião. Depois, vamos para o segundo degrau da escada, interpretando ou acrescentando significado àquilo que temos no primeiro degrau. Posso achar que Jill não se importa com a nossa reunião e não me respeita o suficiente para chegar a tempo.

Podemos passar por diversos degraus fazendo interpretações dessa forma, e depois chegar à conclusão de que Jill não é uma pessoa colaborativa ou jogadora de uma equipe. Depois, poderemos agir com base nessa conclusão, fazendo uma queixa ao chefe.

A primeira lição sobre a escada de inferências é que as pessoas sobem automaticamente na escada e não notam as falhas no seu raciocínio quando tiram conclusões apressadas. Usar a escada de inferências significa ajudar as pessoas a ver em que lugar chegaram a uma conclusão no seu pensamento em relação a algo concreto, como um processo de planejamento estratégico, por exemplo, esquecendo-se de testar suas inferências e suposições. Isso é natural, de certa forma, mas pode acarretar problemas nos grupos e na comunicação, caso as pessoas com os mesmos dados cheguem a conclusões diferentes.

Fazer as pessoas descer a escada das inferências é importante, não apenas para penetrar nos estereótipos e preconceitos que elas têm em comum, mas também para ajudar as pessoas a reconhecer os passos do seu processo de raciocínio.

Perguntas protocolares na escada, para trazer à superfície e testar as pressuposições ou penetrar nas ilusões:

- O que o levou àquele ponto de vista? Você chegou apressadamente a uma conclusão?
- Você pode me ajudar a perceber os passos do seu processo de raciocínio?
- Pode me dar um exemplo?
- Eis o que eu penso a respeito disso; você vê lacunas ou inconsistências?

Questões protocolares da escada para raciocínios criativos e produtivos. Faça com que o grupo desça a escada para desenvolver uma visão conjunta ou pensar junto. A escada de inferências também pode ser usada para ajudar grupos a pensar produtivamente. Isso significa, basicamente, subir a escada.

- Quais são os dados a respeito dos quais todos nós concordamos?
- Qual é o significado que isso tem para o nosso grupo?
- Quais são as pressuposições ou as crenças que todos podemos adquirir sobre isso?
- Que conclusões podemos tirar e que ações definir?

Use o "exercício da coluna da esquerda" para encorajar as pessoas a discutir o que é indiscutível. Pessoas em grupo, muitas vezes, estão sujeitas a diversas rotinas de defesa. Uma rotina de defesa, de acordo com Chris Argyris, é algo que as pessoas fazem para evitar embaraços ou ameaças a elas mesmas ou aos outros. Uma das mais comuns é mandar mensagens confusas ou tornar indiscutíveis determinadas questões controversas. Isso leva à distorção da comunicação e ao disfarce da discussão, uma vez que a maioria das pessoas não admite o fato, para si mesmas ou para os outros, de que estão fazendo tal coisa e, em geral, nem estão conscientes disso. O caso da coluna da esquerda significa pedir a cada pessoa do grupo que pegue um pedaço de papel e desenhe uma linha no meio. Cada pessoa lembra uma conversação recente, que pode ter sido difícil. Na coluna da direita, anotem tudo o que disseram nessa conversação, bem como o suficiente do que a outra pessoa disse para resumir a história. "Ele disso isso, eu disse aquilo", etc. Na coluna da esquerda, as pessoas anotam o que elas pensaram mas não disseram. Isso inclui todas as questões que foram suprimidas para não causar mal-estar, todas as avaliações e julgamentos e todas as emoções.

Depois de ter escrito isso, elas trocam de caso com outra pessoa do grupo e procedem às seguintes questões protocolares:

Questões protocolares para analisar a coluna da esquerda:
1. O que você percebeu sobre a sua coluna da esquerda?
2. O que você manteve como indiscutível?
3. Que emoções você escondeu na sua coluna da esquerda?
4. O que você disse, ou não disse, que possa ter contribuído para esses resultados?

Questões protocolares para acabar com preconceitos e julgamentos. Depois que você preencheu a coluna da esquerda, assinale quaisquer avaliações e julgamentos que você tenha feito sobre outras pessoas no grupo e depois verifique na escada das inferências.

1. Que avaliações ou julgamentos você fez a respeito de outras pessoas?
2. Essas avaliações eram baseadas em informações válidas?
3. Você chegou a conclusões precipitadas ou atribuiu significado?
4. O que você poderia ter dito àquela pessoa da sua coluna da esquerda que lhe pudesse ser útil e melhorar seu relacionamento?

Desenvolva uma oficina dramática. Uma oficina dramática é uma boa maneira para se preparar para uma conversação difícil. Comece escrevendo um caso de coluna esquerda de uma conversa que você vai ter com uma pessoa do seu grupo e que você acha que será difícil. Escreva na coluna da direita o que você acha que dirá e o que provavelmente será dito em resposta. Escreva na coluna da esquerda o que acha que não deve ser dito, bem como as emoções que você esteja escondendo.

Depois disso, faça a oficina dramática da sua conversa com o colega, assumindo o papel do outro. Isso pode levar a muitas percepções sobre como abordar a pessoa, bem como permitir que ela libere alguns sentimentos represados. Então, troque os papéis. Ponha-se no lugar da outra pessoa e faça com que o seu colega tome o seu lugar. Isso pode ajudar ainda mais a abrir os olhos e a ter um impacto eficiente para transformar atitudes defesa em aprendizado.

EPÍLOGO

Como dar o tom

Este livro foi uma aventura audaciosa para mim, uma aventura emocionante e empolgante de muitas maneiras. A aventura foi eu me envolver em conversas com as pessoas mais colaborativas, criativas e produtivas da superfície da Terra. Jamais deixei de me admirar, ao conversar com pessoas de várias profissões (sobre assuntos como liderança lateral e colaboração criativa) da generosidade com que me dedicaram o seu tempo. Quantas pessoas brilhantes, sábias, criativas, apaixonadas, audaciosas e eficientes existem no mundo, apenas esperando a oportunidade de que alguém lhes peça para fazer uma contribuição significativa! Estou falando de Rob Manning, Terje Larsen, Shimon Peres, Joan Holmes, John Seely Brown, Robert Bush e muitos outros.

Este livro foi uma conversa, ou antes uma rede de conversas colaborativas, um processo de inquirição e reflexão que levou a muitas perguntas, a muitas horas ouvindo e a muitos momentos de inspiração. Há algumas descobertas úteis que eu gostaria de dividir com o leitor neste encerramento, que são pessoalmente significativas e que ofereço como contribuição. Em primeiro lugar, enquanto eu preparava este livro, deparei com um artigo a respeito de *sir* Isaac Newton, que descobriu as Leis do Movimento. Há uma citação de Alexander Pope que diz: "A natureza e as leis da natureza estavam escondidas na noite. Deus disse: Faça-se Newton! E a luz se fez." Newton sempre esteve no meio do ato da descoberta.

Uns dias depois, assisti a um filme sobre Picasso. Pude notar que, embora a vida pessoal do pintor estivesse em pedaços, ele estava sempre no meio do ato da criação. Ele nunca parou de criar, fosse uma nova forma de arte como o Cubismo, uma nova pintura como *Guernica* ou *Criança segurando um pombo*, uma nova escultura, um novo trabalho em argila. A história de Newton e a de Picasso lembrou-me aquilo que eu senti ao escrever este livro: viver a vida como criador e autor num processo contínuo, sem parar, de criação e descoberta, está muito próximo do que realmente significa ser uma pessoa. Algo que satisfaz a alma e traz a vida à luz.

Não estou falando apenas de criar algo como uma pintura famosa ou um livro que amplie os horizontes, ou descobrir algo de valor real, econômico ou cultural, para os outros, mas de criações e de descobertas cotidianas também:

plantar uma árvore, construir um jardim de pedra, cozinhar uma refeição, encontrar o vizinho e descobrir que interesses vocês têm em comum.

Outro momento de profunda inspiração que tive ao escrever este livro relaciona-se com a pura alegria de criar, junto com outras pessoas, algo que antes parecia impossível, que você jamais ousaria imaginar por conta própria. Ainda assim, no fundo da alma, a verdadeira inspiração foi ver como a nossa possibilidade de criação e produção, seja ela nas ciências, no governo, nos negócios, na educação ou em outros campos, aumenta exponencialmente, em dez vezes ou mais, ao reunir combinações loucas e criativas de pessoas. Eu senti o poder de criar, consciente e intencionalmente, novos padrões de relações que desafiariam as barreiras da História, a separação de linguagens e culturas, a divisão do conhecimento e a divisão do trabalho, para fazer aquilo que nunca poderia ter sido feito antes. Vi isso com maior força na história sobre a missão Pathfinder para Marte, na história sobre os acordos de paz entre israelenses e palestinos (particularmente incorporado no espírito de Oslo), a história sobre a fome, a história sobre a Applegate Partnership, e muitas outras mais.

No momento em que estamos no crepúsculo do milênio, num período de relativa paz e prosperidade, com pessoas que talvez sejam as mais criativas, educadas e habilidosas que a história humana jamais encontrou, com as suas realizações tecnológicas em todos os campos, existem inquestionavelmente muitas possibilidades no nosso meio. Ainda assim, para realizar essas possibilidades, serão necessárias pessoas que assumam a liderança. Como disse Joan Holmes: "Isso não acontece por si só." Ou seja, cada um de nós deve descobrir a própria energia para marcar sua presença no mundo, ousar assumir uma posição que possa significar algo de novo, declarar possibilidades em cada campo que represente nossas mais altas aspirações humanas e, então, dar o tom de modo que os que o ouvirem se afinem no mesmo tom, como criadores e colaboradores, para fazer o que nunca foi feito, para criar o que jamais existiu antes.

POSFÁCIO

O século XXI

Quando os gênios colidem

Alfred North Whitehood afirmou que o século XVIII foi o século do gênio. Durante a elaboração deste livro, muitas vezes eu quis dizer que o século XXI será o século no qual os gênios colidirão.

Abstive-me de fazê-lo, pois queria que a liderança lateral e a colaboração criativa fossem vistas como algo que pessoas comuns, reunidas em extraordinárias combinações, pudessem realizar prontamente. Admito que isso foi provado muitas vezes neste livro, por meio dos numerosos exemplos que citei.

De modo que, agora, você e eu estamos livres para imaginar o que acontecerá nos próximos anos, quando pessoas que já são extraordinárias, estarão unidas a outras, de diferentes campos, para constituir uma combinação ainda mais extraordinária.

Eu acho que essa possibilidade nos dá a todos uma esperança. Sem dúvida, grandes criações, invenções e eventos milagrosos ocorrerão na hora do inesperado.

NOTAS

Capítulo 1
Colaboração criativa: uma idéia que chegou para ficar

1. Arthur Koestler, *The Art of Creation*, Londres: Hutchinson & Co., 1964.
2. Estou muito agradecido a Michael Schrage pelas conversas que tivemos, nas quais ele dividiu comigo muitas das suas concepções sobre a colaboração criativa. Ver Michael Schrage, *No More Teams!*, Nova York: Currency Doubleday, 1989.
3. William Irwin Thompson, *Darkness and Scattered Light*. Nova York: Anchor Press/Doubleday, 1978.
4. Ethan Bronner, "Amid Gloom, Jews, Arabs Seek Peace Personally", *in Boston Globe*, 16/7/1997.
5. Sou grato pelas conversas informativas com a historiadora Pauline Maier do MIT sobre a redação da *Declaração de Independência*. Ver Pauline Maier, *American Scriptures*. Nova York: Alfred A. Knopf, 1977.
6. As histórias da David Kelly Designs (hoje conhecida como IDEO) foram tiradas de Tom Peter *in Liberation Management*. (Nova York: Ballantine Books, 1992) e de entrevistas com Douglas Dayton na IDEO em Boston.
7. Agradeço minhas conversas com Bob Anderson, geólogo permanente do Projeto Marte.
8. Sou grato pelo tempo passado com Donna Shirley, gerente do Programa de Exploração de Marte.
9. Agradeço, pelas conversas que tivemos, a Robert Claur, diretor de projetos do Laboratório de Pesquisas de Física Espacial e professor da Universidade de Michigan, Ann Arbor.
10. Baseado no artigo de Michael Lewis. "The Subversive." *New York Times*, 25/5/1997.
11. Sou grato pela conversa que tive com Donna Sytek, porta-voz da Assembléia de New Hampshire, onde ela expôs suas idéias sobre a importância da colaboração em redigir uma legislação bem-sucedida.
12. Novamente, de Tom Peters, *Liberation Management*, Nova York: Ballantine Books, 1992.
13. Sou grato pelas conversas interessantes e informativas mantidas com Robert Bush e Joe Folger sobre a importância de dotar de poder e do reconhecimento na colaboração. Ver Robert A. Baruch Bush e Joseph P. Folger, *The Promise of Mediation*, São Francisco: Jossey-Bass, 1994.
14. Agradecimentos à Sharon Press, do Dispute Resolution Center, pelas informações sobre o trabalho de mediação feito na Flórida.
15. Sou grato pelo tempo que o sargento Rick Murphy, do Departamento de Polícia de Ottawa, no Canadá, dispensou-me, falando a respeito do trabalho colaborativo que está sendo feito entre policiais e membros da comunidade.
16. O dr. Louis Koster, Presidente do Departamento de Desenvolvimento Estratégico Humanitário, foi muito gentil em dividir comigo suas experiências em colaboração, especialmente em relação aos Médicos sem Fronteira.
17. Nicholas Delbanco, *Group Portrait*. Nova York: William Morrow & Co, Inc., 1982.

Interlúdio
A missão Pathfinder para Marte

1. Sou grato pela oportunidade de falar com Rob Manning, Bob Anderson, Matt Golombek, Donna Shirley e Tom Rivellini, do Laboratório de Propulsão de Jatos da NASA, bem como com Eleanor Foraker do ILC sobre o papel da colaboração em colocar o veículo em Marte.

Capítulo 2
Como tornar-se uma pessoa que colabora

1. David Makovsky, *Making Peace whit the PLO, The Rabin Government's Road to the Oslo Accord*. Boulder, CO: Westview Press, Inc., 1996.
2. Novamente, um agradecimento especial a Matt Golombek e Rob Manning pelo tempo gasto falando sobre suas experiências no Projeto Marte.
3. O Artista da Cesta Grant Hill: "The NBA's Rimbrandt". *Houston Chronicle*, 8/2/1996.
4. "Fools Gold," *Reputation Management*. Março/Abril 1997, Nova York.
5. Tracy Goss, *The Last Word on Power*. Nova York: Currency Doubleday, 1996.
6. Donna Markova, PH.D., cunhou os termos "*river story*" e "*rut story*". Ver Donna Markova, *No Enemies Within*. Emeryville, CA: Publisher Group West, 1994.
7. Goss, Tracy, *The Last Word on Power*.
8. Chrys Argyris, da Universidade de Harvard, contribuiu muito para o trabalho de aprendizado organizacional; ele tem inúmeros livros, entre eles, *Overcoming Organizational Defenses*. Needham Heights, MA: Allyn and Bacon, 1990; *Strategy, Change, and Defensive Routines*. Boston: Pitman, 1985; e *Knowledge for Action*. San Francisco: Jossey-Bass, 1993.

Interlúdio
Diplomacia apaixonada no Oriente Médio

1. Trechos dos discursos de Ytzhak Rabin na assinatura do Acordo de Paz de Oslo, 13/9/1993. Ver David Makovsky, *Making Peace with the PLO, The Rabin Government's Road to the Oslo Accord*. Boulder, CO: Westview Press, Inc., 1996.

Notas

2. Extraído de uma carta enviada de Yasser Arafat para Ytzhak Rabin, reconhecendo o direito de Israel de existir em paz, 9/9/1993. Ver David Makovsky, *Makin Peace with the PLO, The Rabin Government's Road to the Oslo Accord*. Boulder CO: Westview Press, Inc., 1996.
3. Fui atraído e inspirado pelas histórias que estão por trás das conversações de paz de Oslo e sou muito agradecido pelas conversações com os israelenses: o ex-Primeiro-Ministro Shimon Peres e Yossi Bellini; com os palestinos: Hasan Asfour; e os noruegueses: Terje Larsen, Marianne Heiberg e Gier Pedersen. Dois livros que foram de muita ajuda: Jane Corbin, *The Norway Channel*, Nova York: The Atlantic Monthly Press, 1994; e David Makovsky, *Making Peace with the PLO, The Rabin Government's Road to the Oslo Accord*. Boulder CO: Westview Press, Inc., 1996.
4. Jane Corbin, *The Norway Channel*. Nova York: The Atlantic Monthly Press, 1994.
5. Idem.

Capítulo 3
Os pilares da colaboração criativa

1. Sou grato a Roger Ackerman, Presidente da Corning Incorporated, pelo tempo que me dispensou para falar a respeito do seu sucesso e das suas crenças administrativas.
2. Robert Reich, *The Work of Nations: Preparing Ourselves for 21st Century Capitalism*. Nova York: Knopf, 1991.
3. Charles M. Sennott, "Economic Order Chaining". *Boston Globe*, 22/7/1992.
4. Sou agradecido pelas conversações estimulantes com John Seely Brown, cientista-chefe da Xerox, na Califórnia.
5. Charles M. Sennott, "Economic Order Chaining". *Boston Globe*, 22/7/1992.
6. A primeira vez que eu ouvi o termo "liderança lateral" foi nas conversas com Roger Fisher, co-autor de *Getting to Yes*, e apliquei-o aos tipos de lideranças necessárias para colaborações eficientes.
7. Novamente, um agradecimento muito especial a Rob Manning, do Projeto Marte, por suas conversas apaixonadas.
8. Sou especialmente grato pela conversa que tive com Joan Holmes, diretora do Projeto Fome.
9. Joseph L. Dionne, "It Takes a Global Village". *Chief Executive*, abril, 1997.
10. Novamente, sou grato pelas conversas com Donna Shirley, do Projeto Marte.
11. Margaret Wheatley, *Leadership and the New Science*. San Francisco: Berrett-Koehler Publishers, 1992.
12. Novamente, um agradecimento especial pelas conversas com Tom Rivellini sobre seu trabalho no Projeto Marte.
13. Novamente, eu gostaria de reconhecer o trabalho de Chris Argyris, da Universidade de Harvard na área de organizações de aprendizado.
14. Sou agradecido pelas conversas e pela ajuda de John Coonrod, o assistente de Joan Holmes no Projeto Fome.
15. Sou agradecido pelas conversas com Michael Schrage e pela sua idéia de que a colaboração é orientada no sentido da realização do homem, bem como do significado do espaço comunitário. Ver Michael Schrage, *No More Teams!* Nova York: Currency Doubleday, 1989.
16. Um agradecimento especial para Robert Schaffer pelo tempo despendido nas conversas sobre as suas estratégias inovadoras. Ver Robert Schaffer, *The Breakthrough Strategy*. Nova York: Ballinger Publishing Division, 1988.
17. Sou agradecido pela conversa com John Reingold, gerente de projetos do Microsoft Project.

Interlúdio
O futuro da firma

1. A idéia de que houve um intervalo de cem anos entre as invenções do século XVIII e o desenvolvimento das estruturas de administração e organização para que se pudesse tirar vantagem disso foi proposto num ensaio escrito por John Seely Brown e Paul Duguid, da Universidade da Califórnia, em Berkeley, chamado "Organizing Knowledge".
2. Mais uma vez, agradeço pelo tempo que Roger Ackerman tirou de suas férias para conversar comigo sobre suas crenças a respeito das lideranças e estilo e sobre o sucesso na Corning.
3. Estou especialmente grato pelas entrevistas com John Seely Brown sobre o trabalho que ele e outros estão fazendo na PARC, e sobre a sua visão do futuro das organizações, que achei estimulante e esclarecedora.
4. Ouvi pela primeira vez a idéia de "empresa para criar conhecimentos" de Ikujiro Nonaka, professor de negócios da Universidade Hitosubashi, em um artigo da *Harvard Business Review*, publicado em *The Leaning Imperative: People for Continuous Innovation*, um livro da *Harvad Business Review* de Robert Howard (org.). Boston: Harvard Business School Press, 1993.
5. Agradecimentos para Tom Moran, da Xerox's PARC, pelas informações sobre o seu trabalho no "Quadro Vivo" e sobre outros instrumentos colaborativos.
6. Estou agradecido pela conversa mantida com Peter Galison, professor da Universidade de Harvard e ganhador do prêmio MacArthur, por suas idéias sobre as "zonas de troca" e como elas se aplicam à colaboração entre pessoas diferentes. Ver Peter Galison, *Image & Logic*. Chicago Press, 1997.
7. Estou agradecido pela conversa estimulante que tive com Paul Blasch, Jim Hubbard e Bennett Goldberg do Centro de Fotônica da Universidade de Boston.
8. Agradecimentos para David Bell, pelo tempo em que conversamos sobre o Projeto Heureca da Xerox's PARC.

Capítulo 4
Contatos imediatos do grau de criação: como dar início à sua colaboração

1. Ryuzaburo Kabu, "The Path of Kyosei", *Harvard Business Review*. Julho/agosto 1997.
2. Esta história é extraída de documentos do grupo Eracism e de cartas do editor de *The Times-Picayune*, 30/6/1993.
3. Taylor, Jim e Wacker, Watts com Howard Means, *500 Year Delta*. Nova York: HarperBusiness, 1997.
4. Agradeço as conversas com Marv Weisbord e Sandra Janoff. Ver Marvin R. Weisbord, *Discovering Common Ground*. San Francisco: Berrett-Koehler Publishers, 1992; e Marvin R. Weisbord e Sandra Janoff, *An Action Guide to Finding Common Ground in Organization and Communities*. San Francisco: Berrett-Koehler Publishers, 1995.

5. Estamos agradecidos pela visita que fizemos aos escritórios da IDEO em Lexington, MA, e ao tempo que nos concederam seu diretor Douglas Dayton e Haven Tyler.
6. Sou grato pelas várias conversas com Maggie Herzig e Bob Stains do Projeto de Conversações Públicas. O trabalho que eles fazem para promover diálogos produtivos e eficientes é inspirador.

Interlúdio
Joan Holmes e o projeto fome
1. Estou agradecido pelo tempo que Joan Holmes me dedicou e também estou agradecido a John Coonrod, diretor de programas do Projeto Fome; bem como a dois amigos e membros da coordenação do Projeto Fome, Michel Renaud e Veronica Pemberton, da Renaud Pemberton International de Montreal, no Canadá.

Capítulo 5
O que acontece nas discussões — uma introdução
1. David Bohm pesquisou e escreveu intensivamente a respeito do diálogo. Ele fez uma contribuição significativa para o trabalho de diálogo. Ver Bohm, David, *On Dialogue*. Ojai, CA: Seminários de David Bohm, 1990.

Capítulo 6
As cinco fases de uma conversação colaborativa
1. Mandela, Nelson, *Long Walk to Freedom*. Nova York: Little, Brown and Company, 1994.
2. Bohm, David, *On Dialogue*. Ojai, CA: Seminários de David Bohm, 1990.
3. Mais uma vez, um especial agradecimento a Donna Sytek, porta-voz da Assembléia de New Hampshire, pela sua colaboração.
4. Margaret Wheatley é professora adjunta de administração na Brigham Young University's School of Management. Essa citação é uma paráfrase do capítulo "Future Search Conferences and the New Science" *in*: Marvin R. Weisbord, *Discovering Commom Ground*, San Francisco, Berrett-Koehler Publishers, 1992. Ver também Wheatley, Margaret, *Leadership and the New Science*. San Francisco, Berrett-Koehler Publishers, 1992.
5. Gleick, James, *Genius: The Life and Science of Richard Feynman*. Nova York: Vintage Books, Random House, 1992.
6. Estou agradecido pelas conversas interessantes e úteis com William Ury sobre seu trabalho com a mediação colaborativa. Ver Fisher, Roger e Ury, William, *Getting To Yes, Negotiating Agreement Without Giving In*. Boston: Houghton Mifflin, 1981.
7. A história sobre o Rad Lab do MIT vem do professor Peter Galison, de Harvard.
8. Koestler, Arthur, *The Art of Creation*. Londres: Hutchinson & Co., 1964.
9. Agradeço as conversas com o professor Everett Mendelssohn, Presidente do Departamento de História da Ciência de Harvard, e as conversas com Jeffrey Boutwell da Academia Americana de Artes & Ciências de Cambridge, Massachusetts, que juntos patrocinaram uma série de reuniões entre israelenses e palestinos para discutir pontos de segurança e dividir informações. O que começou como um exercício acadêmico, no início do ano de 1993, levou a acordos específicos e foi, de certo modo, um protótipo para as reuniões que levaram aos acordos de Oslo.
10. Lois, George com Pitts, Bill, *What's the Big Idea*. Nova York: Doubleday, 1991.
11. Ikujiro Nonaka num artigo da *Harvard Business Review* publicado em *The Learning Imperative: Managing People for Continuous Innovation*, um livro da *Harvard Business Review* de Robert Howard (org.). Boston: Harvard Business Scholl Press, 1993.
12. *Idem*.
13. Goss, Tracy, *The Last Word on Power*. Currency Doubleday, 1996.
14. Novamente, agradecimentos para Robert Manning do Projeto Marte.
15. Ikujiro Nonaka num artigo da *Harvard Business Review* publicado em *The Learning Imperative: Managing People for Continuous Innovation*, um livro da *Harvard Business Review* de Robert Howard (org.). Boston: Harvard Business Scholl Press, 1993.

Capítulo 7
Treinamento, aplicações práticas e instrumentos para a colaboração criativa
1. Novamente, um agradecimento especial para Bill Ury, co-autor do *Getting to Yes*.
2. Sou grato pelas conversas nas quais Jim Shipley relatou suas experiências de colaboração com a Applegate Partnership.
3. Novamente, sou grato pela conversa informativa que tive com o dr. Everett Mendelssohn da Universidade de Harvard.
4. As idéias de mediação básica e desenvolvimentista vieram de Schwarz, Roger, *The Skilled Facilitador*. San Francisco: Jossey-Bass, 1994.
5. Os valores do governo são do trabalho de C. Argyris e D. Shön, *Theory in Pratice: Increasing Professional Effectiveness*. San Francisco: Jossey-Bass, 1974.
6. Sou grato pelas conversações com Russ Mckinley, da Boise Cascade, sobre seu envolvimento com a colaboração na Applegate.
7. Novamente, agradecimentos a Jeffrey Boutwell, da Academia Americana de Artes & Ciências, em Cambridge.
8. Sou grato pelas conversas com Owen Harrison em seu Open Space Technologies.
9. As regras básicas são de Roger Schwarz, *The Skilled Facilitador*. San Francisco: Jossey-Bass, 1994.
10. Reproduzido com permissão de Roger Schwarz, *The Skilled Facilitador: Practical Wisdom for Developing Effetive Groups*. San Francisco: Jossey-Bass, 1994.